陕西师范大学"一带一路"智库集成

丝绸之路通鉴

主编＝甘晖
副主编＝游旭群　周伟洲

丝绸之路最早的东方起点：西汉长安城

肖爱玲　著

陕西师范大学出版总社

图书代号 SK17N0162

图书在版编目(CIP)数据

丝绸之路最早的东方起点：西汉长安城/肖爱玲著.—西安：陕西师范大学出版总社有限公司，2017.6
（丝绸之路通鉴／甘晖主编）
ISBN 978-7-5613-8653-8

Ⅰ.①丝… Ⅱ.①肖… Ⅲ.①汉长安城—研究 Ⅳ.①K878.34

中国版本图书馆 CIP 数据核字(2016)第 224779 号

丝绸之路最早的东方起点：西汉长安城
SICHOUZHILU ZUIZAO DE DONGFANG QIDIAN：XIHAN CHANG'AN CHENG
肖爱玲 著

出版统筹	刘东风
责任编辑	刘 定　刘志平
责任校对	巩亚男
装帧设计	杨 柯
封面插图	崔 彬　李文炯
出版发行	陕西师范大学出版总社
	（西安市长安南路 199 号 邮编 710062）
网　　址	http：//www.snupg.com
印　　刷	中煤地西安地图制印有限公司
开　　本	720mm×1020mm　1/16
印　　张	20.75
插　　页	2
字　　数	274 千
版　　次	2017 年 6 月第 1 版
印　　次	2017 年 6 月第 1 次印刷
书　　号	ISBN 978-7-5613-8653-8
定　　价	46.00 元

读者购书、书店添货或发现印刷装订问题，请与本社营销部联系、调换。
电话：(029)85307864　85251046(传真)

《丝绸之路通鉴》序一

中国古代有一条历时久远的经由中亚通往南亚、西亚以及欧洲、北非的陆上贸易通道,通过此道,产自中国的丝、丝织品、陶瓷等物品运送到了以上地区,由于其运送的货物以丝绸制品影响最大,故称"丝绸之路"。1877年,德国地理学家李希霍芬在其出版的《中国》一书中,把"从公元前114年至公元127年间,连接中国和河间地区(指中亚阿姆河与锡尔河之间地带)、中国与印度以丝绸贸易为媒介的这条西域交通道路"命名为"丝绸之路",简称"丝路"。这一称谓被学术界和民间所接受,并广为沿用。其后,德国历史学家赫尔曼在20世纪初出版的《中国与叙利亚之间的古代丝绸之路》一书中,依据新发现的考古资料,把丝绸之路延伸至地中海西岸和小亚细亚,确定了"丝绸之路"的基本内涵,即中国古代经过中亚通往南亚、西亚以及欧洲、北非的陆上贸易通道。

虽然人们在对商代帝王武丁配偶坟茔的考古中,已发现了产自新疆的软玉,证明至少在公元前13世纪,中原已开始和西域乃至更远的地区有商贸往来,但是严格意义上的丝绸之路奠定于两汉时期。西汉张骞出使西域时开辟的以长安(今陕西西安)为起点,经由甘肃、新疆,到中亚、西亚,并连接地中海沿岸各国的陆上通道已经形成,这条通道被称为"西北丝绸之路"。公元前119年,张骞第二次出使西域,经4年时间先后到达乌孙、大宛、康居、大月氏、大夏、安息、身毒等国,扩大了与西域各国的交往。张骞出使西域,最初主要是出于制御匈奴的考虑,后来则演变为"广地万里,重九译,致殊俗,威德遍于四海",即旨在保护疆域和发展经济。汉武帝曾招募大量商人,到西域各国经商,由此吸引了更多人从事丝路贸易活动,极大地推动了中原与西域之间的物质文化交流。之后,汉宣帝于神爵二年(前60),设立了直接管辖西域的机构——西域都护府,屯田于乌垒城(今新疆轮台东),以保障西域商路的通畅。随着汉朝在西域设立官员,丝绸之路日渐繁荣,大量丝帛锦绣源源不断西运,同时西域各国的珍奇异物也输入中原。到魏晋时,东西方商业往来仍然不断,位于丝路咽喉要地的敦煌,就是当时胡商的重要聚集地之一。到公元5—6世纪时,中国南北朝分立,但东西方沿丝路的交往却一直没有中断。北魏建国后不久就派使者前往西域,以后中亚各国的贡使、商人常聚集于平城(今山西大同东北),从事商业贸易。北魏迁都洛阳后,洛阳又成为各国商人的荟萃之地。至隋时,隋炀帝还曾派黄门侍郎裴矩到张掖招徕西域商人,说明当时丝路依然兴旺。

到7世纪后,唐代社会的繁荣使西北丝绸之路再度兴旺。唐王朝借着击破突厥的时机,一举控制了西域各国,并在伊州、西州、庭州三地设立同于内地的州县,在龟兹、于阗、疏勒、碎叶设立安西四镇,作为唐朝政府控制西域的机构,驻兵设防,并新修了玉门关,再度开放沿途各关隘。唐不仅打通了天山北路的丝路分线,还将西线延伸至中亚,使丝绸之路更为通畅。当时的长安、洛阳有大量商胡出入,已呈现出国际大都会的风貌。丝绸之路不仅是东西方商业贸易之路,也是中国和亚欧各国政治、文化交流的通道。西方的音乐、舞蹈、绘画、雕塑、建筑以及天文、历算、医药等,也通过此路先后传入中国。源于西亚、中亚的祆教、摩尼教、景教、伊斯兰教等宗教以及源于印度的佛教,也通过丝路传入中国,产生了深远影响。而中国的纺织、造纸、印刷、火药、指南针、制瓷、绘画以及儒家、道教等,也通过此路传向西方,产生了较大的影响。

从9世纪末到11世纪,中国政治、经济、文化中心向东南沿海转移,加之阿拉伯世界的兴起,东西方海上往来逐渐频繁起来;又由于中国西北地区各民族政权的分裂、对立,丝路安全难以保障,西北这条陆上通道的重要性逐渐降低,而相对稳定的南方对外贸易则明显增加,遂带动了南方丝绸之路和海上丝绸之路的兴起和繁荣,成都和泉州也因此成为南方的经贸大城。中国人此时开始将他们发明的指南针和其他先进科技运用于航海,海上丝绸之路迅速发展起来。

如果从发展的视角和广泛的意义上说,丝绸之路主要有三条:西北丝绸之路、南方丝绸之路和海上丝绸之路。海上丝绸之路是陆上丝绸之路的延伸,形成于宋元时期。海上丝绸之路不仅运送丝绸,还运送瓷器、糖、五金以及香料、药材、宝石等货物。由于运输货物品种的不同,海上丝路也出现了一些别称,如"陶瓷之路""香料之路"等。海上丝绸之路早已存在,《汉书·地理志》所载海上交通路线,实为早期的海上丝绸之路。当时海船载运的"杂缯",即各种丝绸。海上丝绸之路的起航线可分为东海和南海两支。东海起航线从中国的东南沿海经由朝鲜至日本;南海起航线则从雷州半岛起,途经今越南、泰国、马来西亚、缅甸等国,远航至新加坡、印度等地。到宋代时,泉州、广州和明州成为海上丝绸之路最大的海港,通常将泉州作为海上丝绸之路的起点。南方丝绸之路,起点为四川成都,经"灵关道""朱提道""夜郎道"三路,进入云南,在楚雄汇合后并入"博南古道",跨过澜沧江,再经"永昌道""腾冲道",在德宏进入缅甸、印度等地。丝绸之路的多途打通,让中国通往西方的商路更得以扩展。这就将中原、西域与阿拉伯、波斯湾等地紧密联系在一起,向西延伸到了地中海地区,以至可到达法国、荷兰、意大利、埃及,向东到达韩国、日本。不过,这已不同于原来意义上的丝绸之路了,可视其为广义的丝绸之路。

2000多年前兴起的丝绸之路被誉为全球重要的商贸大动脉,有力地促进了东西方的经济文化交流,所以在一定意义上说,它是经济全球化的早期版本。同时,作为东西方商品交易和文化交流的通道,在交往的过程中也加深了沿线各国人民之间的友谊,所以它也是东西方友好往来的历史记录和象征。

历史翻开了新的一页。当世界步入21世纪,贸易和投资在古丝绸之路上再度活跃。2013年9月7日,习近平主席访问哈萨克斯坦的时候,提出用创新的合作模式,共同建设"丝绸之路经济带",以点带面,从线到片,逐步形成区域的大合作。这是中国领导人在国际场合公开提出共同建设丝绸之路的重大战略构想。到2016年10月,这个重大的战略构想越来越丰富,越来越受到许多国家的欢迎。习近平总书记在2016年9月3日杭州G20峰会的开幕式上有这样一段话,他说:"一带一路倡议旨在同沿线国家分享中国的发展机遇,实现共同繁荣。中国对外开放不是要一家唱独角戏,而是要欢迎各方共同参与……不是要营造自己的后花园,而是要建设各国共享的百花园。"

此外,2014年中国国家主席习近平在阐述中国特色外交理念的时候提出打造人类命运的共同体。2015年9月28日,在纽约第七十届联合国大会的一般性辩论阶段,他对这个理念做了系统的阐述,他说:"在联合国迎来又一个十年之际,让我们更加紧密地团结起来,携手构建合作共赢新伙伴,同心打造人类命运共同体。"2015年10月16日,在世界减贫与发展高层论坛上,习近平主席发表主旨演讲,阐述消除贫困是人类共同的使命。

综上所述,可以看出,习近平主席关于推进"一带一路"建设的思想和论述,是在新的历史条件下,关于实现世界和平、发展、繁荣、公平、正义的完整理论。我们需要深入学习、研究。

陕西师范大学地处丝绸之路的起点西安,具有独特的地缘优势,该校学者积极响应国家建设"丝绸之路经济带"的战略构想,充分发挥学校的学科优势和学者各自的专业特长,撰写了"丝绸之路通鉴"丛书,洋洋数万言,从不同角度阐发了"一带一路"所涉及的许多重大理论和实践问题,这是一件有重大意义的事。正如甘晖书记在《总序》中所说,该丛书之所以取名"通鉴","意在借鉴历史,透析现状,着眼未来,贯穿千年时域,探求发展趋势;意在立足中国,深入沿线,胸怀全局,经略万里空间,厘清错综关系;意在研究战略,丰富内涵,解决问题,横跨宏观、中观与微观,打通理论与实践;意在聚焦经贸,关注人文,促进合作,智慧应对世界形势变换,为'一带一路'国家战略的推进提供全领域、全视角、体系化的智力支撑"。我认为,如果这些想法得以贯彻,"通鉴"一定能够对"一带一路"战略在理论上有较大推进,且为"一带一路"的实施提供有价值的智力支持。

专注于研究"一带一路"的"丝绸之路通鉴"丛书的撰写,需要多种学科的通力合作。"通鉴"正是从丝路的历史、政治、经济、文化、社会、生态等多个领域来进行研究,带有鲜明的系统性特点。作者聚焦"一带一路"一些重大理论和现实问题,尤其是"一带一路"建设中的一些突出的矛盾和问题,提出了各自的看法、观点,可供参考。该丛书第一批出版的著作,就很有分量,既有学术性,又有实践性。其中《英雄在线:丝绸之路的开辟者和捍卫者》《丝绸之路与文明交往》《丝绸之路最早的东方起点:西汉长安城》《天山廊道:清代天山道路交通与驿传研究》等,从不同角度探讨了丝绸之路的历史;《西北丝绸之路上的汉字流传史》则属于丝绸之路的专门史研究;还有一些是专门研究丝绸之路经济战略的著作,如《打造丝绸之路经济带上的战略高地——陕西经济发展研究》《丝绸之路经济带产业集群价值网络的演化与重构》《丝绸之路经济带上生物多样性的经济价值识别、展示与捕获研究》;而《文化集聚·文化街区·文化地域:重塑丝绸之路的新起点》《丝绸之路上的遗址美术》《汉唐丝绸之路漆艺文化研究》《丝绸之路上的体育交流与发展》《丝绸之路经济带沿线国家体育文化交流问题研究》,则是关于丝绸之路文化交流、文化交流史的专门性著作。

相信该丛书的出版,一定能对"一带一路"的理论深化有所推进,一定能对助力"一带一路"国家战略的实施发挥积极而重要的作用。

张岂之

《丝绸之路通鉴》序二

2000多年前,丝绸之路从长安发端,或从秦岭脚下穿越荒漠、草原,横贯欧亚大陆,或扬帆太平洋、印度洋沿岸众多港口和岛屿并蜿蜒至欧洲,跨越不同文化区域,推动华夏文明、印度文明、伊斯兰文明、欧洲文明的汇通,实现中西方物质特产和精神智慧的大融合。其波澜壮阔与坚韧竞合的画卷,展现了历史的宏伟与多彩。

千百年来,丝路精神薪火相传,成为促进沿线各国繁荣发展的重要纽带,推进了人类文明进步。进入21世纪,世界步入全新阶段,丝绸之路被赋予新的内涵和期望,焕发出新的生机与活力。在这一重要时点,国家提出"一带一路"战略构想,并迅速从规划落地为行动,成为重塑中国未来发展路径与发展空间的战略支点。

经世致用,服务国家,"丝绸之路通鉴"丛书应运而生。

一、古丝绸之路是人类历史最珍贵的遗产之一

1868年,德国地理与地质学家李希霍芬对中国地貌和地理进行了规模宏大的考察,发现在古代中国的北方曾经有过一条横贯亚洲大陆的交通大动脉。1910年,德国历史学家赫尔曼《中国和叙利亚之间的古代丝绸之路》一书,完成了对丝绸之路的学术认证,丝绸之路为世人所熟知。1927年,中瑞西北科学考察团到中国西部地区进行综合考察,第一次实现了对丝绸之路沿线珍贵文物的发掘、搜集、整理与保管,古丝绸之路的面貌得以较全面地复原。

丝绸之路因运输西方视同珍宝的中国丝绸而得名。考古资料证明,

丝绸之路早已存在,商周至战国时期,中国的丝绸就经西北各民族之手少量地辗转贩运到中亚和印度。

建元二年(前139),奉汉武帝之命,由匈奴人甘父做向导,张骞率领一百多人出使西域,打通了汉朝通往西域的南北道路,即丝绸之路。神爵二年(前60),汉置西域都护,屯田于乌垒城,以保西域通道通畅。魏晋时期,东西商业往来不断,位于丝绸之路咽喉重地的敦煌成为往来客商的聚集地之一。5—6世纪时,南北朝分立,但沿丝路的东西交往却进一步繁荣。隋炀帝时曾派黄门侍郎裴矩到张掖招徕西域商人。唐时则在伊州、西州、庭州设州,在龟兹、于阗、疏勒、碎叶等安西四镇驻兵,保证丝绸之路畅通。

9世纪末到11世纪,随着中国政治、经济、文化中心向东南沿海转移,及阿拉伯世界的兴起,东西方的海上往来逐渐增多。同时,中国西北地区政权分立,丝绸之路安全难以保障,陆上通道的重要性大大降低。蒙元时期,蒙古西征和对中亚、西亚广大地区的直接统治,使东西驿路再度通畅,丝绸之路又繁荣一时。明清采取闭关政策,虽出嘉峪关经哈密去中亚的道路未断,但陆上丝绸之路已远不如海上丝绸之路重要了。

虽有诸多争论,但大体来看,古丝绸之路主要包括四条路线。第一条是沙漠绿洲丝绸之路。从中国洛阳或长安出发,经甘肃河西走廊,至敦煌,沿昆仑山北麓和天山南北麓分三道,越葱岭通往中亚、欧洲和非洲,兴盛于汉唐时期。该路核心段因位于干旱缺水的亚洲内陆沙漠绿洲之间,故被中外学者称为"沙漠绿洲丝绸之路"。第二条是海上丝绸之路,分东海丝绸之路和南海丝绸之路。历史上有三大航线:东海航线由中国沿海海港至朝鲜、日本;南海航线由中国沿海海港至东南亚诸国;西洋航线由中国沿海海港至南亚、阿拉伯和东非。海上丝绸之路始于周,兴盛于宋元时期。中国通过海上丝绸之路往外输出的商品主要是丝绸、瓷器、茶叶等,运回国内的主要是香料、花草等,因此,亦称"瓷器之路"

"香丝之路"。第三条是西南丝绸之路。从中国四川成都,向西南到印度,再通往南亚、中亚、欧洲国家。因沿途山道崎岖,又称"高山峡谷之路"。第四条是草原丝绸之路。由中原地区向北越过古阴山(今大青山)、燕山一带的长城,西北穿越蒙古高原、南俄草原、中西亚北部,直达地中海北部的欧洲地区。因途径之地主要为游牧地区,故称"草原丝绸之路",又因往来贸易的主要商品是毛皮、金银和茶叶,又称"金银之路""皮毛之路"。

丝绸之路各线尽管起始时间不同,贸易货品不一,却将不同文明由隔绝孤立推向开放交融,成为东西友好交往的象征。它是人类文明竞合融汇的"搅拌器",是世界多样性发展的"分离机"。西方的音乐、舞蹈、绘画、雕塑、建筑等艺术,天文、历算、医药等科技知识,佛教、袄教、摩尼教、景教、伊斯兰教等宗教,通过此路先后传来中国,并在中国产生了很大影响。中国的纺织、造纸、印刷、火药、指南针、制瓷等工艺,绘画等艺术,儒家、道教等传统思想,也通过此路传向西方,产生了持久影响。

丝绸之路给中国和其他沿线国家留下了丰厚的文化遗产。在中国多年引领和推动下,包含中、哈、吉3国33处遗迹的丝绸之路跨国联合申遗在2014年取得成功,成为世界上第一个以联合申报的形式成功列入世界遗产名录的丝绸之路项目,也是联合国教科文组织确定的丝绸之路54个廊道中第一个成功申遗的项目。国家文物局局长刘玉珠2016年9月20日在甘肃敦煌首届丝绸之路国际文化博览会"丝绸之路文化遗产国际论坛"上介绍,在此前陆上丝绸之路申遗成功的基础上,中国正推动海上丝绸之路申遗。

二、新丝绸之路在21世纪焕发出新的生机

作为经济全球化的早期版本,2000多年前兴起的丝绸之路被誉为全球重要的商贸大动脉。岁月变迁,20世纪末21世纪初,贸易和投资在古丝绸之路上再度活跃。如今,旨在强化东亚和中亚联系的"新丝绸之路"(New Silk Road)概念已经成型,并引起了中、美、印、俄等国的重视。

1990年9月12日,中国北疆铁路与苏联土西铁路胜利接轨。这是继苏联西伯利亚大陆桥之后,第二条连接亚欧大陆的通道,沿途连接40余国,是一条名副其实的国际大通道。新亚欧大陆桥的贯通,成为丝绸之路焕发生机的标志性事件,使传播过古老文明和象征传统友谊的丝绸之路再一次焕发光彩。

2013年9月7日,习近平主席在哈萨克斯坦纳扎尔巴耶夫大学发表重要演讲,首次提出了加强政策沟通、道路联通、贸易畅通、货币流通、民心相通,共同建设"丝绸之路经济带"的战略倡议。2013年10月3日,习近平主席在印度尼西亚国会发表重要演讲,明确提出,中国致力于加强同东盟国家的互联互通建设,愿同东盟国家发展好海洋合作伙伴关系,共建"21世纪海上丝绸之路"。"一带一路"战略赋予了丝绸之路崭新的含义,新丝绸之路概念一经提出,便引起全球高度关注和沿线国家的积极响应,亚太主要地区国家也纷纷提出了各自的新丝绸之路构想。

美国的新丝绸之路战略是对2014年后阿富汗和中亚地区的主要战略规划,继承和沿袭了美国历届政府的中亚战略,背后隐藏着美国在中亚地区巨大的地缘政治目标和利益,即在中亚地区排除俄罗斯、中国和伊朗的影响,将中亚国家引向南亚。2011年7月,时任美国国务卿的希拉里在美国学者弗雷德里克·斯塔尔新丝绸之路构想的基础上,提出了新丝绸之路战略,力图在美国主导下形成以阿富汗为中心的"中亚—阿富汗—南亚"交通经贸合作网络,实现这一区域的商品北上和能源南下。这一战略是美国"亚太再平衡"战略的补充。新丝绸之路战略提出后,美国即着手实施该战略并取得一定进展,但由于阿富汗安全形势不佳以及融资、地区国家间的竞争、美国地区战略本身的矛盾性以及气源等问题,美国新丝绸之路战略仍然充满了不确定性。2014年,美国常务副国务卿威廉·伯恩斯在一份政策报告中称,美国新丝绸之路战略的一大核心是为中亚建立一个区域能源市场,重点推进"土库曼斯坦—阿富汗—巴基斯坦—印度"天然气管道建设,打造"中亚—阿富汗—南亚"电力网络,打通中亚通往南亚的能源通道。

印度迄今为止还没有清晰的新丝绸之路战略,并在一定程度上有追随美国的意思。印度是美国中亚战略的重要支持者,作为阿富汗重建的第五大援助国,过去10年的花费超过20亿美元。从印度自身来讲,其新丝绸之路规划相对单纯,主要着眼于能源保障和贸易通道。2012年,印度经历了人类历史上最大的断电事件,6亿多人受到影响,却无法利用近在咫尺的中亚能源。印度总理莫迪自2014年上任以来,与存在历史恩怨的国家开始了前所未有的合作。印度是亚投行的创始成员之一。2015年5月,印度与孟加拉国签署了已搁置40余年的《陆地边界协议》。印度参与新丝绸之路建设的实质动作也越来越多。

2002年,俄罗斯与印度、伊朗联合推出"南北走廊计划",打算建设起始于印度,途径伊朗、高加索、俄罗斯,最后直达欧洲的铁路、公路和海运等。2010年1月1日,俄罗斯、白俄罗斯、哈萨克斯坦三国共同启动建立推动欧亚经济一体化的"俄白哈关税同盟",拟建立统一的关税制度。该同盟对"欧亚联盟"起到了重要的推动作用,一方面有利于欧亚地区经济基础设施的建设,另一方面有利于各地区安全合作框架的构建。2011年10月,俄罗斯总统普京正式提出"欧亚联盟战略",要同独联体国家一同建立关税联盟和欧亚经济共同体,从而推动更高层次的、更广泛内容的一体化组织。这一战略被看作俄罗斯版的新丝绸之路战略。

另外日本、韩国也基于亚欧经济合作提出了丝绸之路构想。主要亚太国家纷纷推进新丝绸之路战略,一方面预示中国的"一带一路"战略将面临全新的博弈与竞争,另一方面也表明新丝绸之路具有巨大的潜力和活力。

三、"一带一路"将重新定义中国未来发展空间

2015年3月,国家发展改革委、外交部、商务部经国务院授权发布《推动共建丝绸之路经济带和21世纪海上丝绸之路的愿景与行动》(以下简称《愿景与行动》),阐述了"一带一路"建设的时代背景、共建原则、框架思路、合作重点、合作机制等,为"一带一路"建设指明了方向。仅仅2年多时间,"丝绸之路经济带"和"21世纪海上丝绸之路"就已经从倡议变成实践,从国家战略落地为国家行动,进入务实合作阶段。从筹建亚投行到成立丝路基金,再到国家开发银行的近千个项目,"一带一路"建设取得明显进展,获得多方积极响应,不仅为各方在投资、贸易、金融、文化和旅游等领域的深化合作奠定了坚实基础,也给沿线各国民众带来了实实在在的好处。

从战略上看,"一带一路"将重新拓展和定义中国未来的发展空间。众多学者对此多有著述,可概括为以下几个方面:

首先,"一带一路"将加速亚洲和亚太经济一体化进程,中国将成为推动世界持续发展的新重心。"一带一路"战略将成为亚洲经济一体化的"两翼",有效连接中亚、西亚、东南亚、南亚、东北亚等地区,显著改善区域内的整体基础设施互联互通状况和营商环境。作为世界经济增长的重要引擎,亚洲已日渐成为经济全球化的中坚力量。"一带一路"战略涵盖亚洲26个国家和地区,拥有44亿人口和20多万亿美元的经济规模。在后国际金融危机时代,作为世界经济增长火车头的中国,将发挥自身的产能优势、技术与资金优势、经验与模式优势、市场与合作优势,通过"一带一路"建设促进亚洲国家分享中国改革发展红利,夯实亚

洲经济一体化的基础,成为推动世界持续发展的新重心。

其次,"一带一路"将打破亚欧大陆长期封闭的状态,中国在推动世界均衡发展的同时将获得新的战略发展空间。亚欧大陆是世界上最大的陆地,面积近5000万平方千米,占全球陆地面积的1/3,东西跨度超过1万公里,是世界上最具潜力的经济带。"一带一路"将通过打破亚欧大陆长期封闭的状态,带动内陆国家加快开发开放,实现均衡发展,改变历史上中亚等丝绸之路沿途地带只是作为东西方贸易、文化交流的过道而成为发展洼地的状况,将超越欧美主导全球化造成的贫富差距、地区发展不平衡,形成推动全球均衡发展的新格局。

再次,"一带一路"将打造利益共享的全球价值链,中国将在共同打造全球价值链的过程中获益。当前,世界经济仍处于深度调整期,低增长、低通胀、低需求同高失业、高债务、高泡沫等风险交织,气候变化、能源安全、粮食安全等全球性挑战不断增多,不仅发展中国家需要实现可持续性的经济转型,发达国家也需要促进经济转型。"一带一路"沿海国家多数精于制造业,而内陆国家资源丰富,能源供给充足,庞大的"中国市场"将为沿线国家经济持续增长提供新动力。随着"一带一路"的发展,沿线会形成发达的经济中心、文化中心,通过全方位的国际合作解决自身的问题,更有效地融入全球经济。

最后,"一带一路"将促进人类建设命运共同体,中国将成为推动世界和平发展的重要力量。"一带一路"继承了古丝绸之路开放兼容的历史传统,同时也吸纳了亚洲国家"开放的区域主义"精神,体现了世界各国谋求发展的现实需求。无论从历史还是现实来看,"一带一路"都为人类命运共同体建设提供了重要的路径和战略支撑。"一带一路"不是单一国家的战略,不是把一国利益凌驾于他国利益之上甚至全球利益之上的战略。"一带一路"坚持共商共建、共创共享原则,不搞封闭机制,有意愿的国家和经济体都可参与,成为"一带一路"的支持者、建设者和受益者。"一带一路"将加速人类命运共同体建设,构建各方融合发展的新格局,为各方带来更大发展机遇,共同建造和平、增长、改革、文明的未来世界。

"一带一路"战略是我党十一届三中全会以来,中国对外开放由点到线、由线到面、由面到系统的和平发展战略方针,它将不仅促进经济要素在全球的有序流动和市场的深度融合,而且推进沿线各国的经济政策协调,实现更为和谐的区域经济合作。更为重要的是,"一带一路"战略打开了中国的经贸合作圈、文化合作圈,将大大拓展中国21世纪的发展空间。

四、"一带一路"机遇与挑战并存

"一带一路"战略勾画出了中国走向综合性全球大国的路线图,在带给中国和沿线国家重大福利和机遇的同时,在实施过程中也面临诸多挑战,同时也充满了政治风险、经济风险、安全风险、企业经营风险、文化冲突风险。

政治风险。首先,政治体制差异大,一些国家政局不稳。"一带一路"战略涉及60多个对象国、40多亿人口,参与国既有社会主义国家,也有资本主义国家,还有君主制的阿拉伯国家,意识形态上的相互理解不一定成为根本性的障碍,但从历史看确实会成为影响国家间关系的重要因素。其次,沿线的东南亚、南亚、中亚、西亚地区政治形势复杂,政局不稳,对政策的连续性有很大影响。此外,一些国家的政治势力出于自身政治目的,有意煽动"中国威胁论",以阻止或延宕中国战略的实施。再次,大国博弈风险。在"一带一路"的战略布局当中,不同国家基于不同诉求都有其各自的国家战略,这其中甚至还涉及"一带一路"以外的一些国家的战略利益问题。美国、印度、俄罗斯、日本、韩国等与"一带一路"都有一定的竞争关系和利益冲突,如何处理好这些关系事关重大。同时,"一带一路"沿线一些国家其国内始终存在着反华势力,如印度尼西亚、越南等国。随着社交媒体的广泛运用,这些国家的政治越来越受底层民众民粹意识的裹挟,其中一些领导人可能会以中国因素来解释经济失败,以排华的方式来谋求个人政治利益。如果地区安全得不到保证,欧亚地区国家相互之间不能理解,"一带一路"建设就可能付之东流。

经济风险。实施"一带一路"战略存在着众多经济风险或潜在经济风险。首先,经济发展水平不平衡,对接耦合难度大。沿线国家中,一些国家法律较为健全,市场经济程度较高;一些国家较为封闭,主要为传统经济;还有一些国家处于两者之间,这在一定程度上加大了合作的难度和力度。其次,债务违约风险。"一带一路"沿线国的投资环境整体上不如中国与欧美发达国家,部分参与"一带一路"计划的国家存在着巨额的经常项目赤字、较差的经济基本面,这使其成为高风险债务人。第三,项目泡沫化风险。据有关研究,2015年中国各省"两会"政府工作报告中关于"一带一路"基建投资项目总规模已超过1万亿元人民币,涉及项目近1000个。如此庞大的投资能否落地,众多项目投资资金从何而来,通过何种方式去融资,如何保证海外投资的安全等,值得警惕。

安全风险。"一带一路"战略面临着巨大的传统安全风险与非传统安全风险。传统安全风险方面,如大国地缘政治的博弈,领土、岛屿争端,区域内个别国家政局动荡,等。非传统安全风险方面,如经济安全、金融安全、恐怖主义威胁、跨国有组织犯罪等。中国"一带一路"战略与美国的全球战略相比,其根本区别在于中国更侧重于经济、文化的交流,而非谋求军事霸权。这也意味着"走出去"的中国企业与公民很多时候缺乏国家直接的强力保护。

企业经营风险。当前,中国在"一带一路"沿线国家的资本输出,基本上是以企业投资海外基础工程建设为主要途径。与高技术含量、高回报率的经济领域相比较,基础建设存在着投入大、周期长、不确定因素较多等问题。在一些比较落后的区域,铁路、港口等基础建设实际上很难在短时期内见到效益,甚至将在很长一段时期内面临亏损运营的局面。另外,由于不熟悉国外商业习惯和法律环境,一些中资企业往往要承担商业风险。大批"走出去"的中小型民营企业既缺乏信贷、保险方面的制度安排,也往往难以得到有关管理部门的政策指引、信息服务,其在"走出去"过程中面临的信息问题、安全问题都十分严峻。

文化冲突风险。"一带一路"沿线文化繁杂多样,民族宗教问题复杂多变。丝路沿线是世界主要宗教基督教、佛教、伊斯兰教、印度教共生共存的地区,历史上的宗教争斗延续至今,使中东、中亚、东南亚等地区的国际恐怖主义、宗教极端主义、民族分裂主义势力和跨国有组织犯罪活动猖獗,地区局势长期动荡不安。同时,宗教问题时常与民族问题交织叠加,既恶化了当地环境,又增加了沿线各国相互合作的难度。

面对"一带一路"的种种风险,我们应树立防范意识,未雨绸缪,做好预案,采取有效措施,积极应对挑战。

五、"丝绸之路通鉴"宗旨与使命

自古以来,我国知识分子就有"为天地立心,为生民立命,为往圣继绝学,为万世开太平"的志向和传统。历史经验告诉我们,知识分子对民族和国家的使命担当,是中华民族实现伟大复兴的希望所在。

2016年5月17日,习近平主席在哲学社会科学工作座谈会上的讲话中指出,当代中国正经历着我国历史上最为广泛而深刻的社会变革,也正在进行着人类历史上最为宏大而独特的实践创新,我们不能辜负了这个时代。习近平主席指出,构建开放型经济新体制,实施总体国家安全观,建设人类命运共同体,推进"一带一路"建设,是党和国家根据新的实践提出的具有原创性、时代性的概念和理论。我国哲学社会科学应该以我们正在做的事情为中心,提炼出有学理性的新理论,概括出有规律性的新实践。

习近平主席的讲话深刻解答了事关我国哲学社会科学长远发展的一系列根本性问题,是指导哲学社会科学工作的纲领性文献,也是发展繁荣哲学社会科学的基本原则和行动指南。围绕国家重大需求,重视应用研究,推进智库建设,着力提升解决重大问题的能力和原创能力,既是陕西师范大学繁荣发展哲学社会科学行动计划(2013—2020年)的核心部分,也是陕西师范大学"十三五"发展规划的重点内容。

近10年来,陕西师范大学在围绕丝绸之路的哲学社会科学研究方面发展迅速,成绩斐然,主要体现在以下几个方面。一是以丝绸之路上的重大理论和现实问题为重点,在不同学科交叉协同的基础上,先后获批并建设了陕西省协同创新研究中心"国际长安学研究院"、陕西省哲学社会科学重点研究基地"一带一路与中亚区域协同创新研究中心"、教育部人文社会科学重点研究基地"西北历史环境变迁和经济社会发展研究院"、陕西省哲学社会科学重点研究基地"中国西部边疆研究院"等一批省部级学术创新平台,已经成为国内外在研究丝绸沿线历史发展与环境变迁、西部国家安全、西部边疆、西北民族与宗教、西夏学、语言学、基础教育发展等重大历史与现实问题的重镇。二是在丝绸之路研究的方面取得了丰硕的成果。早在2006年,陕西师范大学就编纂出版了《丝绸之路大辞典》,收录词目11607条,总字数达230多万,是迄今出版的同类书籍中体系最完整、词目最全面、内容最丰富的一部有关丝绸之路的百科全书,也是一部集学术性、知识性、资料性、实用性为一体的大型工具书。其后,陆续出版了《西北丝绸之路的历史文化研究》《中国丝绸之路经济带生态文明建设评价与路径研究》《丝绸之路经济带建设中的国家形象传播研究》等近百部学术著作,承担国家级、省市级有关丝绸之路的课题30余项,获得资助经费1000余万元。其中《丝绸之路戏剧文化研究》获得教育部第六届高等学校科学研究优秀成果奖,《推进丝绸之路经济带战略实施和区域合作共赢空间发展战略研究》的调研报告获得陕西省第十二次哲学社会科学一等奖等。三是将丝绸之路研究的成果积极服务于国家战略、经济与文化发展。陕西师范大学提交的《推进丝绸之路经济带战略实施和区域合作共赢空间发展战略研究》《关于丝绸之路经济带建设的问题与挑战》《俄美在乌兹别克斯坦的博弈及其影响》《边疆热点地区城市民族关系发展态势与对策研究》《关于喀什"南达经验"的总结报告》《新疆城市居民的社会交往空间:利益机制与民族关系》得到国家领导人及中办、国办和国家有关部委批示和采纳。四是陕西师范大学首次倡导并共同参与成立了"丝绸之路大学联盟"。积极推进阿富汗、乌兹别克斯坦两个国别研究中心的建设,研究与"新丝绸之路经济带"沿线国家的双边、多边人文交流机制,开展民间人文交流活动。其中,2013年9月,在习近平主席和阿富汗时任总统卡尔扎伊的见证下,陕西师范大学与阿富汗喀布尔大学在人民大会堂签署合作谅解备忘录,较好地服务了国家战略层面上的国际合作与交流。

新的历史时期,陕西师范大学积极响应国家建设"丝绸之路经济带"的战略构想,切实推进陕西省"服务国家发展战略,促进互利共赢"的共建思路,以教育合作与文化交流为重点,与"丝绸之路经济带"沿线国家与地区,不断创新合作、扩大开放、共同发展。

"一带一路"战略是一项长期、复杂而艰巨的系统工程,推进过程中必然面临诸多机遇和挑战,其中的许多问题需要学界、政府、企业界、民间、文化界等的高度重视和思考。古代丝绸之路的起点在西安,陕西师范大学具有独特的地缘优势,也给我们发挥智库功能,服务区域社会发展和国家建设,提供了难得的历史机遇。

有鉴于此,陕西师范大学组织一批专家编纂了"丝绸之路通鉴"丛书。本套丛书以丝绸之路为本体对象,聚焦"一带一路"这一重大现实问题和战略问题。取名"通鉴",则意在借鉴历史,透析现状,着眼未来,贯穿千年时域,探求发展趋势;意在立足中国,深入沿线,胸怀全局,经略万里空间,厘清错综关系;意在研究战略,丰富内涵,解决问题,横跨宏观、中观与微观,打通理论与实践;意在聚焦经贸,关注人文,促进合作,智慧应对世界形势变换,为"一带一路"国家战略的推进提供全领域、全视角、体系化的智力支撑。

期望"丝绸之路通鉴"丛书坚持以下标准:

第一,体现继承性、民族性。丝绸之路是人类文明交融互鉴的珍贵遗产,蕴含着取之不竭、用之不尽的物质财富和精神财富。如习近平主席所说:我们要坚持不忘本来、吸收外来、面向未来。既向内看,深入研究关系国计民生的重大课题,又向外看,积极探索关系人类前途命运的重大问题;既向前看,准确判断中国特色社会主义发展趋势,又向后看,善于继承和弘扬中华优秀传统文化精华。期望本套丛书的出版,能更好地传承丝路文明,促进全新历史条件下丝绸之路的政治与经济、民族与宗教、文化与生活、自然与文脉等等的发展。

第二,体现原创性、时代性。理论的生命力在于创新,理论思维的起点决定着理论创新的结果。本书的课题确定与编撰,均应专注"一带一路"建设的突出矛盾和问题,突出主体性、原创性、时代性,不追随他人亦步亦趋,不迷信权威人云亦云,力争形成一系列原创性成果,解决丝路建设的重大现实问题。

第三,体现系统性、专业性。希望本套书能全方位、全领域、全要素地研究丝路历史、政治、经济、文化、社会、生态等领域,打通传统学科、新兴学科、前沿学科、交叉学科等诸多学科,构建"丝绸之路学"基本蓝图、学理逻辑、主要架构与核心内容,推进具有中国特色的丝路研究学科体系、学术体系、话语体系建设,助力"一带一路"国家战略的实施。

出版本套丛书是一项巨大的系统工程。第一批陆续出版的著作涉及丝绸之路历史、丝绸之路专门史、丝绸之路经济、丝绸之路文化交流等,大致勾勒出了本套丛书的面貌,包括《英雄在线:丝绸之路的开辟者和捍卫者》(朱鸿)、《丝绸之路与文明交往》(李永平)、《丝绸之路最早的东方起点:西汉长安城》(肖爱玲)、《西北丝绸之路上的汉字流传史》(冯雪俊)、《打造丝绸之路经济带上的战略高地》(王琴梅)、《丝绸之路经济带产业集群价值网络的演化与重构》(雷宏振、贾妮莎、兰娟丽等)、《丝绸之路经济带上生物多样性的经济价值识别、展示与捕获研究》(裴辉儒、宋伟)、《文化集聚·文化街区·文化地域:重塑丝绸之路的新起点》(薛东前、马蓓蓓)、《丝绸之路上的遗址美术》(高明、王晓玲、程玉萍、朱生云、李慧国)、《汉唐丝绸之路漆艺文化研究》(胡玉康、潘天波)、《丝绸之路上的体育交流与发展》(黄聪)、《丝绸之路经济带沿线国家体育文化交流问题研究》(史兵、崔乐泉、李重申等)、《天山廊道:清代天山道路交通与驿传研究》(王启明)等。

  限于编著者能力与水平,书中难免有疏漏不足之处,恳请各位方家与读者批评指正。

  学术研究的意义不仅在于解释现实与反映现实,更在于改造现实与塑造未来。希望本套丛书所有编撰者筚路蓝缕、刨榛辟莽,有淡泊名利、耐得住寂寞的定力,有敢立潮头、勇于创新的勇气,有忧国忧民、为民鞠躬的情怀,积极努力,为实现"两个一百年"奋斗目标与实现中华民族伟大复兴的中国梦做出新的贡献!

  是为序。

2016 年 9 月 28 日

目 录

第一章　定都长安与京畿之地区位优势之强化 ·········· 1
　　第一节　秦汉时期关中平原战略优势 ·················· 2
　　第二节　西汉长安城区位优势的巩固与强化 ·········· 7

第二章　长安诸宫城及其遗址现状 ······················ 23
　　第一节　东朝廷——长乐宫 ···························· 23
　　第二节　布政之宫——未央宫营 ······················ 35
　　第三节　北宫、桂宫、明光宫及其遗存 ················ 58
　　第四节　城外布政之宫——甘泉宫 ···················· 65
　　第五节　城西离宫——建章宫 ·························· 69
　　第六节　宫城管理与京师卫戍 ·························· 74

第三章　长安城墙营建与城内建置 ······················ 87
　　第一节　城墙与城门 ···································· 87
　　第二节　官署与居住空间 ······························ 107
　　第三节　商业与手工业空间 ···························· 122

第四章　长安——丝绸之路最早的东方起点 ············ 141
　　第一节　长安城近郊道路 ······························ 141
　　第二节　京畿道路 ······································ 150

第三节　张骞"凿空"与丝绸之路 …………………………………… 162

第五章　京师腹地功能分区 …………………………………………… 187
　　第一节　礼制空间及其变化 …………………………………………… 187
　　第二节　长安城南——上林禁苑 ……………………………………… 200
　　第三节　西汉帝陵 ……………………………………………………… 217

第六章　世界文化遗产——西汉长安城 ……………………………… 236
　　第一节　西汉之后的长安城 …………………………………………… 236
　　第二节　汉长安城及未央宫遗址 ……………………………………… 243
　　第三节　丝路开拓者归葬故里——张骞墓 …………………………… 256
　　第四节　汉武帝茂陵遗址及汉代帝陵石刻艺术 ……………………… 260

第七章　都城历史文化遗产保护相关问题的思考与建议 …………… 280
　　第一节　大遗址保护中的整体意识 …………………………………… 280
　　第二节　关于在西安筹建中国古都博物馆的建议 …………………… 284
　　第三节　从古都文明到现当代城市的遗产保护 ……………………… 289

参考文献 ………………………………………………………………… 300

后　记 …………………………………………………………………… 304

第一章 定都长安与京畿之地区位优势之强化

史念海先生认为"古都的定义应有广义和狭义的两个方面。自广义言之,作为一个独立的王朝或政权,不受外来的控制,其都城已成为政治中心,就皆应视为古都。但由于作为保护和研究的对象,就要受到一定因素的制约。狭义的古都,不仅是独立的王朝或政权有的都城,并且还应该具有较为长久的而不是过分短促的年代,其遗址的现在地理位置应是确切的而不是推论的臆定,还应是距现在有关的城市较近,而不是相离很远的废墟。"[1]根据这样的定义,史先生统计了我国古都数目,自三代以下,我国共有古都217处[2],涉及的王朝或政权277个。这里面包括建立在内地的古都164处,建立在边疆各地的古都53处,初步提出了65处被重点研究的古都。

纵观中国历代都城区域发展可知:在中国古代都城前期(秦汉至隋唐)自西向东和后期(宋元到明清)自南向北、前后相继的空间转移过程中,尽管各都城选址的依据各有不同,但对都城选址的环境条件、安全等均有明确要求。作为都城的城市,应该是当时王朝或政权统治地区的政治、经济或文化中心,其选址则比一般城市要复杂得多。

根据前辈学者的研究,关于古代都城选址因素的考察可分为三个方面:对区域自然地理环境(地形地貌、山川、土壤、气候)的认知、对区域人文地理环境(经济、交通、军事、地理位置)的综合考量和对社会环境(地方势力、民族关系及斗争焦点)的权衡。自然环境变化缓慢,人文环境次之,社会环境变化则非常微妙,甚至还要考虑当权者的心理因素等。正因为如此,历代都城位置既有前后相继,又有位置的迁移;都城迁移既有特殊性因素,也存在普遍性规律。因此,都城选址是一个复杂的过程,受诸多方面因素影响,且随着时代的不同各有所侧重。

第一节 秦汉时期关中平原战略优势

一、关中平原地形险要

西安市不但在现代地理意义上居天下之中,而且在历史上亦是如此。由于中国历史前半期的中原王朝主要面对的是来自中国西北边疆民族的压力,西安地处中国西北边疆和内地的结合部,这成为其作为都城选址的重要条件。

关中平原之"关中"出现于战国至秦汉时期,因西安所处的渭河下游平原四周被关隘环绕而得名。关中之"关"通常是指东面的函谷关、东南的武关、西南的散关、西方的陇关、西北的萧关以及东北的临晋关。诸关之中最为重要者是函谷关。秦汉函谷关有两处,秦关为秦孝公时所置,位置在今河南灵宝市北15千米的王垛村;汉关为汉武帝时置,在今河南新安县东500米。秦关地形最为险要,公元前318年、公元前241年东方诸国两次齐聚函谷关攻秦而不下。秦末刘邦本意先从函谷关入关,无奈函谷关易守难攻,而不得不改道武关。所以,函谷关素来是人们据以描述秦地形险要的必要内容:"秦东有崤函之固","秦孝公据崤函之固者也","函谷关拒山东之险,地利乌可忽欤","关函守峣,山东道穷,置汧、陇,麛偎西戎","左据函谷二崤之阻","北

第一章　定都长安与京畿之地区位优势之强化

有甘泉、谷口之固……左崤、殽之险,民众而士厉,兵革有余",等等。张衡《西都赋》中描述的关中一带"左有崤函重险、桃林之塞","右有陇坻之隘,隔阂华戎","于前终南太一","于后则高陵平原,据渭踞泾,其远则九嵕甘泉",是"得之者强,据之者久"的险要之地。

关中周边关隘多为天然地形形成,其上稍加人工构筑,不仅可以拱卫京师之安全,形成关中平原地理上的险要之势,同时还是关中平原与外界联系的交通孔道。自长安向西经陇关过河西走廊,通向天山南北,又经中亚,与西亚、欧洲相通,形成古代著名的丝绸之路的主轴;而与中原内地更是水陆相接,交通便捷:西南有秦岭栈道通向巴蜀,东南有武关直下荆湖以达东南沿海各地,东出函谷关直入中原,并有渭河直通黄河,进而通过运河连接江南与河北,东北过临晋关趋山西,北有直道通往鄂尔多斯高原,交通区位优势显著。

正因为有此地形、交通上的优势,使得关中平原自古以来就成为诸多民族和政治势力竞相角逐之地,也成为建都定鼎的形胜之地。《汉书》卷1下《高帝纪下》载高祖六年,田肯论关中之地形时说:"秦形胜之国也,带河阻山,悬隔千里,持戟百万,秦得百二焉。地势便利,其以下兵于诸侯,譬犹居高屋之上建瓴水也。"同书卷31《陈胜项籍传第一》亦有韩生劝项羽都关中时说:"关中阻山带河,四塞之地,肥饶可都以伯。"《汉书》卷65《东方朔第三十五》:"夫南山,天下之阻也,南有江淮,北有河渭,其地从汧陇以东,商雒以西,厥壤肥饶。"《类编长安志》中《杂著·总叙》载:"长安,厥壤肥饶,四面险固,被山带河,外有洪河之险,西有汉中、巴、蜀,北有代马之利,所谓天府陆海之地也。"

二、区域经济开发历史悠久

西安地区不仅地理位置优越、山川形势险要、交通便捷,还是人类较早的居住之地,我国经济开发较早的地区。

　　《尚书·禹贡》记载西汉长安城当位于雍州之地,而雍州之地"厥土惟黄壤,厥田惟上上"。黄壤即黄土,黄土疏松易于耕耘,是上上等的肥沃土壤,是最好的土地。远在新石器时期,这里的人口就已相当众多,迄今新石器聚落遗址已多有发现。周秦两代的先世能够肇兴,就是凭借这里上等田地的优势,后稷时,这里就已是"禾役穟穟,麻麦幪幪"[3]。秦自孝公加强发展农桑产业,秦南有泾、渭之沃,擅巴、汉之饶,右陇、蜀之山,使秦国势力迅速强大,秦始皇统一之后迁徙东方豪强至关中[4]。有了西周以来的经济开发,至楚汉战争期间,萧何就能够及时、充足地供应前线军粮,[5]当与关中之地的富饶不无关系。汉长安城外、南山之间不仅出产"玉石、金、银、铜、铁,豫章、檀、柘异类之物",且"又有粳稻、梨、栗、桑、麻、竹箭之饶,土宜姜芋,水多蛙鱼,贫者得以人给家足,无饥寒之忧,故丰镐之间,号为土膏,其价亩值一金"。东方朔所说的汉长安城外的农田亩价一金,这是当时全国各地都无法与之比拟的,魏晋时期还是如此,直到南北朝时,江南太湖流域及其东南的沿海附近,才有了这样高的农田价值。

　　农业发展离不开水利建设,早在周秦两代,人们就已经开始引用水流灌溉农田。《诗经·小雅》中《白华篇》说:"滮池北流,浸彼稻田"。秦国用韩国水工郑国开凿了郑国渠,引泾水向东一直通到洛水,灌溉盐碱土地数万亩。至汉时又在郑国渠旁先后开凿六辅渠和白渠,引渭水开凿成国渠、灵轵渠和蒙茏渠。

　　汉长安城附近浐、灞、沣、滈、潏、涝诸水的引水渠道虽未见诸记载,但东方朔所说的陆海中的农作物,首先提到的是粳稻。粳稻种得很多,说明当地的渠道不少。上述渠道与天然水道,已经构成一个农田灌溉网。这个灌溉网西起眉县,东至新丰、高陵两县(今为西安市临

第一章 定都长安与京畿之地区位优势之强化

潼区和高陵区),北起泾阳(今泾阳县)之北,南至秦岭之下,汉长安城正位于这个农田灌溉网的中央。正是有了这样的农田灌溉网,农业不断得到发展,保障了长安城的富庶与繁荣。"八水绕长安"的水资源条件也使得平原上地表水和地下水均比较丰富,便于解决西安城市居民的用水问题,为古今西安地区社会经济的繁荣和城市的发展创造了有利条件,也为我国全国性大城市最早出现在关中地区奠定了基础,进而促使该地区成为全国政治、经济、文化中心与交通枢纽。

关中地区是西周、秦国、秦朝兴起与发展的重要区域。周族从岐山之下的周原到沣河两岸的丰、镐二都,秦国九都之中七都位于关中平原上[6],区域建都历史悠久。文献记载秦都咸阳空间范围大致与关中相当,"始皇表河以为秦东门,表汧以为秦西门"[7]。咸阳北至九嵕甘泉,南至鄠、杜,东至河,西至汧、渭之交,东西八百里,南北四百里,离宫别馆,相望联属。[8]"筑咸阳宫,因北陵营殿,端门四达,以则紫宫,象帝居。渭水贯都,以象天汉;横桥南渡,以法牵牛。"[9]汉兴,"去三河之地,止灞、浐以西,都泾、渭之南,此所谓天下陆海之地,秦之所以虏西戎兼山东者也"。[10]不同文化在相互交流、碰撞、冲突中,不断融合,创造出富于极强生命力的新文化,并成为中国文化的主流。中国历史的前半期是关中平原的核心都市——长安(西安)在政治、文化以至经济上在全国发挥主导作用时期。

春秋战国时期是中国历史上城市发展的第一次飞跃时期,表现为城的数量空前增多。经过"并诸小乡聚,集为大县"的统一规划和调整,秦在关中设置了36个县[11]由内史统一管辖。因而,秦在关中的城市建设除上述提及的旧都之外,还应有一些县级政区治所以上的城市。《史记》卷5《秦本纪第五》载:武公十一年(前687)"初县杜、郑";康公二年(前619)"取武城";厉公十六年(前461),"以兵二万

丝绸之路最早的东方起点：西汉长安城

伐大荔,取其王城;二十一年初县频阳";灵公六年(前419)"晋城少梁,秦击之;十三年,城籍姑";简公六年(前409)"城重泉",等等。另尚有秦代新兴城市丽邑、云阳等。据考古发掘,秦县治地皆有城,县城面积约1平方千米。它们既是县级政治中心,又是军事据点和商业城市。

　　汉承秦制继续在全国推行郡县制度,形成了中国封建社会前期又一次筑城高潮,高祖六年(前201)冬十月"令天下县邑城"。伴随这次筑城运动,中国古代城市获得了一次大的发展。关中地区作为京畿之地城市建设表现在:都城日渐庞大、环都陵邑及京畿区域城市数量的增长。关中地区对应于《汉书》卷28上《地理志第八上》,相当于京兆尹、左冯翊、右扶风所在的三辅地区(在西汉历史发展中,从空间范围上说,西汉末三辅地区并非西汉初年的关中的全部,还应包括《汉志》弘农郡西部弘农、上洛、商3县之地[12],这在考察本区城市时空演进过程中是要注意的。),《汉志》三辅共辖有57城,京兆尹12城、左冯翊24城、右扶风21城,这是本地在西汉一代社会政治、经济、文化共同发展的结果,也是西汉政治权力运动的结果。

　　经历过秦朝繁重的徭役、兵役,严刑峻法、苛捐杂税的压迫与盘剥的社会大众对刘邦进入关中之后的系列做法较为认同。首先是汉高祖没有杀掉投降的秦王孺子婴;其次,不贪图财物还军霸上;其三,与三秦父老"约法三章",并派人与地方官吏把上述措施传达到基层百姓那里;其四,废除秦的法律。因而关中吏民受战争和秦亡的影响比较小,能够按照正常的秩序生活,所以"秦民大喜,争持牛、羊、酒食献享军士。沛公让不受,曰:'仓粟多,不欲费民。'民又益喜,唯恐沛公不为秦王。"[13]此与项羽杀子婴、屠咸阳、负约三分关中形成鲜明的对比,获得了关中百姓的认同和支持。由此可以认为刘邦定都关中的群众基础较好,在连续 5 年的楚汉战争中,汉军士卒、粮草源源不断即得益于此。

第二节　西汉长安城区位优势的巩固与强化

优越的自然地理环境条件、富庶的经济以及便利的交通为建都长安奠定了物质基础;时人的区域观念以及对区域空间形势的判断是最终影响高祖定都长安的关键因素;西汉朝廷应对内外忧患的举措巩固和强化了都城的区位优势。都城选址仅是定都时空间权衡的结果,都城区位上的不足还要在之后的建设中不断完善和弥补。

一、西汉初期区域观念

高祖刘邦尽管在关中有较好的群众基础,如"与三老约法三章""废除秦法""禁止侵扰百姓"等,以至于秦地百姓都唯恐"沛公不为秦王",事实上高祖最初并无都关中之意。汉元年(前206)四月,汉王刘邦在"从杜南入蚀中"[14]的路上采纳张良的建议烧毁了翻越秦岭的栈道,此举当然是为了迷惑西楚霸王项羽的。当年八月,汉王又用韩信的计谋,从关中西南武都郡之故道进入关中,消灭了雍王章邯、塞王司马欣和翟王董翳的军事力量,占领了关中全境,设置渭南、河上及中地三郡,其中渭南郡是秦内史郡的一部分。至汉五年(前202)冬项羽乌江自刎,是年春诸侯在定陶推举高祖为王、五月洛阳南宫娄敬力陈定都关中策之前,应该说刘邦一直都没有定都关中的想法,这也是显而易见的。而且,即便在定都于长安之后,都城建设也仅仅规划了宫城(汉七年十月建成长乐宫),并没有建设郭城的意思(此或有受秦都规制影响），至汉九年（前198）才罢关中三郡置内史。其间高祖本人也时常于洛阳南宫居住。种种迹象表明高祖最初并无定都关中的意图。

  西汉初年最终影响高祖定都长安的关键因素应当是时人的区域观念以及对区域空间形势的判断。秦汉时期，广泛流行《禹贡》及《职方氏》的"九州观"、春秋战国以来的传统文化区、司马迁的"经济区"、西汉中央政府的"监察区"、朱赣的"风俗区"、杨雄的"方言区"等。而其时影响西汉都城选址的还有在各区域观念基础上隐含的先秦大国关系格局。

  春秋五霸、战国七雄，经过几百年相互征伐，最终完成统一大业的秦王朝却又短命而亡，不能不引起我们的诸多思考。西汉与战国相去不远，人们对七国疆界十分熟悉，加之秦汉统一王朝是建立在战争基础之上的，秦汉时期推行的郡县制尽管对战国区域进行了重新划分，然而人们仍习惯于传统的说法，朱赣的"风俗区"、杨雄的"方言区"也都是基于春秋战国形势基础上形成的，以至于现在的齐、鲁、燕、赵等区域概念仍脱不了战国区域的痕迹。

  秦汉王朝政治、军事上的统一，既不能消除人们心中的区域差异，更不能消弭各诸侯国之间文化的差异。从《史记·货殖列传》中对楚地、齐地、赵、魏等地风俗的描述可以看出，司马迁生活的时代似乎还未迈出战国的历史之门。所以说西汉时期在延续传统文化的同时又增添了一些新的内容，形成了西汉风俗文化的新趋向。[15]传统的"风俗区""方言区"在新文化攻势下依然有顽强的生命力，即便在信息时代的今天，产生于区域差异基础上的风俗、方言依然存在。所以，在遥远的西汉时期，这种差异只能是更为突出。因而，政治上结束战国是在秦代，而文化上的战国还远未结束，中国古代王朝更替只是改朝换代而已。《史记》《汉书》中记载了西汉初年同样有许多类于张仪、苏秦之流的辩士,即可视为先秦文化传统的延续,强化了传统文化空间格局的影响。秦晋方言多为通用语,这与该地的政治中心地位是相适应的。

合纵连横是战国纵横家的主张,不管是合纵对付齐秦,还是连横对付晋楚,都是对战国空间形势权衡的结果,这一空间权衡意识影响了西汉初年国都的选址、中央与地方的关系,左右了建都于关中之地的秦汉帝国与东方六国旧地权力关系的变化。所以说,战国时期不唯是一个时代概念,也是一个区域划分的空间概念,两千多年之后区域空间差异依然存在,具有明确的指代意义。由合纵连横思想形成促生的东西对立、南北对峙等概念,在中国历史发展中也具有区域空间划分的历史地理学意义。

秦始皇曾总结周代失国之因,起于"处士横议,诸侯力争,四夷交侵",遂实行郡县制,但仍二世而亡;高祖总结秦亡教训,认为"子弟为匹夫,内亡骨肉本根之辅,外亡尺土藩翼之卫"是其速亡的根本原因,为"惩戒亡秦孤立之败""剖裂疆土,立二等之爵。功臣侯者百有余邑,尊王子弟,大启九国",高祖刘邦在世时就分封了143个功臣侯,9个同姓诸侯王,1个异姓诸侯王。诸侯王主要分布在先秦东方六国之土地上,功臣侯的分布空间也以六国区域为主[16]。西汉初年郡国分布格局,恰恰是战国时期诸国空间格局的延续。[17]"高祖外封子弟,内任外戚"的做法就是为了防御朝堂之上的功臣。但高祖去世之后"遂成吕氏一门内斗功臣外斗宗室之局,吕后死而齐王起兵,则宗室之斗外戚也。使灌婴击齐,而灌婴与之连和,平、越等遂趁机而起于内,则功臣之斗外戚也。两力合则外戚以亡"。[18]西汉时期外戚、功臣、宗室相互之间的权力斗争长期存在,外戚专权似为主流。西汉时期的用人制度成为古代朝廷用人制度的经典——"首在同姓,次则外戚,人心习以为固然"。

正是在上述区域观念的影响之下,位处关中平原的秦地既然是地形险要、富庶肥沃的天府之国,自然也就成为都城选址的最佳区域。定都长安更为重要的社会因素是基于秦末汉初区域观念,对楚汉战争后的军事战略形势权衡的结果。西汉初年统治者不仅面对西汉中央与异姓、同姓诸侯王国之间以及新旧贵族间的种种矛盾,还要面对自秦末战乱以来时常南下的匈奴铁骑的侵袭压力,这种内忧外患形势的长期存在影响着西汉中央的一系列内外政策,比如:和亲、移民、削藩政策的产生和发展。

二、西汉朝廷的内忧外患

西汉初年帝国西北部边界内缩,秦大片疆域落入匈奴等少数民族政权手中,秦九原郡、安定郡、陇西郡的一些地区落入匈奴之手,帝国北部边境全被匈奴包围。高祖七年(前200)冬遭白登之围兵败,不得已接受了娄敬"和亲"的建议,以汉家公主嫁给匈奴单于的方式,使新生政权获得了暂时的稳定。但至武帝征伐之前,匈奴常常不受"和亲"政策的束缚,骚扰边地汉民。[19] 匈奴铁骑成为影响西汉帝国安全稳定的外在因素。

与此同时,西汉初年在六国旧地上实行分封制,相继分封了一批诸侯王(包括异姓、同姓),他们享有较高的政治经济特权。尽管诸侯国是为藩辅汉室而建,但西汉初期的诸侯王国均拥有"跨州兼郡"的区域范围,控制着区域内山泽陂池的发展,经济实力比较雄厚;且在诸侯王国区域内,诸侯王们握有至高无上的政治特权,诸侯王国实力的壮大严重地威胁着中央集权的建立。

如此严峻的内忧外患,激发了先秦纵横家的复现,在西汉中央权力层中出现了一批能言善辩的谋士。他们权衡各股势力并提出相应的对策协助朝廷解决内外忧患。如娄敬(即刘敬)、贾谊、晁错、主父偃等围绕如何加强中央集权、削减诸侯王国实力、稳定边疆等问题,提出了一系列实现国家控制的思想策略,核心思想可归纳为"攘外必先安内"。"内"指东方六国旧贵族和西汉初年的诸侯王[20],"外"则指北方匈奴。

(一)"安内"方略

"安内"方略分为两个部分,一部分是针对六国旧贵族,主要采取了迁徙的方式;另一部分针对西汉诸侯王,最初是异姓诸侯王,后为同姓诸侯王,尽管对二者实施的方法不同,但目的都是削弱诸侯王的政治、经济实力。

1. 徙民政策

春秋战国时期的长期纷争,形成了较为牢固的区域观念,尤其是对战国时期六国空间区域的认知,秦始皇统一过程中就采取了迁徙六国人口的措施,而这一措施也被西汉所继承。汉初娄敬从匈奴和亲归来,发现匈奴河南地的白羊和娄烦两族距离都城长安最近的仅有700里的路程,轻骑一天一夜即可到达都城的情况,都城长安因秦末战乱人口稀少,北方有强劲的胡人,东方先秦六国旧贵族也还拥有很强的实力等原因,向高祖刘邦提出了迁徙"齐诸田,楚昭、屈、景,燕、赵、韩、魏后,及豪杰名家,且实关中"的政策,这一政策既可以"备胡"又可以在诸侯叛乱之时用之"东伐",所以"此强本弱末之术也"。汉武帝时主父偃也提出了移民茂陵的建议:"茂陵初立,天下豪杰兼并之家,乱众民,皆可徙茂陵,内实京师,外销奸猾,此所谓不诛而害除。"[21] 见于《史记》《汉书》帝王本传的"徙民"事例尚有:

高祖五年(前202)五月,诏曰"诸侯子在关中者复之十二岁,其归者复之六岁,食之一岁",后九月,"徙诸侯子关中";九年(前198)十一月,"徙齐、楚大族昭氏、屈氏、景氏、怀氏、田氏五姓关中,与利田宅"[22];十一年(前196)夏四月,"令丰人徙关中者,皆复其终身";十二年(前195)三月,"吏二千石,徙之长安,受小第室。"汉景帝五年(前152)五月,"募徙阳陵,予钱二十万"。汉武帝建元三年(前138)春,"赐徙茂陵者户钱二十万,田二顷";元朔二年(前127)夏,"徙郡国豪杰及訾三百万以上于茂陵";太始元年(前96)"徙郡、国吏民豪杰于茂陵、云陵"。汉昭帝始元三年(前84)秋,"募民徙云陵,赐钱、田、宅"。汉宣帝本始元年(前73)春正月,"募郡国吏、民訾百万以上徙平陵";本始二年(前72)春,"以水衡钱为平陵,徙民起第宅";元康元年(前65)春,"以杜东塬上为初陵,更名杜县为杜陵。徙丞相、将军、列侯、吏二千石、訾百万者杜陵"。汉成帝鸿嘉二年(前19)夏,徙郡国豪杰赀五百万以上五千户于昌陵。汉平帝元始二年(2)"重徙云阳,赐公田宅"。

以上徙民不见得全部是迁移的旧贵族,还包括一些贫民、难民,迁出地有些是关中本地,如汉昭帝始元四年(前83)夏六月,"徙三辅富人云陵,赐钱,户十万"。但这里的富人应当有一部分是早期迁来的东方人士。西汉一朝从关东迁往关中的人口累计近30万,至西汉末年,关中的关东移民后裔有120余万人,几乎占当时三辅人口的一半。如此大量的移民使得关中在秦汉以后重农之风渐变,长安附近的人民便弃农经商"亦多大贾",工商业逐渐发达起来,为"丝绸之路"的繁荣奠定了基础。

2. 消除异姓诸侯王

区域空间形势差异将影响政权的区域管理政策。楚汉战争期间,高祖刘邦就在推行郡县制的同时实行封国制。一边在汉军攻占的一些地区恢复和开置了部分秦郡;[23]另一方面,为取得战争的最终胜利,相继分封了7个异姓诸侯王:韩、赵、淮南、楚、梁、燕、长沙。异姓诸侯王掌握着兵权并占有相当的空间范围,他们的存在严重危及了西汉中央王朝的统治。

表1-1　西汉初年异姓诸侯王表

国名	王名	王都	今址	始封年月	存在时间
韩	韩王信	阳翟	河南禹州市	前205年11月	52个月
赵	张耳	襄国	河北邢台市	前203年11月	6年
淮南	英布	六	安徽六安市	前203年7月	约8年
楚	韩信	下邳	江苏邳州市古邳镇	前202年10月	13个月
梁	彭越	定陶	山东定陶西北	前202年10月	约6年
燕	卢绾	蓟	北京市西南	前202年后9月	6年
长沙	吴芮	临湘	湖南长沙市	前202年2月	50年

随后高祖又用了七年时间,相继消除了异姓诸侯王势力。"淮阴王楚最强,则最先反;韩信倚胡,则又反;贯高因赵资,则又反;陈豨兵精,则又反;彭越用梁,则又反;黥布用淮南,则又反;卢绾最弱,最后反。长沙乃在二万五千户耳,功少而最完,势疏而最忠,非独性异人也,亦形势然也。"[24]在消除异姓诸侯王的过程中,调整异姓诸侯王辖域,将其分封给

同姓诸侯王作为屏藩捍卫边境安全的地方势力,"尊王子弟,大启九国"[25],加上长沙王吴芮,至高祖末年(前195),出现了十个诸侯王国与十五汉郡并存的局面[26]。诸侯王国大者"跨州兼郡,连城数十",与秦郡相比,则有些"矫枉过正"。汉初诸侯王虽受中央节制,但相对独立,王国百官设置如同中央朝廷。诸侯王拥有相当大的特权,不仅可以"自置吏",自行任命两千石以下官员;还可以"得赋敛",向本王国臣民收取赋税。正如贾谊《新书》中《等齐》篇记载西汉前期诸侯王与天子之臣同、御同、后宫同、宫墙门卫同,其时所有用于区别贵贱尊卑的"等级、势力、衣服、号令"均无所不同。在以亲制疏的政策下,诸侯国地位远高于一般汉郡而成为与中央分庭抗礼的地方势力,形成了新的隐患。

表1-2　高祖十二年(前195)诸侯王表

国名	王名	王都	今址	始封年月
长沙	吴芮	临湘	湖南长沙市	前202年2月
楚	刘交	彭城	江苏徐州市	前201年正月
齐	刘肥	临淄	山东淄博市临淄区	前201年正月
赵	刘如意	邯郸	河北邯郸市	前198年正月
代	刘恒	晋阳	山西太原市晋源区	前196年正月
梁	刘恢	定陶	山东定陶西北	前196年3月
淮阳	刘友	陈	河南淮阳	前196年3月
淮南	刘长	寿春	安徽寿县城关镇东门外	前196年7月
吴	刘濞	广陵	江苏扬州市北	前195年10月
燕	刘建	蓟	北京市西南	前195年12月

3. 支解同姓诸侯王

汉文帝时,面对诸侯王势力的膨胀以及对中央朝廷造成的困扰,贾谊由"疏者必危,亲者必乱","功少而最完,势疏而最忠"的认识,提出了"欲天下之治安,莫若众建诸侯而少其力"的建议。于是将汉初齐王刘肥之齐国一分为七,分封齐孝惠王诸子为王——齐、济北、济南、淄川、胶东、胶西、城阳,由此分解了齐王势力。文帝十六年(前164)时诸侯国总数增加到17个。

汉景帝时担任御史大夫的晁错,面对诸侯国势力已强大到不能够控制的局面,他提出了"请诸侯之罪过,削其支郡"的建议,其目的是"以尊京师,万世之利",否则"天子不尊,宗庙不安"。然而此举侵犯了诸侯王的根本利益,该政策还没来得及实施就爆发了"吴楚七国之乱"。叛乱平息后,景帝乘胜大幅度削减诸侯王国辖域,以部分汉郡及所削诸侯国支郡分置新的诸侯国或成为直属中央的汉郡,到公元前153年底共有诸侯王国19个,汉郡43个。随后又于景中六年(前144)分梁为5国。由此可见,"削藩"策之后,郡国数量的大幅度增长,然而晁错亦因此丧命。

汉武帝时期,主父偃总结前代经验,认为晁错直接削藩引起了诸侯的叛乱,不如"令诸侯得推恩分子弟,以地侯之",则"人人喜得所愿,上以德施,实分其国。必稍自销弱矣"。汉武帝于是颁诏:"诸侯王或欲推恩分子弟邑者,令各条上,朕且临定其名号"。[27]由此"藩国始分,而子弟毕侯矣"。[28]推恩令的实施使中央在"亲亲"的表象下,实现了削弱诸侯国势力的目的。此外,元狩年间(前122—前117)又罢郡国盐铁,悉禁郡国铸钱,使诸侯财政收入锐减;后又颁布左官律和附益法,贬低王国地位。此后,诸侯王在政治上毫无能为,完全不得参与政事,经济来源仅有田租一项,逐步走向衰微,不复为中央朝廷之患。武帝末年,西汉全国形成了19个王国,87个汉郡的形势。

在中央权力与地方权力的关系中,实际上是社会公共权力在其权力主体内部不同层次之间的纵向关系,同时,它又是全社会整体利益与特定政治社区局部利益之间的关系在权力关系上的体现。西汉时期面对强大的诸侯王势力,"文帝采贾生之议分齐、赵,景帝用晁错之计削吴、楚。武帝施主父之册,下推恩之令,使诸侯王得分户邑以封子弟,不行黜陟,而藩国自析"。结果使汉初诸侯王之地"齐分为七,赵分为六,梁分为五,淮南分为三。皇子始立者,大国不过十余城"。削减诸侯王封地从实体上减弱其势力,而剥夺诸侯王任爵免官及收山泽之利的政治、经济特权是彻底消除地方势力的重要补充。汉景帝平息,吴楚七国之乱,"抑损诸侯,减黜其官";汉武帝消除了"衡山、淮南之谋"之后"作左官之律,设附益之法",最终使诸侯王只能依靠税租来生活,不再参与地方的管理。通过这一系列措施,东部诸侯王的实力大为减弱,不再能够对中央帝国构成任何威胁。东部地区县级城市的增长也正是帝国这一政策深化的表现,武帝时期推恩令的颁布,使帝国得以通过分封侯城的途径,彻底从实体上削弱诸侯王国,也最终解决了西汉朝廷的内部忧患。

(二)"攘外"措施

汉初因历经战乱,生产破坏、民生凋敝,国力衰微;建国之初许多功臣居功自傲,形成尾大不掉之势。及至惠帝、高后、文、景之世时,汉朝内部外戚势力与功臣元老集团斗争激烈,随后地方同姓诸侯与中央政府矛盾尖锐,国内政权尚未巩固。塞北的匈奴在冒顿单于的带领下,逐渐强盛,并经常南下骚扰,以获取粮食和绢布,"小入则小利,大入则大利"[29],成为汉王朝北部最严重的威胁。面对匈奴"冒顿单于兵强,控弦四十万骑"强大兵力的威胁,娄敬提出的应对办法就是和亲。他立足于当时中原及匈奴的社会现实,提出"可以计久远子孙为臣耳"的长远计划,具体则"以適长公主妻单于"的和亲政策。之后文帝时匈奴更加强大,面对多次侵扰边境的困扰,晁错提出徙民实边之策。"选常居者,家室田作,且以备之","皆赐高爵,复其家。予冬夏衣,廪食,能自给而止",如是,则"邑里相救助,赴胡不避死",最终"使远方亡屯戍之事,塞下之民父子相保,亡

第一章 定都长安与京畿之地区位优势之强化

系虏之患,利施后世"。

汉高祖刘邦在白登山之围后,派遣刘敬(即娄敬,因刘邦赐姓改名为"刘敬")与匈奴"结合亲之约",这一外交政策为以后诸帝所继承。《史记·匈奴列传》载吕后因单于以书信侮辱自己,就想发动反击战争以雪耻,但在众臣的反对下只好作罢。孝文帝时,双方虽有一些小的摩擦,但仍以"和亲"为主。孝文帝三年(前177)匈奴右贤王入居河南地为寇,第二年,单于求和约,汉许之。文帝十四年(前166)"匈奴单于十四万骑入朝那萧关,杀北地都尉卬,虏人民蓄产甚多,遂至彭阳。使骑兵入烧回中宫,候骑至雍甘泉"。文帝先"遣三将军军陇西、北地、上郡",次派二将军军于渭北,又派大军反击匈奴,匈奴退至塞外;汉文帝元后六年(前158)冬,匈奴三万骑入上郡,三万骑入云中。文帝外于北地、句注、飞狐口,内于长安西细柳、渭北棘门、霸上布兵以备战。然而你来我往,终未能彻底击溃匈奴。景帝时,开始互通关市,但仍需把汉家公主、郡主嫁给匈奴单于。尽管如此,匈奴仍时时小入盗边,但并无大规模入侵。汉初对匈奴实行的延续了半个多世纪"和亲"外交策略,是带有侮辱性质的无奈之举,在汉初政权还未巩固、民生凋敝的背景下,这一政策使北部边地安宁,给人民的生产、生活提供了和平的环境,也使得汉王朝得到休养生息的机会。

经过汉初几代皇帝的"休养生息"政策,经济有所恢复和发展,国力增强。伴随着中央集权的加强,削弱诸侯国和地方豪强势力,这为汉朝大规模经营外交活动创造了有利条件。于是汉武帝逐渐采取以战争为主,通过设置郡县、属国、都尉、西域都护、护羌校尉、护乌桓校尉等官职,增强对周围地区的管辖。如,在卫青、霍去病击退匈奴后的领地上设置朔方郡、五原郡、河西四郡等。《汉书》卷6《武帝纪第六》注记"凡言属者,存其国名,而属汉朝,故曰属国"。浑邪王降汉后,至长安"天子所以赏赐数十巨万。封浑邪王万户,为漯阴侯"。又置属国都尉,"主蛮夷降者"。属国都尉"实际上是边疆地区设置的特殊军事行政官吏,其所管辖的地区,即属国,实际上是一种特殊行政区"。[30]

汉武帝所实行的"战争"外交政策是在双方军事实力强弱出现了转换的基础上进行的,并有效利用了"以夷制夷"策略,弥补了汉军数量的不足、节约了财政军费开支、减轻了人民的兵役负担,使西汉王朝一雪汉初以来的被动与亲和馈赠之耻,并使其他西域各国依附于汉王朝。此外,汉武帝以政治和亲以及经济厚赠为辅的外交策略,增进了民族间的融合,边疆各少数民族逐渐内附于汉王朝,促进了统一事业的发展。

面对内忧外患,西汉初年国家战略判断和空间部署是非常正确的,即如《汉书》卷36《楚元王传第六》所言:"昔高皇帝既灭秦,将都洛阳,感寤刘敬之言,自以德不及周,而贤于秦,遂徙都关中,依周之德,因秦之阻。"一方面利用关中已有之区位优势,另一方面随时势调整战略布局继而巩固都城所在之优势。上述措施之外,西汉都城周边帝陵和陵邑的设置客观上成了都城城墙之外的又一道防线。鉴于洛阳及三河之地重要,西汉一代从未在洛阳设置诸侯王,即便在汉武帝面对宠妃王夫人为其子(刘闳)讨封时也未能如其愿。随着社会经济的复苏、国家的巩固和稳定,早期忧患经过汉初半个世纪之后已难以对帝国安全构成威胁,国家战略方针也逐渐由内守转为外拓,开始积极消灭地方及周边民族势力。西汉朝廷的一些"安内攘外"的举措不仅保障了国家的安全和稳定,同时也使得都城长安的区位优势更为显著,尽管自西汉末年之后有500余年不曾作为统一王朝的都城,然而当隋王朝再次统一全国时,长安又成为了都城的首选地,即便是后世王朝也时有迁都长安的动议。

汉长安城的选址,"因天时,就地利",充分考虑了政治、军事、经济、环境等多方面的因素,具有较高的科学性。汉长安城位于八百里秦川的

第一章 定都长安与京畿之地区位优势之强化

中央,山环水绕、原野开阔、气候宜人、交通方便,是关中地区自然条件最为优越的区域。西汉王朝定都长安,为汉长安城的建设与发展奠定了重要的自然环境基础,成就了我国历史上强盛的汉王朝的伟业。西汉王朝建立之初,对内需要有效地制服各地公开的和潜在的割据势力,对外需要有力地抵御北方强大的匈奴等游牧民族的入侵。关中地区具有关河之险,有利于军事上的攻守,同时还有着发达的经济与方便的水陆交通,在内制豪强、外御强敌方面,都具有有利的条件。西汉王朝最终完成了由郡国并行向郡县地方行政制度的转变,社会政治结构实现了由血缘政治向地缘政治的过渡。

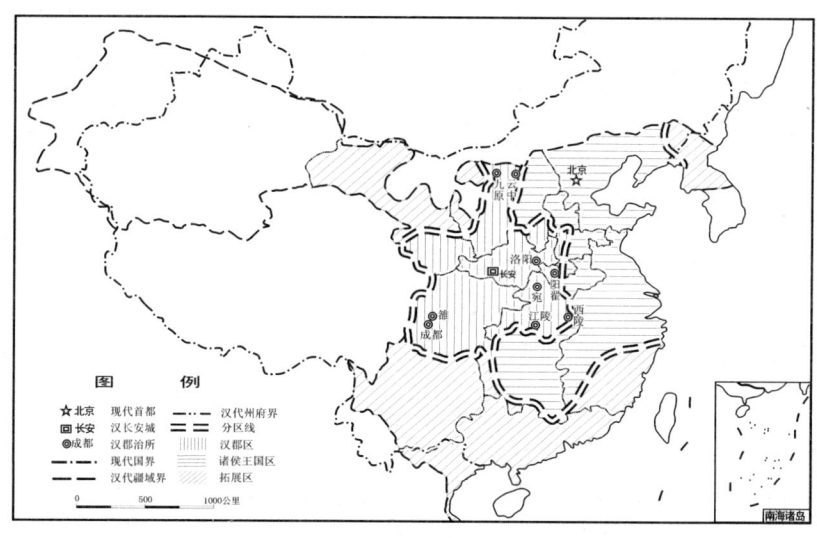

图1-1 西汉初年空间形势图 (孙建国绘制)

注 释:

[1]史念海:《中国古都概说》(五),《陕西师范大学学报》,1991年第1期。
[2]清代学者顾炎武在《历代宅京记》卷1到卷2总序列举自伏羲至元代历代首都、陪都共46处,这是我国第一部辑录都城历史资料专书。叶骁军在其《中国都城发

丝绸之路最早的东方起点:西汉长安城

展史》(西安:陕西人民出版社,1988年)一书后附表中列有219处。邱菊贤与杨东晨合著《中华都城要览》(郑州:河南人民出版社,1989年)一书更列叙400余处。朱士光在《中国古都与中华文化关系研究》(《陕西师范大学学报·哲学社会科学版》:2004年第1期)中提出我国古都所在城市与遗址,至少应在220处以上。史念海在《中国古都概说》文中,先是论有187处,后又修订增补至217处。

[3]《诗·大雅·生民》。穟穟形容禾苗长的美好,幪幪形容麻麦长得茂盛。

[4]《史记》卷6《秦始皇本纪第六》:二十六年,"徙天下豪富于咸阳十二万户";三十五年,"徙三万家丽邑,五万家云阳"。

[5]《汉书》卷39《萧何传第九》:"夫汉与楚相守荥阳数年,军无见粮,萧何转漕关中,给食不乏。"

[6]田亚岐把秦都划分为三个等级:第一等是都城,有西犬丘、雍城、咸阳;第二等是具备部分都城功能的城,有平阳和栎阳;第三等是作为临时过渡的邑,有秦邑、汧邑、汧渭之会、泾阳。除西犬丘和秦邑之外,均在关中平原上。

[7]陈直:《三辅黄图校证》按引《长安志》卷1叙分野引《三辅黄图》云:"始皇表河以为秦东门,表汧以为秦西门",为今本所无。《史记·秦始皇本纪》二十六年《正义》、《初学记》卷6、《太平御览》卷164,皆引作"《三辅旧事》"。

[8]陈直:《三辅黄图校证》,《史记·秦始皇本纪》"二十六年"《正义》引《庙记》,《太平寰宇记》卷26引《庙记》。

[9]《史记》卷86《刺客列传第二十六》云:"见燕使者咸阳宫。"《正义》引《三辅黄图》,又《文选·西都赋》李善注引《三辅黄图》均同。

[10]《西汉会要》卷66《方域三·官苑杂录》,《汉书》卷65《东方朔第三十五》。

[11]马正林:《论中国的城墙与城市》,《历史地理》第十三辑,上海:上海人民出版社,1996年,第108页。

[12]周振鹤:"弘农郡、弘农县均置于武帝元鼎三年",《西汉政区地理》,北京:人民出版社,1987年,第248页。

[13]《汉书》卷1上《高帝纪第一上》。

[14]此道即为子午道,此后至王莽时大概是不同的。因《汉书》卷99上《王莽传第六十九上》因为其女当时的皇后有怀孕的迹象,开始疏通"子午道。子午道从杜陵直绝南山,径汉中"。

第一章　定都长安与京畿之地区位优势之强化

[15] 肖爱玲:《司马迁风俗区域与风俗文化》,《司马迁与〈史记〉研究》第四辑,西安:陕西人民出版社,2000 年,第 527—543 页。

[16] 高祖时期分封的侯国城市在空间上并未加以限制,基本上当是在西汉版图内均有分布,比如在《汉志》南阳、南郡、河东、河内、河南、上党、上郡、安定、北地、犍为、广汉,甚至京畿之地的左冯翊、右扶风也都有分布。但是也体现了一定的地域差异。143 个侯国城市中除有 18 个不知所属郡国的城市外,其余城市的地域分布都很不均匀,主要集中于西汉初年刘肥齐国、刘如意赵国域内,合计有 40 城,占该时段侯国城市总数的 32%;其次,集中分布于刘交楚国、刘友淮阳国域内,计有 21 城,占总数的 17%;该时段侯国的分封不限于诸侯王国地区,还有相当一部分散布于中央所属的汉郡地区,但偏集中于三河及南阳诸郡中,所有汉郡内总计有 32 个侯国城市,占总数的 26%。肖爱玲:《西汉城市体系的空间演化》,北京:商务印书馆,2012 年,第 61 页。

[17] 西汉初年,地方行政制度实行的是郡国并行制度,即在战国六国旧地推行的是封国制,而在汉中央直接控制的地区实行的是郡县制。两种制度于高祖十二年(前 195)时形成了两个均质区域,即在诸侯国区内没有汉郡的存在,同样在汉郡区内也没有诸侯国的存在,两大分区的界线北起云中与定襄郡界向南沿今山陕黄河河谷至太原郡与河东郡界东下,经上党郡北界,穿魏郡涉、内黄县北,东郡东北聊城、茌平、东阿、甄城,过陈留之酸枣、陈留、尉氏东,再经汝南中部至南阳郡南下,穿江夏郡郡治东向南一线,该线以东至大海为诸侯王国区,以西为汉郡区。肖爱玲:《西汉城市体系的空间演化》,北京:商务印书馆,2012 年,第 23 页。

[18] 吕思勉:《中国制度史》,上海:上海教育出版社,1985 年,第 438 页。

[19]《汉书》卷 49《爰盎晁错传第十九》:"臣闻汉兴以来,胡虏数入边地,小入则小利,大入则大利;高后时再入陇西,攻城屠邑,驱略畜产;其后复入陇西,杀吏卒,大寇盗。"

[20] 鹤间和幸先生曾指出:"秦中的地域名称也是对于函谷关以东东方六国的'外'而将战国时代秦的领土叫作'中',秦代的内史亦相对于东方的外部郡县而言为首都内地之意。汉代的三辅行政区,更是超出了关中平原范围,一直扩大到北部的黄土丘陵地带。"《战国秦汉时代关中平原的都市与水利》,见史念海主编《汉唐长安与关中平原》(中日历史地理合作研究论文集第二辑),第 140 页。本文的内外亦为相

对概念。

[21]《汉书》卷43《郦陆硃刘叔孙传第十》,又见《汉书》卷1下《高祖纪第一下》"六年"。

[22] 见《汉书》卷28下《地理志第八下》:"汉兴,立都长安,徙齐诸田,楚昭、屈、景及诸功臣家于长陵。后世世徙吏二千石、高訾富人及豪杰并兼之家于诸陵。盖亦以强干弱支,非独为奉山园也。"

[23] 高祖元年(前206),置渭南、河上和上郡;高祖二年(前205),置河南、河内、中地、北地、陇西、河东、上党和太原郡;高祖三年,置常山和代郡。豫章分自秦庐江郡,武陵分自秦黔中郡。云中、雁门、代郡三郡直至高祖六年封刘喜为代王时仍为遥领。

[24]《汉书》卷48《贾谊传第十八》。

[25]《汉书》卷14《诸侯王表第二》。

[26]《史记》卷17 汉兴以来诸侯王年表:"高祖末年……高祖子弟同姓为王者九国,虽独长沙异姓……"而"汉独有三河、东郡、颍川、南阳,自江陵以西至蜀,北自云中至陇西,与内史凡十五郡"。

[27]《史记》卷21《建元已来王子侯者年表第九》。

[28]《汉书》卷6《武帝纪第六》。

[29]《汉书》卷49《爰盎晁错传第十九》。

[30] 高荣:《汉代对西北边疆的经营管理》,《中国边疆史地研究》,1994年第4期。

第二章　长安诸宫城及其遗址现状

中国古代宫城是人类社会发展到一定历史阶段的产物,也是国家形成的重要标志之一。它不仅是历代王朝的"卫君"之所、国家王权的象征,而且它在都城内所处的位置,直接影响着都城的布局。西汉定都长安之后,于高祖五年(前202)开始在渭河以南、秦旧宫的基础上重修宫殿。汉长安城内外相继重建、修建、新建的重要宫殿有长乐宫、未央宫、北宫、桂宫、明光宫、建章宫和甘泉宫。

第一节　东朝廷——长乐宫

一、重修长乐宫

长乐宫位于汉长安城的东南部,是西汉初年高祖刘邦的布政之宫,也是惠帝之后至西汉末的太后之宫。

汉长乐宫是在秦兴乐宫基础之上重新修建而成的。关于秦兴乐宫营建的确切时间,文献记载不是很清晰。如《三辅旧事》《宫殿疏》均言"兴乐宫秦始皇造,汉修饰之"[1],《史记集解》引《关中记》云"长乐宫,本秦之兴乐宫也,汉太后常居之",均未言明其建于何时。据《三辅黄图》云:"兴乐宫,秦始皇造,汉修饰之,……汉太后常居之。"[2]《三辅旧事》云:"秦于渭南有兴宫,渭北有咸阳宫,秦昭王欲通二宫之间,造横长桥。"[3]何清谷先生据此指出:"秦昭王时已有兴乐宫,那么该宫应建于昭王或昭王之前。

《黄图》云秦始皇造,也可理解为秦始皇时对该宫进行扩建。"

据《史记》卷6《秦始皇本纪第六》记载,秦始皇在位期间在渭南建造宫室的活动主要有4次:一、二十六年,"诸庙及章台、上林皆在渭南";二、二十七年,"作信宫渭南,已更命信宫为极庙,象天极[4]。自极庙道通郦山,作甘泉前殿。筑甬道,自咸阳属之";三、三十五年,"始皇以为咸阳人多,先王之宫廷小……乃营作朝宫渭南上林苑中。先作前殿阿房……";四、随后"令咸阳之旁二百里内宫观二百七十复道、甬道相连"。庙即为宫,先秦宫庙一体,秦始皇二十六年营建的诸庙似乎不能让始皇帝满意,二十七年进行扩建或改建新的宫室即信宫,之后改为极庙,"以尊始皇庙为帝者祖庙。"从兴乐宫、极庙的地位来看极有可能二者是一体的,当然这还只是一种推测。

如果此推测成立,则有建于秦昭王时期或之前的兴乐宫,秦始皇二十七年改建为信宫,并增建了鸿台,汉惠帝四年"长乐宫鸿台灾"。[5]如果说秦昭王时仅仅是架起了沟通咸阳宫和兴乐宫之间的渭桥,此桥应为中渭桥,与近年在汉长安城北发掘的厨城门桥位置相近。如此,西汉长乐宫应为秦昭王时代的兴乐宫、秦始皇二十七年之后的信宫(极庙),与渭北咸阳宫有甬道、跨横桥相连。

至于汉长乐宫城的建造年代并无太多疑义,即高祖五年(前201)后九月。《汉书》卷1下《高帝纪第一下》:"五年……后九月,徙诸侯子关中,治长乐宫"。后九月即闰九月,这大概就是汉长乐宫始筑的时间了。《西汉会要》亦云:"高祖五年,治长乐宫。"[6]不然,在高祖六年(前201)冬十月(西汉以十月为岁首,五年闰九月之后即为六年冬十月)下令天下县邑修筑城墙之时,一般县邑均已开始建造城池,首都之宫城反建于其后,于情于理恐怕都说不通吧。

然而,长乐宫于何时建成的考订则较为复杂。原因之一在于《史记》《汉书》存在不一致的记载,原因之二则在于史书对长乐宫建成时间记载的不够精准。

第二章　长安诸宫城及其遗址现状

首先,从高祖刘邦本传上可知长乐宫建成于高祖七年(前200)二月。《汉书》卷1下《高帝纪第一下》:"七年冬十月,上自将击韩王信于铜鞮,斩其将。……遂至平城,为匈奴所围,七日……十二月,上还过赵……立子如意为代王……二月,至长安。……自栎阳徙都长安。"《史记》卷8《高祖本纪第八》亦载:"(七年)二月,高祖自平城过赵、洛阳至长安。长乐宫成,丞相已下徙治长安。"[7] 由此两条文献可知汉朝廷于高祖七年二月从栎阳迁都长安,似乎也可证明长乐宫即建成于七年二月,而事实上长乐宫的建成时间是七年冬十月。为将这一事件梳理清楚,我们还要看看高祖七年十月到七年二月前后究竟发生了哪些事情?

遍检《史记》《汉书》,可知高祖七年十月前后发生了两件重要的事情:一件是韩王信于高祖六年秋遭匈奴冒顿攻击,被高祖怀疑而投降匈奴之后,与匈奴合力攻击太原,高祖自将兵反击,之后发生了平城"白登之围"这一重大事件;第二件事就是叔孙通制礼和因朝堂礼仪实施使高祖"吾乃今日知为皇帝之贵也"的朝堂礼仪的演习活动。考订清楚以上两件事发生的时间顺序,长乐宫建成的时间自然就一目了然了。

第一事件,根据《史记》卷8《高祖本纪第八》:"七年,匈奴攻韩王信马邑,信因与谋反太原。白土曼丘臣、王黄立故赵将赵利为王以反,高祖自往击之。会天寒,士卒堕指者什二三,遂至平城";卷110《匈奴列传第五十》:"匈奴得信,因引兵南逾句注,攻太原,至晋阳下。高帝自将兵往击之。……高帝先至平城";卷93《韩信卢绾列传第三十三》:"七年冬,上自往击,破信军铜鞮,斩其将王喜。信亡走匈奴。……高皇帝居晋阳,使人视冒顿,还报曰'可击'。上遂至平城";《汉书》的卷1下《高祖纪第一下》[8]、卷33《魏豹田儋韩王信传第三》[9]、卷94上《匈奴传第六十四上》[10]、卷43《郦陆硃刘叔孙传第十三》[11] 等部分内容的记载,可以确定其发生的时间序列是:高祖于其七年冬十月亲自带领兵马去反击匈奴与韩王信对马邑、晋阳等地的侵扰,并发生了著名的平城"白登之围"耻辱性事件,之后高祖于十二月经赵、洛阳,春二月至长安。

丝绸之路最早的东方起点：西汉长安城

而第二事件中叔孙通制礼起因于高祖五年统一天下，诸侯们在定陶共同推举汉王为皇帝，为改变群臣饮酒争功，大呼小叫、剑拔弩张的混乱状态，高祖开始任用叔孙通研究朝堂礼仪。随后叔孙通从鲁地征儒生三十人共同演练，计划在大朝会时推行。大朝会的时间是每年的年初十月，于是在长乐宫建成之后，恰逢高祖七年十月的大朝会[12]，诸侯、群臣齐聚长乐宫。[13] 朝会活动于十月初一天色微亮时开始，文武百官由礼官依品级引入殿门。宫殿中陈列着车骑兵卫及各色旗帜、仪物，礼官传言"趋"，文武百官即整齐有序地依次疾步前行，东西向分班站立。高祖皇帝在钟鼓礼乐声中，由内侍簇拥着乘舆临朝。此时，百官自诸侯王以下至六百石官吏皆依序奉贺（贡献礼物）。礼毕置酒，以尊卑次起上寿。往日混乱的现象在严肃的氛围中消失了，高祖因而感叹："吾乃今日知为皇帝之贵也！"《史记》卷99《刘敬叔孙通列传第三十九》、《资治通鉴》卷11《汉纪三·太祖高皇帝中》与《汉书》的记载一致。且胡注《通鉴》认为当时未央宫尚未修建，所以高祖才在长乐宫接受朝贺。从事理上也不难理解十月大朝会、朝堂礼仪与新宫落成的一致性。

结合以上内容，我们有充分的理由相信高祖七年十月的大朝会应该发生在高祖自将兵、从平城，经过赵国、洛阳，于春二月到长安之前，由此亦可知长乐宫应建成于高祖七年冬十月之前。也就是说，高祖在七年十月的大朝会上体验了叔孙通所演练礼仪的效果后，亲自带兵去了平城。从上文史料可知，从栎阳迁都长安城的时间在高祖七年二月，也就是高祖从平城、赵、洛阳归来之后。不过若从《史记》卷22《汉兴以来诸侯将相名臣年表第十》"七年，长乐宫成，自栎阳徙长安，伐匈奴，匈奴围我平城"的记载来看，迁都之事应该是高祖从平城回来之前，即高祖七年十月之后，而非二月始迁，这一问题有待于进一步考证。

西汉长乐宫是在秦兴乐宫基础上修饰而成的，秦兴乐宫至迟于秦昭王时建造完成，而西汉重修的长乐宫工程应始于高祖五年（前202）后九月，竣工于高祖七年（前200）十月之前，筑造时间约一年。

二、长乐宫构成

长乐宫位于长安城东南隅,即今西安市西北郊的阁老门村。它是在秦兴乐宫的基础上修葺而成的,由于位置在东,故有"东宫"之称。汉初刘邦曾在此"视朝",后来即为皇太后居住的处所。兴乐、长乐都是取其吉利的名称命名。新朝始建国元年(8),王莽改长乐宫曰常乐室。

《三辅黄图》卷3载长乐宫内有鸿台、临华殿、温室殿、长信宫。有长定、长秋、永寿、永宁四殿。《长安志》引《关中记》曰:"长乐宫,本秦之兴乐宫也,周回二十余里,有殿十四。"见于文献记载的殿名有前殿、大夏殿、宣德、高明、通光、长秋、永寿、永宁、温室、椒房等17座,另有钟室[14]。

《汉书·惠帝纪》记载,惠帝四年三月,长乐宫鸿台发生了火灾。鸿台,秦始皇二十七年所筑,高四十丈,上起观宇,帝尝射飞鸿于台上,故号鸿台。

前殿、大夏殿。《长安志》引《三辅旧事》云:"秦作铜人,立在阿房殿前,汉徙著长乐宫大夏殿前。"另,《汉书·王莽传》《三辅旧事》《关中记》均载铜人在长乐宫、长乐宫门、长乐宫殿前,由此推断长乐宫大夏殿应为该宫前殿。结合考古材料,长乐宫六号建筑遗址有可能是长乐宫前殿,即为长乐宫前殿为大夏殿。《三辅黄图》卷3曰:"前殿东西四十九丈七尺,两杼中三十五丈,深十二丈。"根据《中国古代建筑史》附表:西汉一丈合今2.3米。则长乐宫前殿东西宽114.3米,两杼间80.5米,进深27.6米。另由上文史料来看,秦始皇所铸造的、立于阿房前殿的这十二座金人铜像似乎到西汉时均被移到了长乐宫大夏殿前,然而实际上并非如此。宣帝甘露元年(前53),"建章、未央、长乐宫钟虚铜人皆生长,长一寸所,时以为美祥"[15],说明秦的十二个铜人并不全在长乐宫中,建章宫、未央宫内亦有,相较而言长乐宫内数量稍多,因为之后王莽曾梦见长乐宫五铜人立起。

长乐宫前殿后为临华殿,武帝建。《汉书》卷10《成帝纪第十》载:"永始四年,长乐宫临华殿灾。"临华殿遗址已经发掘并被保护,即长乐宫四号建筑遗址。长乐宫前殿和临华殿之东又有凌室。凌室是中国古代都城中极其重要的设施,是宫廷储藏冰的地方——冬天纳冰,春天启冰。所藏之冰,在太官则用于储藏食物、防腐保鲜;在宫殿则用于降温纳凉。所藏之冰还用于祭祀、停丧等礼仪活动。这类建筑在秦都雍城和咸阳均有发现,但它在西汉长安城内则是首次被发现的,为研究西汉建筑的多样性,西汉宫廷生活增添了新的实物资料。[16]凌室建筑遗址已被发掘保护,即长乐宫五号建筑遗址。

《三辅黄图》卷5载:"长乐宫,有鱼池台、酒池台,秦始皇造。又有著室台、斗鸡台、走狗台、坛台、汉韩信射台。"《长安志》引《庙记》:"长乐宫有鱼池、酒池,上有肉炙树,秦始皇造。"

三、长乐宫之功能

高祖七年冬十月之前建成的长乐宫当包括宫城城墙及其内部殿阁,顾炎武云:"(高帝)七年长乐宫成,徙居长安城。"[17]顾炎武把长乐宫当作长安城,其文献当来自前代,如《三辅黄图》曰:"汉之故都,高祖七年方修长安宫城,自栎阳徙居此城,本秦离宫也。"[18]西汉初年长安城外城墙尚未修筑之时,当有以长乐宫代指长安城的现象,即所谓的"初置长安城,本狭小,至惠帝更筑之"。长乐宫自建成之后就是高祖的布政之宫。

长乐宫在秦兴乐宫的基础上修葺而成,汉初刘邦曾在此"视朝",自汉惠帝登基即位于未央宫之后,长乐宫就成了当世帝王母后所居之宫,又以受朝无异于正宫,时人径呼长乐为东宫。甚或径以东宫代替长乐宫之名[19]。据此,相对作为未央宫的"大朝"而言,长乐宫又有"东朝"之称。西汉王朝绝大多数皇帝较皇后短命,皇帝去世后,皇后成为皇太后,便移居长乐宫,于是长乐宫就成了"太后之宫"。西汉一代的皇后如吕后、孝文窦皇后、孝景王皇后、孝昭上官皇后、孝宣王皇后、孝元王皇后等,均以太后身份,居于长乐宫中。皇帝每五天从未央宫去长乐宫朝会皇太后一次,大凡国家、皇室遇有大事,还要立即到长乐宫汇报。昭帝之后昌邑王刘贺做了短暂的 27 天的皇上[20],宣帝登基之后(宣帝元平元年十一月),皇太后(昭帝皇后)要即刻回到长乐宫中。

居于东朝廷的西汉太后还拥有相当的权力。汉武帝建元二年(前139),御史大夫赵绾请无奏事东宫,惹得窦太后大怒,要罢免驱逐赵绾、王臧等。元光四年(前131)夏,魏其侯窦婴为救灌夫面见武帝,武帝尽管认为他说的有道理,但还是让他到"东朝廷辩之"。东朝,《集解》如淳曰:"即太后朝。"可见两宫之关系。同年夏,武安侯田蚡对灌夫曰:"程李俱东西宫卫尉,今众辱程将军,仲孺独不为李将军地乎?"[21]程为程不识,李为李广,程不识为西宫尉,李广为东宫尉。永始元年,成帝准备立赵飞燕为皇后,但是皇太后嫌她地位低微,不许。当时太后姐姐的儿子淳于长为侍中,为其"数往来通语东宫",一年多后这一请求才获得太后的同意[22]。此时,太后住在长信宫,东宫代指长信宫。[23]西汉末年,哀帝驾崩之后长乐宫成为国家玉玺的保存之处[24],由此也说明作为长乐宫之主的太后对西汉政治的影响。

长乐宫事务由长信詹事管理,景帝中六年(前144)更名长信少府,平帝元始四年(4)更名长乐少府。

此外,入主东宫的太后还有权力在宫内供养他人。如西汉末年王政君太后就因为他的弟弟王曼(王莽之父)早死,没有封侯,就让王曼的妻子洪渠生活在东宫之中。

四、长乐宫遗址

长乐宫在汉长安城的东南隅,遗址位于今西安市西北的阁老门、唐

丝绸之路最早的东方起点:西汉长安城

寨、张家巷、罗寨、讲武殿、查寨、樊寨和雷寨等村庄之下。目前考古探测证明,长乐宫的形状为不规则的长方形,东西约2760米,南北约2120米,周长10千米,合汉代20多里[25],面积约6平方千米,占长安城总面积的六分之一,是长安城中占地面积最大的宫城。

长乐宫宫墙四面各有一门,东门和西门外有阙[26],周围夯筑宫墙,墙基宽20米。宫内有东西、南北两条主要道路。东西向道路为横贯宫城东西宫门的干道,向东通至霸城门,向西与直城门大街相连,与安门大街垂直相交。东西宫门之外建有门阙,称为东、西阙。南宫门与长安城南墙东门覆盎门相对,有大道通至宫城内的东西大道上,并可直达前殿。如此两条道路将长乐宫分成北区、西南区和东南区,宫内东南部和西北部发现了宫殿建筑群基址,西北区建筑遗址数量最多,主要由1～6号建筑遗址组成,应是中心宫殿区。其中6号遗址是宫内最重要的前殿旧址,其西侧发现的3组大型遗址可能就是长秋、永寿、永昌诸殿的旧址,应是后妃们的生活起居或休闲飨宴场所。其北侧的4号建筑是临华殿遗址,东侧的5号建筑遗址则应为凌室遗址。而其东北应是池苑之地。[27]

临华殿(长乐宫4号建筑遗址)位于今西安市未央区汉城街道办事处罗家寨村北约120米,地处长乐宫遗址的西北部,西距长乐宫西宫墙约850米,北距长乐宫北宫墙约620米。该遗址的夯土台基虽然破坏严重,但是范围清楚,尤其是保存了F1和F2两座重要的半地下建筑。前者规模宏大,做工考究,通道一侧设门房一类建筑,应是比较重要的处理政务的场所;后者形制特殊,单间规模虽小,但柱子少,室内空间大,特别是主室的南室面积最大,地面涂朱并出土彩绘壁画残块,其北侧有套间、东侧有侧室,北通道以北又有附室,应是重要人物日常生活的处所。F2主室南室的涂朱地面和楼梯间内的涂朱台阶应是文献记载的"丹墀",表明该建筑具有很高的等级。壁画应为屋顶壁画,内容以几何花纹为主,颜色丰富鲜艳。这些壁画残块不仅为人们研究汉代宫廷壁画提供了重要材料,

第二章 长安诸宫城及其遗址现状

更填补了汉代壁画的缺环,使中国古代秦、汉、唐等的壁画史有了较完整的脉络。遗址始建年代早到西汉早期,毁于更始年间。[28]

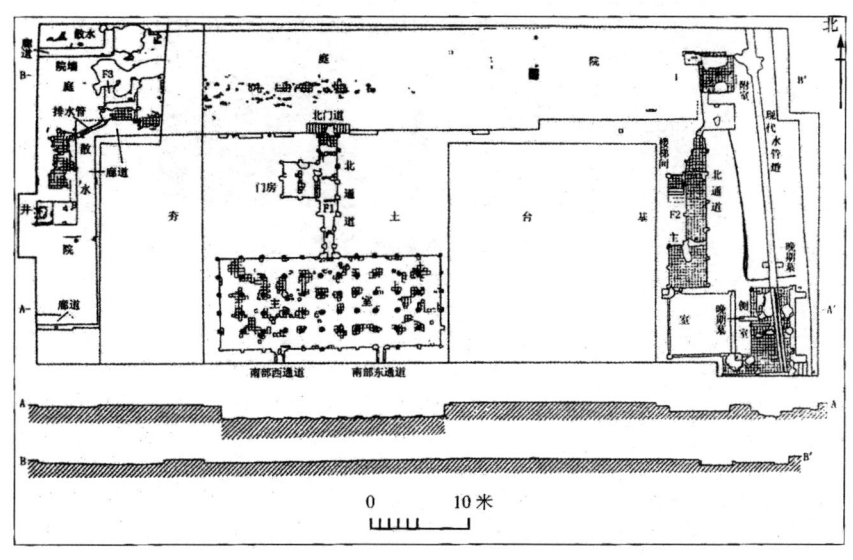

图 2-1 长乐宫四号建筑遗址平、剖面图

(图片来源:张建锋、刘振东、王晓梅:《西安市汉长安城长乐宫四号建筑遗址》图三,《考古》,2006 年第 10 期,第 896 页)

长乐宫 4 号建筑遗址是目前长乐宫遗址内发掘的保存最为完整的宫殿建筑遗址,整个建筑结构完整清晰,功能相对比较清楚,装修十分考究,展现出西汉皇室贵族比较完整的生活场景。长乐宫四号建筑遗址的发掘,对长乐宫形制布局以及西汉建筑技术的研究具有重要价值。

长乐宫五号建筑遗址位于长乐宫的西北部,今西安市未央区汉城街道办事处罗家寨村东北,是宫城中一处藏冰的凌室遗址。长乐宫凌室建筑遗址形制独特,系首次发现西汉时期的藏冰遗迹,为研究西汉建筑的多样性以及西汉宫廷生活增添了新的实物资料。

图 2-2 长乐宫五号建筑(凌室)遗址

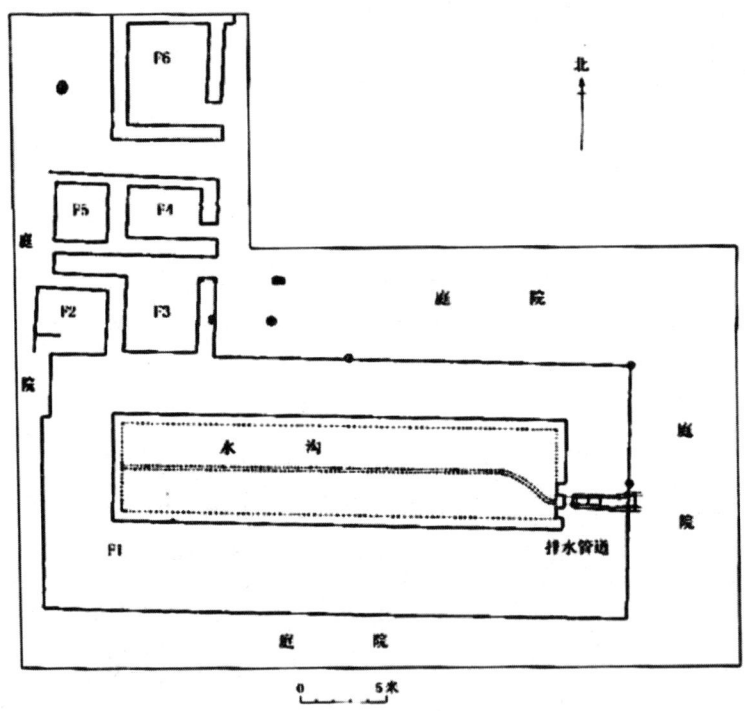

图 2-3 长乐宫五号建筑(凌室)遗址平面图

(资料来源:西安市文物局等编著:《汉长安城遗址保护》图 30,北京:文物出版社,2012 年,第 55 页)

第二章　长安诸官城及其遗址现状

长乐宫六号建筑遗址位于长乐宫的西北部,今西安市未央区汉城街道办事处罗家寨村北。北邻四号建筑遗址,相距约 30 米,二者之间有一宽 2.1 米的院墙;东邻五号建筑遗址(凌室遗址),相距约 50 米。该遗址是迄今钻探到的长乐宫内规模最大的一座建筑遗址,它的主体是一个大型夯土台基,钻探显示其东西长约 160 米、现存南北宽约 50 米,台基的南部被民居占压,东部挨着一条乡级公路。在主殿台基之北分布着 2 组附属建筑,东边由配殿、廊房、廊墙等围成了一个大院子,院子内有一眼水井,深 8.3 米。西边以 3 间半地下房子保存较好,并与南边的主殿、东边的附属建筑及北边的院墙围成了 4 个小院子。

应当特别提及的是,2003 年春在长乐宫二号建筑遗址发现有半地下建筑和地下建筑,而同年秋、冬季考古发掘的长乐宫三号建筑遗址中亦有成组的半地下建筑和地下建筑、带有残块壁画和朱红色光滑地面房屋的发现。长乐宫遗址考古发现的半地下建筑、地下建筑和朱红色地面,与 20 世纪 70 年代秦咸阳宫遗址的大型宫殿建筑遗址发现的朱红色的宫殿地面和色彩鲜艳的宫殿壁画,以及 80 年代未央宫皇后椒房殿遗址和少府遗址发现的半地下建筑和地下建筑,说明地下和半地下建筑是秦汉时代皇室建筑共有的建筑形制,进一步说明了秦汉建筑文化之间有很紧密的相关性。

长乐宫遗址考古发现不仅反映了其宫殿建筑形制与未央宫的相近或相同,还反映出其政治地位与皇宫未央宫同样重要。以皇帝为代表的皇权和以太后(也包括皇后)亲族为代表的外戚集团,这两股政治势力此消彼长,成为左右西汉王朝中后期国家统治的核心政治力量,形成了西汉王朝的"二元政治"特色。东汉王朝皇帝接受外戚王莽篡权的历史教训,控制外戚势力的发展,与此同时东汉宦官势力又得到空前发展。皇帝已意识到,利用、平衡外戚与宦官两股政治势力,是自己进行统治的重要保障。西汉王朝的皇权与外戚的"二元政治",从此也就退出了历史舞台。封建

丝绸之路最早的东方起点:西汉长安城

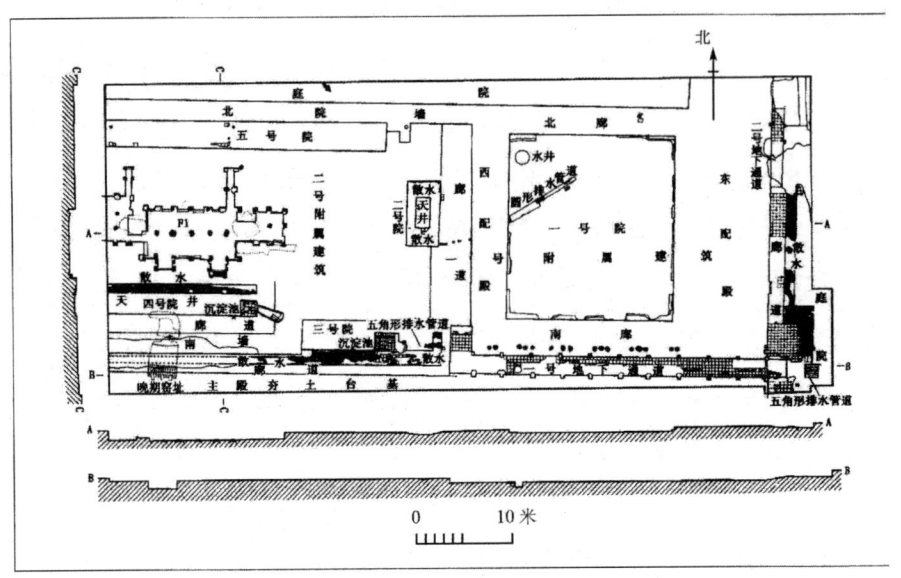

图 2-4 长乐宫六号建筑遗址平、剖面图

(图片来源:中国社会科学院考古研究所汉长安城工作队:《西安市汉长安城长乐宫六号建筑遗址》图五,《考古》2011 年第 6 期,第 14 页)

王朝都城之中的皇宫与太后之宫的两宫制也就寿终正寝了。[29]事实上,都城中这种同时存在、规模相近、形制相似、二宫并列的情况,在西汉王朝以前或其后的都城宫城中都是不曾发现的。由此可以认为长乐宫是一座在特殊的历史时期被一类特殊的人群使用的重要建筑,并因此被赋予了特殊的历史使命。正如刘庆柱先生所总结的那样"这也是特定历史时期、特定政治背景所反映出来的特殊考古学现象"。

第二章 长安诸宫城及其遗址现状

表 2-1 长乐宫建筑遗迹保存现状一览表

遗迹类型	遗迹名称	保存现状	保护措施	遗迹类型	遗迹名称	保存现状	保护措施
墙门	宫墙	较差	无	宫内道路	霸城门内东西向道路	破坏严重	无
	东、西、南宫门	较差	无		宫内南部偏北东西向道路	破坏严重	无
宫殿建筑	一号建筑基址	较好	无		宫内南部偏南东西向道路	较好	无
	二号建筑基址	破坏严重	无		覆盎门内南北向道路	较好	无
	三号建筑基址	较好	无		宫内西部南北向道路	较好	无
	四号建筑基址	较好	场馆		踩踏面	破坏严重	无
	五号建筑基址	较好	场馆		晚期窑址	较差	无
	六号建筑基址	较好	覆土、基址复原				
	东部建筑基址	较好	无				
	西部建筑基址	较好	无				

（资料来源：西安市文物局等编著：《汉长安城遗址保护》，北京：文物出版社，2012年1月，第31—32页）

第二节 布政之宫——未央宫营

一、修建未央宫

未央宫位于汉长安城西南隅，是西汉一朝的主政之宫。关于未央宫城兴筑之始末过程相对有些复杂，原因在于《史记》与《汉书》记载上的差异。《史记·高祖本纪》载:"八年,高祖东击韩王信余反寇于东垣。萧丞相营作未央宫,立东阙、北阙、前殿、武库、太仓。高祖还,见宫阙壮甚,怒,谓萧何曰……高祖乃说。"而《汉书》卷1下《高帝纪第一下》云:"(七年)二月,至长安。萧何治未央宫,立东阙、北阙、前殿、武库、太仓。……上说,自栎阳徙都长安。"结合对长乐宫建成时间的梳理,很显然,上述记载均误。文献记载的杂乱,确实很难断定未央宫建于何时,《三辅黄图》《西汉会要》[30]《历代帝王宅京记》[31]、南宋薛季宣《未央宫记》[32]等按《汉书》纪年,刘庆柱先生亦"从《汉书》说"[33],记未央宫始建于高帝七年二月,并没有说出其中的理由;南宋周必大《汉未央宫记》[34]、赵化成、高崇文则采用《史记》纪年[35]。尽管这两种观点各有所本,但是史实文献及前文长乐宫修筑时间的考证,本文认为未央宫当始筑于高祖七年十月,长乐宫建成之时。

首先,根据《汉书》上节引文,可知萧何主持修建的长乐宫竣工于高祖七年十月,随后萧何开始建造未央宫,然后高祖带兵赴平城与匈奴交战,至七年二月高祖返回长安时看到萧何所督造完成的未央宫东阙、北阙、前殿、武库、太仓等建筑而大发雷霆。从高祖七年十月至二月有四个月的时间,利用修建长乐宫的经验和未央宫前殿依龙首原而建的便利,完成上述工程量是没有问题的。

其次,自高祖五年确定迁都关中之时,都城中宫城的建设应该成为都城建设的首要任务,但笔者认为长乐宫建成的时候,应还没有修建未央宫,也就是说《汉书·高帝纪第一下》"(七年)二月"条的记载是错误的,不应将"萧何治未央宫,立东阙、北阙、前殿、武库、太仓。……上说"放在"二月,至长安"与"自栎阳徙都长安"之间,如把"自栎阳徙都长安"移至七年十月大朝会"吾乃今日知为皇帝之贵也"之后则较为顺畅。未央宫的修建不应晚于高祖七年二月。

再次,如若未央宫的修建始自高祖七年二月,仍有两个问题不好解

第二章　长安诸宫城及其遗址现状

决,其一高祖从平城经赵、洛阳返回到长安的时间是七年二月,高祖是无缘发怒! 其次二月已经是春季了,春耕已经开始了,此时不应该大量役使民力修筑宫城。如果说萧何利用高祖八年冬的农闲季节,开始修筑未央宫等建筑,到高祖八年十二月,未央宫前殿、两阙以及武库、太仓等都应该竣工了,尽管这样理解也不是不可以的。但是高祖八年冬至十二月仅有两个月的时间,如此修筑完成上述建筑更显得匆忙。而如此,又该如何理解未央宫完成时间在始筑之二年呢?

2016年年初,我在东京学习院大学合作研究时又一次次细读辛德勇先生的《薛季宣〈未央宫记〉与汉长安城未央宫》时,发现了萧何请求建造未央宫的文字,恰与前文的认识相吻合。

"丞相酂侯臣何,昧死再拜,言皇帝陛下:'陛下从天下义兵,诛亡道秦,西都关中,以根本制枝叶,天下幸甚。京师,诸夏之父母也,要令四方诸侯,知有所法。今咸阳遭项氏残灭之后,堂殿泯毁,栎阳、兴乐承秦故,虽靡蔽一时之制,非法度之宫也。臣不胜大愿,昧死请陛下,诏有司度长安地,作天子之宫曰未央,为汉家建万世无穷之业。臣何昧死再拜以闻。'制曰:'可。'尚书令下御史将作,按地图以诏书从事,丞相裁处其宜,太卜卜筮并吉。七年,初作宫长安,因龙首山以抗前殿……其二月,上自平城至,见长安宫室壮丽……"[36]

由此,未央宫当始筑于高祖七年十月,竣工于高祖八年年底、九年冬十月大朝会之前,历时两年完成。

高祖七年二月的未央宫城并未修筑完毕,《史记·高祖本纪》记载:"九年,……未央宫成。高祖大朝群臣,置酒未央前殿。"《汉书》卷1下《高帝纪第一下》亦云:"九年冬十月,淮南王、梁王、赵王、楚王朝未央宫,置酒前殿。"董曾臣《长安县志》卷6《大事记》载未央宫筑成之时间为始营之次年。如长乐宫建成于六年年底一样,未央宫建成于八年年底,这就应该是未央宫城筑成的时间。《史记》将未央宫修建完成的时间记在高

37

祖九年里,说明九年冬十月大朝会于未央宫而非长乐宫的直接原因是新宫建成。此后到高祖去世的三年半时间,并未见有大规模的工程。

如此,笔者早前纠结的诸多问题便顺理成章地解决了,也就是说未央宫的始筑时间应早于七年二月,建成的时间为高祖八年九月。

当然宫城建筑主体完成之后,并不代表所有的建筑工程就彻底结束,正如现代城市建设一样,都处在一个不断完善的过程中。因此才能说古代都城是当朝历史的物质载体,通过对都城建筑景观的复原研究来反映社会、政治、文化、军事等各方面的变化。至汉文帝时未央宫中仅有前殿、曲台、渐台、宣室、温室、承明,之后增筑高门、武台、麒麟、凤凰、白虎、玉堂、金华等殿。[37]汉武帝元鼎二年(前115)春建造未央宫柏梁台,同时修建的还有铜柱、承露仙人掌。柏梁台毁于武帝元封七年(即太初元年,前104)十一月二十二日的一场大火[38],因此于城西建造建章宫。其间,殿阁或又更改名称,如汉哀帝因为喜欢董贤便封他的妹妹为昭仪,并将董昭仪居住的殿改为椒风殿,地位与皇后所居椒房殿相当。[39]是知未央宫内有椒风殿,但不知由何殿名更改而来。

此外,笔者对未央宫的使用情况仍有一个疑问,那就是未央宫建成之后至孝惠帝登基之前,未央宫处于一个什么样的使用状态？或承担着怎样的功能？闲置？还是作为太子之宫？或者另有他用？目前尚未见有相关史料的记载及其他学者的只言片语。当然,从长乐宫作为高祖时的布政之宫以及之后太后之宫、栎阳宫在迁都之后成为太上皇之宫的迹象来看,未央宫初作太子宫的可能性较大。

二、未央宫之构成

未央宫位于汉长安城的西南部,壮丽辉煌无比。由于位置在西,又有"西宫"之称,为皇帝朝会之所。它以前殿(位于今西安西北郊的西马寨村北)为中心,向四面展开,使宫殿布局协调大方,整齐美观。前殿又居于

第二章　长安诸宫城及其遗址现状

全宫的最高处,利用了龙首塬上的山丘有意造成凌空之势,凸现了皇权的至高无上,其规模稍高于长乐宫前殿。未央宫是汉长安城内最重要的宫殿建筑群,是西汉帝国 200 余年间的政令中心。西汉、王莽、东汉献帝、西晋、前赵、前秦、后秦、西魏、北周等各朝代的皇帝都曾在此处理朝政,是中国历史上最有名的宫殿之一。

未央宫规模之大,殿宇之盛,确实达到了一个新的高峰。《西京杂记》:"未央宫台殿四十三,其三十二所在外,十一所在后宫。池十三,山六,池一、山二亦在后宫。门闼九十五。"《长安志》引《关中记》云:"未央宫有台三十二,池十二,土山四,宫殿门八十一,掖门十四。"史书记载虽有不同,然尚能理出未央宫内主要建筑,如台殿 40 余座,其中后宫有 10 余座,外朝区 30 余座;水池 13 处,后宫内仅有 1 池,其余均在外朝区;假山 6 座,后宫有 2 座,外朝区 4 座;宫殿门 81 个,小门有 14 个。未央宫内 40 多座台殿建筑是西汉时期不断增建的结果,尤其汉武帝在位时新增殿阁较多,它们分属于外朝区或后宫之中。

《三辅黄图》曰:"苍龙、白虎、朱雀、玄武,天之四灵,以正四方,王者制宫阙殿阁取法焉。"西汉未央宫东门之阙即名为苍龙阙,因为苍龙是东方七宿的总称。[40]萧何治未央宫东阙、北阙,即苍龙、玄武阙。宫内最先修建的建筑还有前殿、武库和太仓。石渠阁[41]、天禄阁[42]和麒麟阁[43]亦由萧何主持修建;孝文帝在位之前陆续增建了曲台、渐台、宣室、温室、承明诸殿;孝武帝时又增建了高门、武台、麒麟、凤凰、白虎、玉堂、金华诸殿;哀帝时新改椒风殿。此外,《三辅黄图》载未央宫有:"宣室、麒麟、金华、承明、武台、钩弋[44]等殿。又有殿阁三十二,有寿成、万岁、广明、椒房、清凉、永延、玉堂、寿安、平就、宣德、东明、飞雨、凤凰、通光、曲台、白虎等殿。"《庙记》云:"未央宫有增成、昭阳殿。"《三辅旧事》云:"武帝于未央宫起高门、武台殿。"《三辅决录》曰:"未央宫有延年殿、合欢殿,回车殿。"又《汉宫阁记》云:"未央宫有宣明、长年、温室、昆德四殿。"《汉宫阙疏》

曰："未央宫有麒麟阁、天禄阁,有金马门、青琐门,玄武、苍龙二阙。朱鸟堂、画堂、甲观,非常室。"又有玉堂、增盘阁、宣室阁。又有钩盾署,弄田。《汉武故事》云:"神明殿在未央宫。"王莽始建国元年(9)改公车司马为王路四门,未央宫为寿成室,前殿为王路堂。天凤二年(15)二月,"置酒王路堂,公卿、大夫皆佐酒"。[45]

从上述文献记载来看,未央宫台殿名称远超上文提到的43处之多,原因不外乎有:其一,殿阁数量多、规模大,难以细数清楚;其二,使用过程中台殿名称的更换难以一一对应,有可能一处台殿多次记录;其三,传抄过程中造成的讹误。

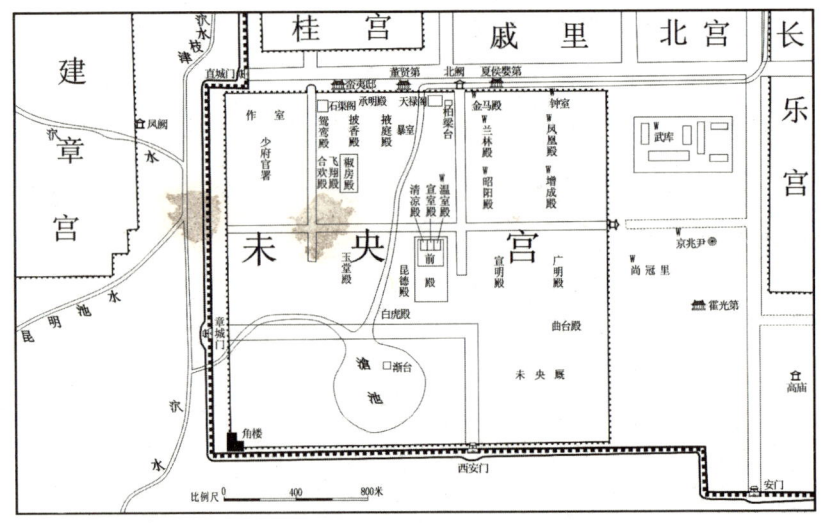

图2-5　西汉未央宫平面图

(图片来源:何清谷:《三辅黄图校释》图九,北京:中华书局,第434页。孙建国制作)

宣室殿在未央宫前殿北郭,是皇帝和重要大臣讨论国家大事的地方。《三辅黄图》曰:"宣室殿,未央前殿正室也。"《汉书》卷23《刑法志第三》云:"时上(宣帝)常幸宣室,斋居而决事。"如淳注云:"宣室,布政教之室也。"晋灼注云:"未央宫有宣室殿。"颜师古注云:"盖其殿在前殿之侧也,斋则居之。"《史记·屈原贾生列传》:"上(文帝)方受厘,坐宣室。"《集解》苏林注云:"宣室,未央前正室也。"《索隐》引《三辅故事》云:"宣室在未央殿北。"汉武帝曾准备在宣室殿宴请窦太主面首董偃,被东方朔谏止,其理由是:"夫宣室者,先帝之正处也,非法度之政不得入焉。"武帝无奈只得把宴会改到北宫之中,同时将东司马门改为东交门。[46]苏林认为此门更名的原因是因为董偃从此门入,交会于内。这里的东司马门应是宫殿之东司马门[47],因为未央宫殿亦有司马门。另外,非常室[48]约为前殿之偏室。

温室殿,武帝建,冬处之温暖也,在未央宫殿北部。《西京杂记》曰:"温室以椒涂壁,被之文绣,香桂为柱,设火齐屏风,鸿羽帐,规定以罽宾氍毹。"《汉书》卷81《匡张孔马传第五十一》曰:"孔光为尚书令,归休,与兄弟妻子燕语,终不及朝省政事。或问温室省中树何木,光不应。"张衡《西京赋》"朝堂承东,温调延北"之句,指出未央宫朝堂是用以接待东来朝见的诸侯,温调殿则用以接待北来谒见的臣民,后者即"上书奏事谒见之徒"。

清凉殿,夏居之则清凉也,亦曰延清室,在未央宫殿北部。《史记·袁盎晁错列传》:"绛侯免相之国,国人上书告以为反,徵系清室。"《汉书集解》作"请室"。应劭曰:"请室,请罪之室,若今锺下也。"如淳曰:"请室,狱也,若古刑於甸师氏也。""董偃常卧延清之室,以画石为床,文如馆,紫琉璃帐,以紫玉为盘,如屈龙,皆用杂宝饰之。侍者于外扇偃,偃曰:'玉石岂须扇而后凉耶?'又以玉晶为盘,贮冰于膝前,玉晶与冰同洁。侍者谓冰无盘,必融湿席。乃拂玉坠盘,冰玉俱碎。玉晶,千涂国所贡也,武帝以此赐偃。"

白虎殿,据其名称判断,应在未央前殿之西,是未央宫中一处重要的殿阁。这里曾经是皇帝与重要大臣对策、接见匈奴单于、劳赐众将的场所。《汉书》卷59《张汤传第二十九》云："诣白虎殿对策。"颜师古注云："此殿在未央宫也。"成帝河平四年（前25），"单于来朝，引见白虎殿，丞相商坐未央廷中，单于前，拜谒商。"[49]成帝绥和二年（前7）三月，"楚思王衍、梁王立来朝，明旦当辞去，上宿供张白虎殿"。王莽居摄三年（8），莽大置酒未央宫白虎殿，劳赐将帅。[50]

　　宣明、广明殿在未央殿东。昆德、玉堂在未央殿西。石渠阁、天禄阁、麒麟阁在未央殿北，现已知这里只为了表明方位，而非确切位置的记载。石渠阁外有承明殿[51]，承明殿有承明庐，是待诏士子的居所[52]。石渠门外还有十五名侍御史的宿庐[53]。文献记载汉代官员在署中居住的房屋称为"官舍"，如相府有"相舍"，郡守有"府舍"，县令有"县舍"，等等。[54]按当时规定，现任官员可以把家属（妻子儿女）接到官舍里居住。[55]没有带亲属到官舍居住的官吏则被看作是廉洁的表现，何并为颍川太守时"性清廉，妻子不入官舍"。[56]王良为大司徒司直，"在位恭俭，妻子不入官舍。"[57]而董贤的妻子因为董贤受宠得以像官吏的家属一样住在官寺舍中则是特例。[58]官员平时办公、住宿都在官署，只有假日（或洗沐、休沐）时才能回到自己的家里，官员的属吏也必须在官署居住，宿处称为"吏舍"[59]。刘敦桢先生认为："汉官寺自九卿郡守，迄于县治邮亭传舍，外为听事，内置官舍，一如古前堂后寝之状。"[60]由此可知，西汉时期的国家对各级官吏的控制是极为严格的。同时，西汉时期官吏之家属可随官而居[61]的特征，应当就是《长安志》卷7《唐皇城》所载："自两汉以后，至于晋齐梁陈，都城并有人家在宫阙之间"的现象，这种现象至隋文帝时得以改变，把官寺迁至皇城之内集中安置，"实隋文帝新意也"。[62]汉唐间中央官署空间位置的变化当与国家政治和社会结构的变化有一定的关系，皇城这一特殊空间的产生是多种社会势力相互博弈的结果。

　　《西都赋》云："内有承明、金马著作之庭。"金马门，武帝得大宛马，铜铸像立于署门，因以为名。东方朔、主父偃、严安、徐乐，皆待诏金马门。未央宫另有金华殿[63]、高门殿[64]等。

未央宫前殿之北为后宫区。汉代皇帝后宫有皇后、婕妤、娙娥、容华、美人等。皇后一人，称中宫。婕妤比丞相，秩比列侯，常从婕妤迁为皇后。娙娥秩比将军、御史大夫[65]。昭仪，秩比中两千石。贵人，秩比两千石。婕妤以至贵人，皆至十数。美人，秩比待诏，无数，元帝、成帝皆至千人。

西汉的后宫包括两大部分，一是皇后所居之椒房殿；二是妃妾居住的东西永巷，所谓"后宫"是由这两组建筑构成的。《汉书》卷97下《外戚传下》曰："皇太后及帝诸舅忧上无继嗣，时又数有灾异，刘向、谷永等皆陈其咎在于后宫。上然其言。于是省减椒房、掖廷用度。"在后宫之内，又将众多殿舍划分为若干区域。皇后居椒房殿（以椒和泥涂，取其温而芬芳也。），婕妤以下皆居掖庭。武帝时后宫八区，有昭阳、飞翔、增成、合欢、兰林、披香、凤凰、鸳鸯等殿，后又增修安处、常宁、茝若、椒风、发越、蕙草等殿，为十四位。[66]上述诸殿除椒房殿外均属掖庭，在天子左右，如肘膝[67]。掖庭之内另有暴室，主掖庭织作染练之署。谓之暴室，取暴晒为名耳，有啬夫官属。[68]

皇后的椒房殿位置居中，故又称为"中宫"，亦作为两汉皇后的代称。[69]后宫之中妃嫔各有品阶，但居所华丽程度往往不受其限制。据《汉书》卷97下《外戚传第六十七下》载赵飞燕为昭仪时所居昭阳舍："其中庭彤朱，而殿上髹漆，切皆铜沓黄金涂，白玉阶，壁带往往为黄金釭，函蓝田璧，明珠、翠羽饰之，自后宫未尝有焉。"大概是僭越了皇后的配置。同样，哀帝时为董贤之妹新改之椒风殿，其华丽程度与皇后之椒房殿不相上下。[70]

中宫内部事务由詹事（后为大长秋）属下的永巷令管辖，而妃妾所居后宫的事务则由少府属下的永巷令丞管辖。妃妾所居的八区（后为十四区),因为排列在椒房殿的左右并延伸到殿后,又被称为东西永巷,各自开门,即"掖门"。武帝太初元年(前104)将妃妾居住的永巷改称掖庭。[71]清儒顾栋高在《毛诗类释》卷12《释宫室》曰:"天子有六寝,路寝一,在前;小寝五,在后。路寝以听政,小寝以燕息。六寝之北有六宫,后、夫人与嫔御居之。从后宫达寝有永巷,宫中之长巷也。后、夫人由此以进御于君,质明告去。众妾则见星而往,见星而还。寺人守之,男不入,女不出。《诗》所称巷伯,是寺人之长。伯,长也。"西周的"六寝""六宫"之制,见于《周礼》和《礼记》等著作,其实际情况已难以详考。

从未央宫遗址考古发掘情况来看,未央宫总体规划仍是传统的"前朝后寝"之制,前部安排大朝前殿,后部布置后、妃的寝宫。前朝的主体建筑,汉朝称为前殿。"前殿"为一组建筑,它既包括前朝的大殿,又包括其后部的皇帝寝宫。考古人员发现,在前殿之后(北)350米处,又有一组台榭建筑群,应该就是后宫(《周礼》将后宫部分称"北宫")区域,它包括皇后所居的椒房殿和14位被称作昭仪、婕妤的嫔妃们居住的14处寝宫——掖庭。[72]

前朝后寝之间应有道路相连,即为永巷,颜师古注《汉书》卷3《高后纪第三》"永巷"一词曰:"永,长也,本谓宫中之长巷。"《史记》卷125《佞幸列传第六十五》:"(韩)嫣侍上,出入永巷不禁,以奸闻皇太后。皇太后怒,使使赐嫣死。"西汉帝王宫中存在着以长巷连接前殿与后寝的建筑形式,它有可能继承了周代的某种历史传统。地皇元年(20)七月,太子王临因服侍皇后"去本就舍,妃妾在东永巷"。壬午,"列风毁王路西厢及后阁更衣中室。昭宁堂池东南榆树大十围,东僵,击东阁,阁即东永巷之西垣也"。[73]可知掖庭之中有东西永巷;王路堂则有东西厢,后阁中更衣室至少有三间。后宫之内当有昭宁堂,堂前有池,池东南有十围粗的榆树,堂东侧为东阁,即东永巷的西墙。说明未央宫后宫当是一个独立的空间,后宫中唯一的池子可能就是昭宁堂池。[74]

汉初后宫开始设置永巷囚室,拘禁废黜的皇帝妃妾。武帝时掖庭附设监狱,由掖庭狱丞主管,直接听命于皇帝,囚禁有罪的妃妾宫女。掖庭狱包括多处狱所,暴室狱是其中之一。汉代后宫监狱的设置反映了当时宫廷斗争的激烈残酷。[75]

未央宫内有蚕室、织室、凌室等。西汉时期每年春天桑树发芽之时皇后需率领后宫妃嫔至上林苑采桑叶,并于蚕室祭祀"苑窳妇人""寓氏公主"二神的活动,回到未央宫中还要献蚕于蚕观,并将蚕丝絮送入织室以作祭服之用。祭服者,冕服也,天地宗庙群神五时之服。皇帝得以作缕缝衣,皇后得以作巾絮而已。置蚕官令、丞,诸天下官下法皆诣蚕室。蚕室属少府。是知未央宫内有蚕室,又有织室。

织室,织作文绣郊庙之服,有令史。为少府属官,有东西织室,河平元年(前28)省东织室,更名西织室为织室。[76]惠帝四年(前192)秋七月丙子,未央宫织室灾。凌室,积冰之所也。[77]《豳风·七月》曰:"纳于凌阴。"周官凌人,职掌藏冰。大祭祀饮食则供冰。钩盾[78],有钩盾令署,设在未央宫殿后。弄田,在未央宫,近宦者署。

《三辅黄图》卷5载:"未央有果台,东、西山二台。未央宫有钓台、通灵台。"天子有六厩,未央厩、承华厩、騊駼厩、路軨厩、骑马厩、大厩,马皆万匹。如此六厩不应全在未央宫中。有言路軨厩,亦曰未央厩[79],掌宫中舆马。

未央宫中另建有祠庙祭祀建筑。宣帝神爵元年(前161)三月,"以方士言,为随侯、剑宝、玉宝璧、周康宝鼎立四祠于未央宫中"。平帝元始五年(5),迁"中央帝黄灵后土畤及日庙、北辰、北斗、填星、中宿中宫于长安城之未地兆"。[80]御史、卫尉寺[81]、郎中府、少府等均在未央宫中[82]。

丝绸之路最早的东方起点：西汉长安城

三、未央宫遗址

考古部门相继于 1980—1984 年间发掘了未央宫遗址，对未央宫前殿遗址西南边缘（A 区）和东北边缘（B 区）建筑基址及椒房殿建筑遗址进行了发掘，并勘察其宫门、道路等；于 1985—1989 年对未央宫遗址的全面调查、勘探，对未央宫第三号建筑遗址（中央官署遗址）、第四号建筑遗址（少府建筑遗址）和第五号建筑遗址（西南角楼遗址）的发掘，以及对未央宫宫墙、北宫门、东宫门、作室门遗址的试掘，未央宫布局渐渐清晰。

未央宫遗址位于东经 108°51′—108°52′，北纬 34°18′—34°19′。遗址平面近方形，四面夯筑宫墙，东、西墙各长 2150 米，南、北墙各长 2250 米，基宽 7—8 米，周长 8800 米，总面积约 4.84 平方千米，约占汉长安城总面积的 1/7。宫内已知各类建基址 14 处，其中地上夯土台基 4 处，已经考古发掘的遗址 5 处。沧池位于未央宫西南部，平面呈不规整圆形。

宫城四面各辟一门，东门和北门外立有门阙。四宫门均有道路与宫城内主干线相连，通至前殿。宫城之内有三条干道，两条东西向，一条南北向，均贯通宫城。两条东西干路将未央宫分成南部、中部和北部三个部分。东西宫门连成的大街位于前殿北、椒房殿之南；在前殿之南另有一条东西向大街，西自外郭章城门，或称为章台街，均源于此处的秦代章台建筑。南部西边为沧池，东边有大量建筑遗址。未央宫的主体建筑前殿位于宫城的中间，坐北朝南，其上南北排列 3 座大殿。北部为后宫和皇宫官署所在，有椒房殿、少府（或所属官署遗址）、中央官署遗址等。南北向道路是连接南北宫门的大街，位于前殿东侧。因在东宫门外勘察出门阙遗址，东宫门有可能是正门[83]。从汉长安城和未央宫中轴线和礼制文化角度考虑，未央宫正门也可能是南宫门，尤其在西汉后期。宫城西南角平面呈曲尺形，其他三隅亦当如此。平面曲尺形的角楼，应是早期城隅建筑的特点[84]。西汉大型建筑的城隅形制均仿自未央宫角楼,长安城城墙西南角已发现有角楼存在。

未央宫的这种布局反映出宫城之内总体设计以宫殿建筑群为中心,主体宫殿(前殿)位置居中、居前,主要宫殿位居主体宫殿之后。辅助宫殿在主体宫殿和主要宫殿两侧。这种布局形制为汉代以后诸宫城的布局形制所沿用。[85]

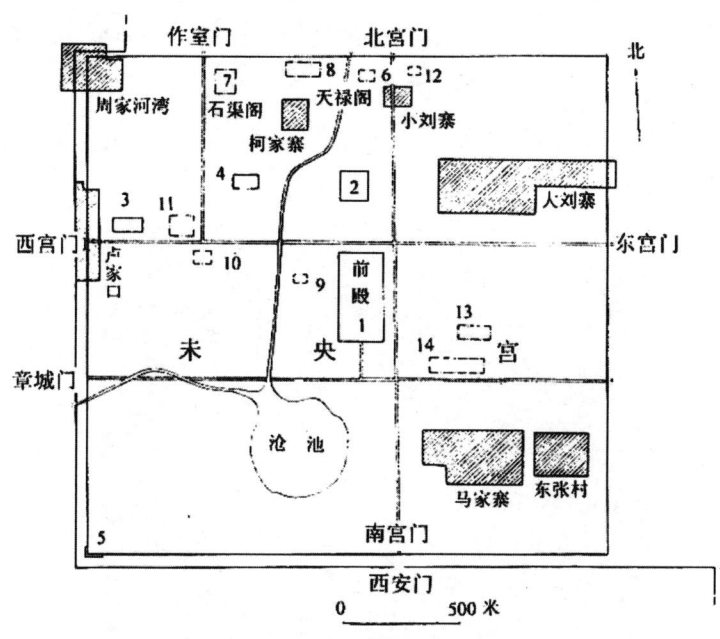

图 2-6 未央宫遗址平面示意图

1. 前殿 2. 椒房殿 3. 中央官署 4. 少府(或其所辖官署)
5. 宫城西南角楼 6. 天禄阁 7. 石渠阁 8~14. 第八至十四号建筑

(图片来源:刘庆柱、李毓芳:《汉长安城》图14,北京:文物出版社,2003年,第48页)

未央宫前殿基址:未央宫是西汉天子朝政的皇宫,前殿是未央宫的大朝正殿(秦称为章台),位于未央宫遗址区的中部,是利用龙首山的土台再在其四周和表面夯土加工成的一组非常壮丽雄伟的高台建筑。在未央宫内以前殿为中心形成南北向中轴线。前殿南北两侧有东西向宫内道路,东侧有南北向宫内道路。前殿夯土台基平面呈长方形,底边南北长400米,东西宽200米,由南向北逐渐升高,最南端高出地表0.6米,北部最高达15米。前殿基址之上原有南北排列的三座大殿,基址中间的宫殿可能是"宣室"或"宣室殿",是未央宫的正殿,基址北部最高处的附属建筑,可能是"后阁",皇帝的更衣室亦在其中。未央宫前殿的"前朝后寝"制度,决定了未央宫的总体布局,对后代宫城及宫城中主要宫殿建筑的方位配置都有很大影响。登临前殿遗址最高处,整个未央宫格局尽收眼底。前殿西南和东北部各有一处建筑基址,可能是守卫人员办公、住宿和大臣出入休息的地方。殿内西南部发现了一批被火烧过的木简,其中有病历和医方文字。

图 2-7　未央宫前殿和椒房殿遗址

(资料来源:西安市文物局等编著:《汉长安城遗址保护》彩版图一〇,北京:文物出版社,2012年)

未央宫椒房殿遗址位于前殿以北330米,今未央区未央宫乡大刘寨村西290米。椒房殿遗址东西130米,南北149米。遗址有三部分组成,即正殿、配殿和附属建筑。正殿位于椒房殿南部,配殿在正殿东北部,附属房屋建筑在正殿北部、配殿西部。

正殿台基平面为长方形,东西长 54.7 米、南北宽 29－32 米。台基周施回廊,廊道地面铺砖,廊道外为散水。正殿坐北朝南,殿址南有二阙址,二者东西相距 23.5 米,反映出这组宫殿建筑的规格非常高。台基之上西北部有一处地下房屋,房屋北墙辟门和通道,向北通至正殿北部庭院。房屋和通道估计低于原正殿地面 2.5 米左右。此屋应为地下室,或作为"密室"使用。作为皇帝后妃的宫殿之中设置地下的"密室"在其他汉代后妃宫殿中也有发现。台基之上的东北部有储藏食品的窖穴一处。

正殿之北为内院(一号庭院),内院平面亦呈长方形,院子四周置廊道、散水。内院东西两侧又分别发掘出夯土台基、院落、巷道和厢房遗址。建筑群内的巷道遗迹在考古发掘中尚属首次发现,是为宫殿主人的安全所构造,与现代建筑中的暗道性质相同。

配殿由南北二殿组成,二殿之间(二号庭院)和北殿北部各有一座庭院(三号庭院)。南殿台基东西 50 米,南北 32.5 米。台基东部和南部各有一踏道,前者规模大,后者规模小。东踏道为进出南殿的主要通道,南踏道位于南殿偏西处,连接了南殿与各主要巷道。南踏道通过一号、二号巷道与椒房殿正殿以北的附属建筑四号、五号、六号庭院相通;通过三号巷道北门可进入南殿北部庭院,由庭院南廊东端可进入南殿地下室;由庭院北廊东端登踏步可进入北殿;出三号巷道北门,穿过南殿庭院西廊可进入四号巷道,出巷道北门可进入北殿北部庭院。南殿东北部有一座地下房屋建筑,西北隅有一房屋。北殿属于配殿的后殿。配殿之内分布有五条巷道,四条巷道在南殿,一条巷道在北殿。这些巷道在古代建筑遗址中罕见。配殿巷道原来构筑于宫殿地面以下,属于地面之上看不见的地下通道,或称暗道,连接着建筑群中的有关部分。巷道方便了宫殿建筑群内的往来,保密性较强。在西汉后宫建筑群遗址的考古发现中已经清理出多处这类巷道建筑遗迹。

49

丝绸之路最早的东方起点：西汉长安城

椒房殿附属建筑群主要包括庭院和房屋。庭院三座分布于东部，房屋九处分布于西部。椒房殿建筑群有着完整的给、排水设施。正殿东部有水井，井深约 8 米多，井台铺方砖，井壁上部为券砖，下部以陶井圈砌置。北部庭院有地漏，配殿北部西边有排水沟。椒房殿遗址出土有铺设地面的素面方砖、圆形纹方砖和构筑踏步的空心砖等。瓦类有筒瓦、板瓦和素面圆瓦当、云纹瓦当及"长生无极""长乐未央"文字瓦当。

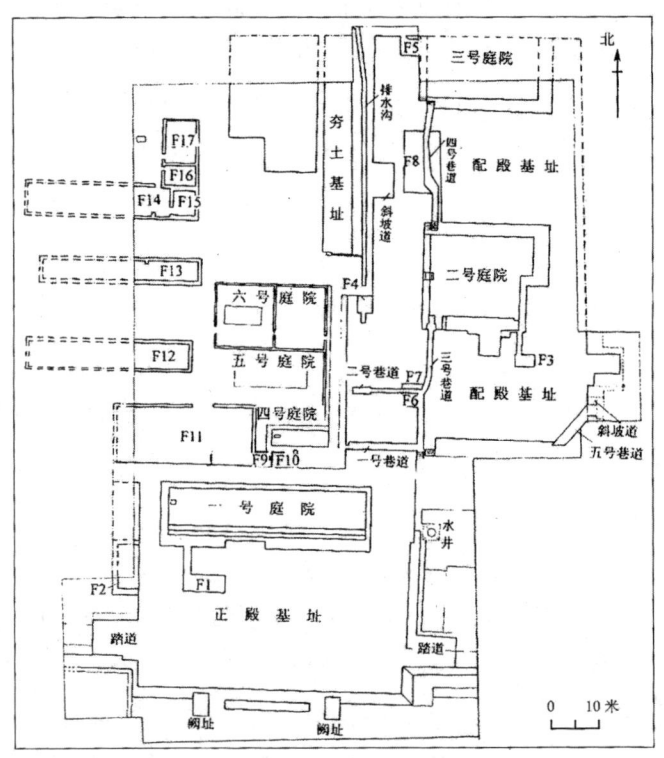

图 2-8　未央宫椒房殿遗址平面示意图

（图片来源：刘庆柱、李毓芳：《汉长安城》图 23，北京：文物出版社，2003 年，第 70 页）

50

第二章　长安诸宫城及其遗址现状

椒房殿为中宫正殿,其发掘情况表明皇后与皇帝大朝的前殿一样,亦由正寝和宴寝两部分组成。椒房殿遗址的正寝属于正殿或朝,其配殿和附属建筑则为宴寝或寝。《周人·宫人》记载"王六寝"和"后六寝"说明西汉时期未央宫前殿与椒房殿这种"前朝后寝"的规制有着久远的历史。

未央宫少府遗址位于今西安市未央区未央宫乡柯家寨村西南,在未央宫前殿遗址西北430米,椒房殿遗址西350米。该建筑遗址为一组具有多功能的宫殿建筑群,主体建筑为大型殿堂,有南北并列的两座宫殿组成,两侧附属房屋建筑群和通道、廊道、院落、水池等。南殿是该建筑群中的大殿,坐北朝南,东西46.1米、南北17.5米,面阔7间、进深2间。南边有东西排列的六根檐柱,殿内中部位置有东西排列的六个大础石,础石间距7米,宫殿地面铺置地板。南殿东西两侧对称分布两座大房子,属于南殿的辅助性议事办公建筑。北殿为该建筑群中的内殿,坐南朝北,与南

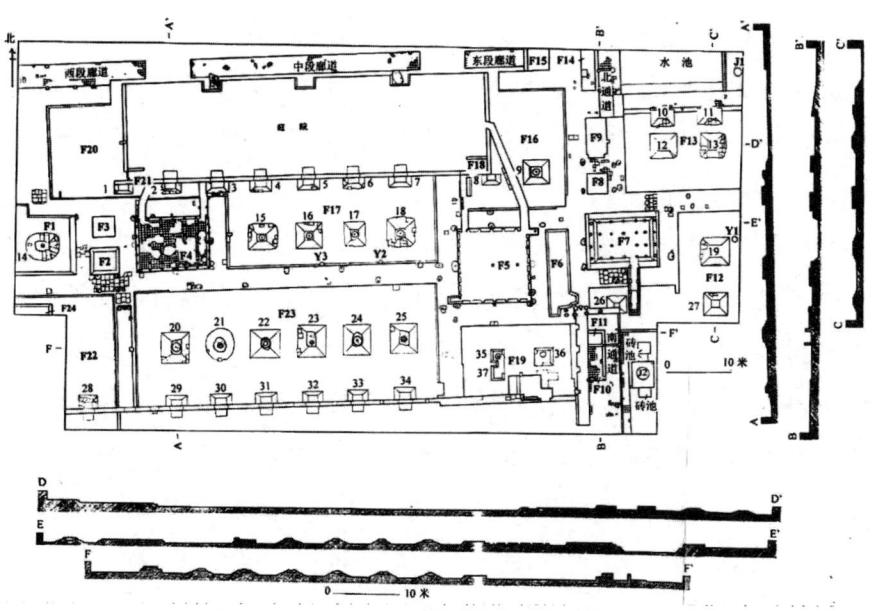

图2-9　未央宫少府(或其所辖官署)遗址平、剖面图

(图片来源:刘庆柱、李毓芳:《汉长安城》图27,北京:文物出版社,2003年3月,第82、83夹页)

规模较小而已。北殿东西31米、南北12.9米,面阔5间、进深2间。北殿东西两侧附属建筑规模较大、建筑考究,很有可能是建筑主人的生活起居之处。北殿以北为院落,东西54.4米、南北14.7米。

主体建筑群东部附属建筑中有一处半地下仓储建筑(F7),在这座房屋底部发现了1892枚王莽货泉,出土时穿钱的绳子依稀可见,货泉似未曾使用过。

主体建筑群东南部和东北部分别有南北通道,两通道南北相对。南通道较北通道规模大、结构复杂,通道西部发现有一小房屋,似为"传达室"一类的建筑。房屋坐北朝南,南墙西部辟门。此房屋内清理出了上百件封泥,重要的有"司马喜章"(此章与司马迁祖父司马喜有关)、"□史□之印"(或为"太史公之印")、"掌牧大夫章"(主管皇室牧苑的凭证)、"掌厩大夫章"(主管皇室诸厩官吏之遗物)和"汤官饮监章"。其中"汤官饮监章"封泥出土数量较多,达54件,证明此建筑物与少府所辖汤官饮监有密切关系。北通道东邻水池,水池东西15.5米,南北50米,池壁贴砖,池内堆积中发现大量螺壳。

从保存的建筑遗迹来看,在早期建筑整体格局之上建有晚期建筑,但整体规模较小。晚期建筑时代上限为东汉时期,使用下限有可能延伸至隋唐时期。

少府建筑是大型殿堂为主体建筑,殿堂分为南北二殿。南殿以南部有广场,北殿以北有庭院。主殿两侧均有附属建筑,南部为办公区,北部为生活区。再向东西两侧发展的建筑则为少府附属的公用性附属建筑。少府建筑主次关系明显,主体建筑"择中""居前",这与皇室建筑的布局原则是一致的。少府所属的建筑遗址中发现了大面积使用地板(木板)的遗迹,在古代宫殿建筑遗址发掘中尚属首见,由此也可以反映出这座宫殿建筑群之豪华。

中央官署遗址,即未央宫三号建筑遗址。遗址位于未央宫西部偏北,西距西宫墙 105 米,东距未央宫大朝正殿——前殿基址 880 米。该建筑遗址为一大型院落遗址,院落四周有院墙。院落东西 133.8 米、南北 64.6 米。院落东西居中位置有一南北向排水渠,将院落分为东院和西院。东院东西 57.2 米,西院东西 73.2 米。东院与西院南部有一门道相通。东院和西院之内,各有南北平行排列的两排房屋,两排房屋之南各有天井、回廊。东院和西院的南排房屋遗址发现了楼梯遗迹,说明这些房屋应为楼房。三号建筑遗址之中的房屋排列整齐,形制相近,规模较大,除了"门房""传达室"一类建筑之外,其他房屋面积均较大,最大的房屋室内面积 215.04 平方米,最小的房屋室内面积 109.2 平方米。由此推断,未央宫三号建筑遗址不是属于生活起居的建筑遗址,应为官署建筑遗址。该建筑遗址多处"门房"防卫建筑设施,遗址内用于士兵守卫的种类繁多的兵器,均反映出这座官署建筑的重要性。

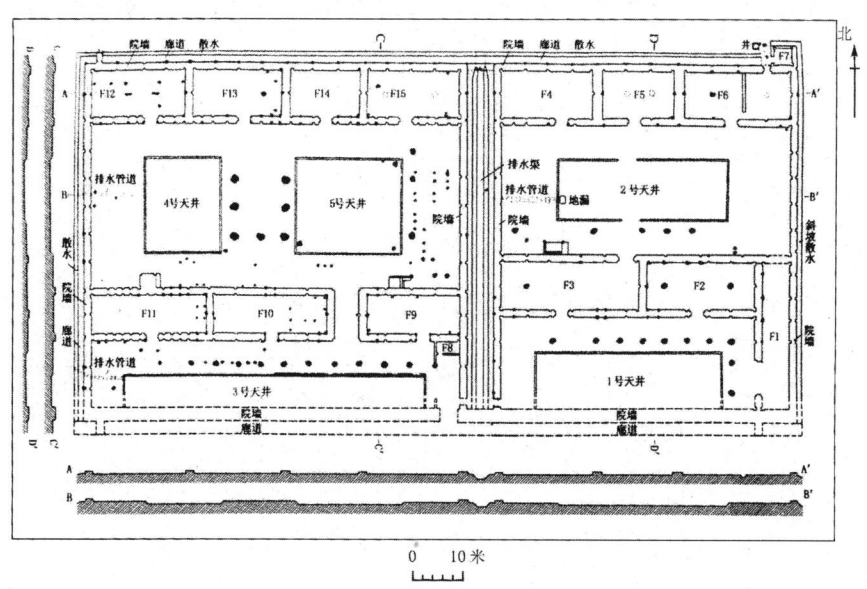

图 2-10 未央宫中央官署遗址平、剖面图

(图片来源:中国社会科学院考古研究所汉城工作队:《汉长安城未央宫第三号建筑遗址发掘简报》,《考古》1989 年第 1 期)

丝绸之路最早的东方起点:西汉长安城

未央宫三号建筑遗址出土骨签6万多件,其中有刻字的骨签5.7万多件。骨签以动物骨骼制作而成,其中以牛骨为原料的占绝大多数。西汉时代主要以竹简、木简和帛书为书写材料,当时不用上述材料,而选用坚硬的动物骨头刻文,远比在竹简、木简和帛书上书写困难得多。加之骨签刻文细微,这又远比一般书写难度大。这批骨签大小相近,一般长5.8—7.2厘米、宽2.1—3.2厘米、厚0.2—0.4厘米。骨签形制基本相同,为长条形骨片,其上、下端加工成圆弧形,一般上端较尖。从骨签横截面观察,其正面微呈圆弧状,背面平。正面和背面均有竖行锯痕,背面的锯痕更显粗糙。骨签正面上部为磨光平面,长3.5—4厘米、宽1.5—2厘米,其上用以刻字。骨签体积小,其上刻文更为微小,有的近乎"微雕",这是因为骨签保存数量大、时间长,考虑到便于在同样的空间收藏、存放更多的骨签。骨签中腰一侧有一半月形凹槽,其位置因不同种类的骨签而各异。

骨签刻文属于实用性书法,其时代为西汉,前后逾百年。西汉时代是中国古代书法发展变化的关键时期,也是中国现代汉字的确定时期。这批骨签刻文,对于研究西汉时代书法笔法的衍化,揭示"隶变"的过程,探讨中国汉字从古文字到今文字的变革,有着十分重要的学术意义。数以几万计、保存基本完好的骨签,是研究汉文化、汉王朝、汉字的珍贵资料。

石渠阁遗址位于未央宫遗址区北部偏西,北邻北宫墙和直城门大街,西侧有未央宫作室门内南北向道路。遗址西距未央宫西墙490米,距北宫墙50米,东距天禄阁遗址520米。遗址中部为高台建筑,现存地面夯土台基高8.74米,平面呈近方形,东西66—67米,南北65米。此地曾出土过"石渠千秋"文字瓦当,应为石渠阁建筑使用的瓦当。石渠阁为西汉

第二章　长安诸宫城及其遗址现状

初年丞相萧何所建,主要收藏西汉王朝从秦朝得来的各种宫廷档案材料和图籍,是西汉中央政府最早的图书馆和档案馆,又是当时著名的经学研究中心。汉宣帝曾诏五经诸儒在石渠阁召开学术讨论会,一些著名学者刘向、扬雄、萧望之等参加会议,对促进我国文化事业的发展起了积极作用。

图 2-11　未央宫石渠阁遗址

(图片来源:刘庆柱、李毓芳:《汉长安城》彩版图四,北京:文物出版社,2003年3月)

天禄阁遗址位于未央宫遗址区北部,在北司马门西南 70 米,南距前殿 750 米,西距石渠阁遗址约 520 米,北距未央宫宫墙 60 米,东侧有南北向宫内道路,距未央宫东墙 710 米。基址中部为高台建筑的夯土台基,台基南北长约20米,东西约10米,现存高约6—7米。天禄阁为西汉初年丞相萧何所建,是西汉王朝皇室存放档案和重要图书、典籍的地方,对传播我国古代文化有重要的影响。天禄阁遗址颇高,由平地上石阶百余级始达,可以远眺,室内藏古物颇多,大都是由附近拾得。

图2-12　未央宫天禄阁遗址　(2014年9月29日拍)

沧池遗址在未央宫前殿西南部,东距前殿遗址约290米,南距未央宫南宫墙约150米,是一片低洼地。遗址南北约520米、东西约400米。沧池有两条水渠,一条为引水渠,从章城门引澧水支渠穿过未央宫西宫墙注入沧池。另一条为排水渠,从沧池往北经前殿西南穿过未央宫北宫墙注入明渠。沧池中有渐台,是水中的高台建筑。台上修建楼台亭阁,是西汉皇室公侯贵族游乐场所。西汉末年农民起义军攻入长安城未央宫,王莽自前殿南下逃到沧池渐台,被商人杜吴杀死于渐台室中。

表 2-2　未央宫建筑遗迹保存现状一览表

遗迹类型	遗迹名称	保存现状	保护措施	遗迹类型	遗迹名称	保存现状	保护措施
宫墙	东宫墙	较差	无	宫殿及官署建筑基址	前殿遗址	较好	围栏
宫墙	南宫墙	较好	无	宫殿及官署建筑基址	天禄阁遗址	较差	围栏
宫墙	西宫墙	较差	无	宫殿及官署建筑基址	石渠阁遗址	较差	围栏
宫墙	北宫墙	破坏严重	无	宫殿及官署建筑基址	未名夯土台	破坏严重	围栏
角楼	西南角楼	较差	无	宫殿及官署建筑基址	椒房殿遗址	较好	覆土
门阙	东宫门	较好	无	宫殿及官署建筑基址	中央官署建筑基址	较好	覆土
门阙	南宫门	较好	无	宫殿及官署建筑基址	少府建筑基址	较好	覆土
门阙	西宫门	破坏严重	无	宫殿及官署建筑基址	8号建筑基址	破坏严重	无
门阙	北宫门	破坏严重	无	宫殿及官署建筑基址	9号建筑基址	较好	无
门阙	作室门	较差	无	宫殿及官署建筑基址	10号建筑基址	较好	无
门阙	东宫门阙	较好	无	宫殿及官署建筑基址	11号建筑基址	较好	无
门阙	北宫门阙	破坏严重	无	宫殿及官署建筑基址	12号建筑基址	破坏严重	无
道路	南北向宫内道路（未央宫内东部）	较差	无	宫殿及官署建筑基址	13号建筑基址	较好	无
道路	作室门内南北向宫内道路	较好	无	宫殿及官署建筑基址	14号建筑基址	破坏严重	无
道路	东西向宫内道路（未央宫内北部）	较差	无	水体	仓池	较差	无
道路	东西向宫内道路（未央宫内南部）	较好	无				

（资料来源：西安市文物局等编著：《汉长安城遗址保护》，北京：文物出版社，2012年，第30~31页）

第三节 北宫、桂宫、明光宫及其遗存

北宫、桂宫、明光宫在西汉长安城中同样具有很重要的地位,它们与长乐宫、未央宫有阁道连接,共同占据着汉长安城三分之二的空间区域。

一、后妃之宫——桂宫

(一)桂宫之构成

桂宫,在未央宫北,建造于汉武帝时期。[86]汉成帝为太子的时候曾居住于桂宫,"上尝急召,太子出龙楼门,不敢绝驰道,西至直城门,得绝乃度,还入作室门。上迟之,问其故,以状对"。[87]桂宫是西汉晚期哀帝太后居处[88]、皇后傅氏退居之宫[89]。桂宫与西城墙仅一巷之隔,南北和北宫、北阙甲第一样界于直城门大街与雍门大街之间。

桂宫是汉武帝时期后妃居住生活的宫殿,建筑十分奢华,据《西京杂记》载:"武帝为七宝床,杂宝案,侧玉屏风,列宝帐,设于桂宫,时人谓为四宝宫,亦有复道与各大宫相通连。"《文选·西京赋》李善注引《汉武故事》亦云:"上起明光宫、桂宫、长乐宫,皆辇道相属,悬栋飞阁,北度从宫中西上城至神明台。"宫内有鸿宁殿及明光殿、走狗台[90]等。

(二)桂宫遗址

桂宫遗址位于今夹城堡、民娄村、黄庄和铁锁村一带,经过考古勘探和发掘,宫城结构基本搞清。桂宫遗址平面为长方形,南北长1800米,东西宽880米,四面宫墙总长约5300米,合汉代十三里,总面积约1.6平方千米。已探掘出桂宫城门三座,南、北、东门各1座。南门即文献所记载的"龙楼门",宫城门楼上装饰有铜龙而命名。宫内有道路2条,其中南北宫门之间有南北干道相连,东西向道路为东宫门向西至南北向道路的丁字路。宫中南部有一高台宫殿建筑基址,宫内有鸿宁殿、明光殿等,亦

建阁道通到未央宫。

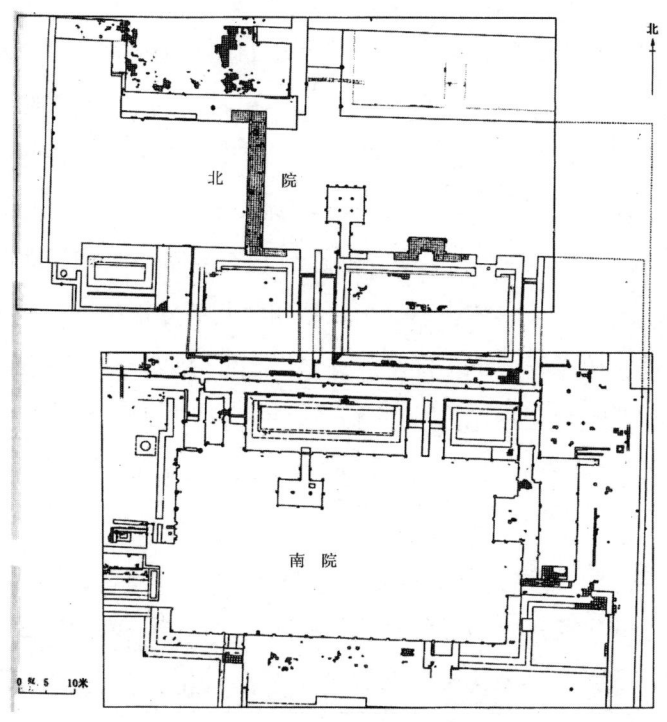

图 2-13　桂宫 2 号建筑遗址平面图

（资料来源：西安市文物局等编著：《汉长安城遗址保护》图 32，北京：文物出版社，2012 年 1 月第 57 页）

桂宫二号建筑遗址（又称夹城堡宫殿建筑遗址）是桂宫中最大的一个宫殿遗址，它分南院和北院两个部分，面积 4000 多平方米。南院建筑以居中的宫殿殿堂为主体，东西两侧为附属建筑，南为庭院，北为院落。宫殿殿堂台基东西长 51.1 米、南北宽 9 米，台基四壁有壁柱，其外环绕廊道和散水。殿堂南面设东西二阶为上下殿堂的通道，二阶对称分布。殿堂南部和北部二阶南北相对位置各有一南北向通道，每个通道之间又用隔墙分成两道。东通道为宫殿内部人员使用，西通道用于宫殿"外部"

59

人。宫殿殿堂东部有一组地下建筑,南北长22米,包括门道、"传达室"、通道和主室四部分。宫殿殿堂北部的地下建筑,东西6.95米、南北4.1米,坐南朝北,北墙辟门。殿堂北面并列东西两座院落,二者平面结构相近,均为长方形,中央为天井,周设围廊,廊道铺方砖,廊外置散水。二院北侧为一共用的东西向廊道,长48米、宽2米。二院落与廊道间以木坎墙隔开。宫殿西南部有一些小院子和类似沐浴场所的设施。宫殿东部有一些附属房屋,其南部有以瓦片竖砌的南北向道路通向南院东南部。南院西北部清理出一眼水井。南院东北角和西北部分别清理出砖砌地漏和地下排水道。地漏与地下水排水道进水口相邻,排水方向由南向北。

南院与北院南北相连,共用一廊道。南院西北部(即北院西南部)辟有一宽大门道,沟通二院。门道面阔(东西)4.8米、进深(南北)1.05米[91]。

北院遗址中部亦为一殿堂基址,南部有东西并列的三个院子,北部有东西并列的两座院落。宫殿殿堂台基东西长77.5米、南北宽20-32米,台基之上可能东西并列多座房屋基址。殿堂南北各有三条上下殿通道,殿堂中部还有一条南北纵观殿堂的地下通道(刘庆柱先生认为此与未央宫椒房殿中的巷道功能一致,加上北院殿堂西南角发现的储藏食品的窖穴,说明该院殿堂主要用于生活起居[92])。殿堂南面的三座院子,均为中央置天井,四周设廊,廊外置散水。殿堂北部的两座院子,院内地面铺方砖。北院殿堂西南角,殿堂南部西院西有一小房屋,坐西朝东。房屋内置一窖穴,窖壁砌一陶井圈,窖穴内清理发现了一些猪、狗、鸡、羊、鱼等的骨骼,应是一处用于储藏食品的地窖。

北院以北40米为高台建筑基址,与其南部的两座院落是同时修建的。在高台北部和东部均发现了登台遗迹,高台属于观景之处,登上此台,未央宫前殿、石渠阁、天禄阁和建章宫双凤阙尽收眼底。[93]

桂宫西北部即今六村堡乡铁锁村东为一组建筑群,主体建筑是一坐北朝南的大型宫殿建筑。该建筑群西南部发现一处建筑遗址(桂宫三号建筑遗址),已发掘出来的遗址南北长84米、东西宽24米。南北两端各有一座大型房屋,其间有南北排列的七座长条形房址。七座房址大小不一,均坐东朝西,西面置门,面阔小于进深。房子隔墙较厚,厚达2.5—3.85米,相当坚固结实。壁柱分布密度较大,可能为仓储性建筑,两侧大房子应为守护者居住或活动的场所[94],这是我国首次在宫城中发掘出仓储建筑遗址。[95]

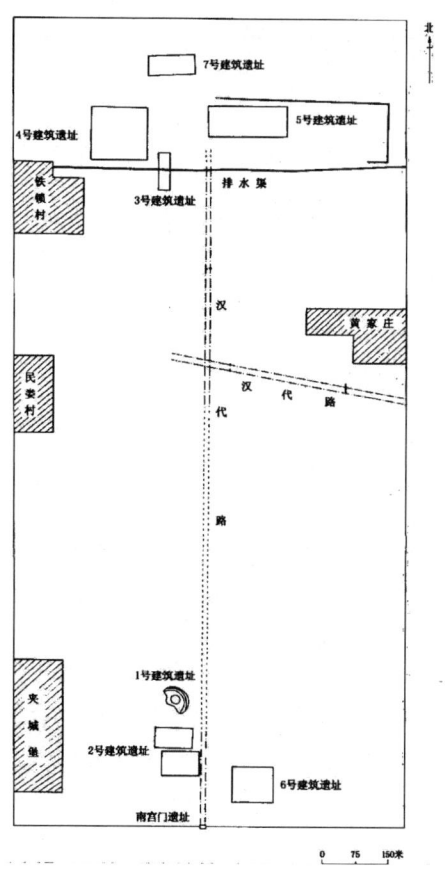

图2-14 桂宫遗址平面图

(图片来源:西安市文物局等编著:《汉长安城遗址保护》图31,北京:文物出版社,2012年1月,第56页)

丝绸之路最早的东方起点:西汉长安城

桂宫四号遗址位于西安市未央区六村堡乡六村堡村地界内,西南距铁锁村约25米处。遗址地处汉长安城桂宫西宫墙以东182米、北宫墙以南215米处。[110]出土遗物以砖、瓦、瓦当等建筑材料为主,其中瓦当以云纹瓦当占大多数,文字瓦当少。此外还出土了镞、矛、斧、钉、盖弓帽、环等铜铁器物和大量的"五铢""货泉""大泉五十"等货币。从桂宫四号建筑遗址的结构来看,该遗址是后妃们进行宫事活动的辅助地点及主要生活区,将有助于今人对汉代后妃政治、生活和文化礼仪的解读,为研究宫城内宫殿建筑的格局提供了宝贵资料。

桂宫遗址展示了汉代朝政设施与后宫建筑在建筑形制和建筑风格上的异同,为我们进一步研究汉长安城的总体规划、后妃宫殿特点、皇宫与后妃宫的异同及我国古代都城制度、宫殿制度及建筑技术的发展等,提供了非常重要的基础性资料,同时对研究我国古代都城制度对日本古代都城的影响也具有重要意义。[96]

桂宫遗址是汉长安城未央宫、长乐宫、建章宫之外的一处重要皇家宫殿遗存。桂宫二号遗址成功实施了"克隆保护",即在遗址回填保护后,在遗址的上部再以1:1的比例对遗址进行科学复原(原遗址位于"克隆"遗址下部1.5米左右),所用材料均跟遗址十分接近,达到了"以假乱真"的效果,既保护了遗址,又满足了观赏的需要。桂宫二号遗址的保护为大遗址的保护以及如何增强文物资源的"可视性"等方面,都做了一个很好的尝试,该遗址的保护方法可能是中国人保护已发掘遗址的一个方向。[97]后来,长乐宫六号建筑遗址、大明宫中诸多建筑遗址均采用了这种保护方法。

表2-3 桂宫建筑遗迹保存现状一览表

遗迹类型	遗迹名称		保存现状	保护措施
墙门	宫墙		较差	无
	西、北、东宫门		破坏严重	无
	南宫门		较好	无
宫内道路	南北道路		破坏严重	无
	东西道路		破坏严重	无
宫殿基址	1号建筑基址		较好	围栏
	3号建筑基址		较好	覆土
	5号建筑基址		较好	无
	7号建筑基址		破坏严重	无
	2号建筑基址	南院	较好	覆土保护
		北院	较差	覆土、基址复原
	4号建筑基址	西部建筑基址	较好	覆土保护
		东部建筑基址	较好	覆土保护
	6号建筑基址	南面台基	较好	无
		北面台基	较好	无

（资料来源：西安市文物局等编著：《汉长安城遗址保护》，北京：文物出版社，2012年1月，第32页）

二、废后之宫——北宫

（一）北宫

北宫，在未央宫以北，地近桂宫。高祖时已经修筑[98]，武帝时重修[99]。北宫有神仙宫、寿宫，张羽旗，设供具，以礼神君。传说神君来，则肃然风生,帷帐皆动。[100]又有太子宫,元帝王皇后生成帝于太子宫。成帝鸿嘉、永始之间,经常微服私行,"选从期门郎有材力者,及私奴客,多至十余,少五六人,皆白衣袒帻,带持刀剑。或乘小车,御者在茵上,或皆骑,出入市里郊野,远至旁县。置私田于民间,畜私奴车马于北宫"。[101]

北宫还被认为是废后的住处。《汉书》卷97上《外戚传第六十七上》载:"吕太后崩,独置孝惠皇后,废处北宫",汉哀帝元寿二年(前1)六月辛卯"贬皇太后赵氏为孝成皇后,退居北宫"。[102]

北宫有紫房复道通未央宫[103],与桂宫之间隔北阙甲第,东临安门大街,南北界于直城门与雍门大街之间。

(二)北宫遗址

北宫遗址位于未央宫以北,直城门大街北225米,雍门大街南35米,厨城门大街东50米,安门大街西40米。宫城周围有夯筑宫墙,现存墙体距地表深0.95米,墙宽5—8米,夯层厚约10厘米,宫墙墙基厚1—1.3米,墙基筑于生土之上。宫城南墙和北墙东段保存较好,西墙北部断续略有保存,东墙保存甚差。

宫城平面为规整长方形,南北长1710米、东西宽620米,面积1.06平方千米。已发现南、北宫门,二宫门南北相对,其中南宫门遗址保存较好。南宫门位于宫城东南角以西259米,宫门面阔7米、进深12米。门道路土坚硬,距地表深1.2—1.3米,路土厚0.3米。由南宫门至直城门大街有南北向道路,路宽9米,路土深1.15—1.3米、厚0.25—0.35米。路土下为生土。南宫门之内有南北向路土,保存较差。北宫南面还发现有砖瓦窑址。[104]

三、明光宫

明光宫,汉武帝时造,其位置目前仍不能确定,很多学者认为它在长乐宫之北,宣平门大街之南,安门大街以东的位置。但也有学者认为明光宫即北宫,台湾学者马先醒先生即持此观点。《西汉会要》"明光宫"条载

"太初四年,起明光宫,在城西"。这里的"城"或许指的就是长乐宫城,长乐宫城西就是北宫;《汉书》卷97《外戚传第六十七下·元后传》云:"从上借明光宫。"颜师古注引《三辅黄图》云:"在城中,近桂宫也。"因此,马先生的观点或有一定道理的。北宫或指未央宫之后宫,前文曾提及《周礼》将后宫部分称"北宫"。

据《汉书》记载明光宫建于武帝太初四年(前101)秋,汉成帝时成都侯王商曾想借住明光宫避暑,王莽始建国元年(9),改明光宫为安定馆,安定太后居之。其与《西都赋》所云"北弥明光而亘长乐"、李善注引《三辅故事》"桂宫内有明光殿"和《西京赋》所云"属长乐与明光,径北通乎桂宫"的明光(殿)等,目前仍不能确定其具体位置。

古代都城被认为是国家的物化缩影,后宫、皇宫则被认为是都城的政治中枢。都城、宫城(包括后宫)作为国家历史的主要物化载体,是研究古代国家历史最集中、最深入、最重要的研究内容。桂宫、北宫及为尚未究明的明光宫都是后妃们居住的宫室,桂宫、北宫与未央宫、长乐宫平面形制不同,前后两组建筑的面积相差悬殊。

第四节　城外布政之宫——甘泉宫

一、甘泉宫之建造

甘泉宫位于距离汉长安城北甘泉山中,对于汉甘泉宫建造时间有几种不同认识:一、汉代甘泉宫即秦代林光宫[105];二、汉代新造宫室,其在秦林光宫旁边[106];三、至迟在秦王政十年,秦国即已建有甘泉宫,早于秦二世所建的林光宫[107]。

前两种观点均说明秦在甘泉山上并无甘泉宫,其后,唐元和时人李吉甫[108]、南宋学者程大昌[109],乃至现代学者史念海等[110],除了个别一些

丝绸之路最早的东方起点：西汉长安城

人如元人王士点等[111]，大多都沿袭了这一说法。辛德勇先生则据现有文献[112]论证了至迟在秦王政十年（前237）秦国即已建有甘泉宫。宋史料笔记《石林燕语辨》卷2认为："古者天子之居总曰宫而不名，其别名皆曰堂，明堂是也。故《诗》言自堂徂基，而《礼》言天子之堂，初未有言殿者。《秦始皇纪》言作阿房甘泉前殿，《萧何传》言作未央前殿，其名始见。而阿房、甘泉、未央亦以宫名，疑皆起于秦时。"[113]甘泉宫建于秦时。

秦始皇时期的甘泉（宫）还是当时直道的起点[114]，秦始皇于公元前215年、前214年取得对匈奴战争的胜利后，在河南地设置了44县之后于公元前212年开始修筑九原到云阳甘泉的直道。甘泉宫所在的甘泉山，它除了是黄帝祭圜丘的处所这类人神沟通的信仰圣地之外，同时也是一处屏蔽关中腹地的战略要地。[115]西汉时期依然如此，如汉文帝三年（前177）五月"上初幸甘泉"就是因匈奴入居北地、河南为寇的原因。文帝十年（前170）再次幸甘泉与匈奴在北边的频繁活动亦有一定的关系。

汉甘泉宫距西汉长安城"三百里"，能望见长安城，是黄帝以来圜丘祭天之处。初建时周围约十里，汉武帝时进行扩建，增至周长十九里一百二十步。有12座宫殿，11处台榭。因其地处北山山脚之下，较为凉爽，是汉武帝五月至八月的避暑之地。[116]

甘泉宫内有益延寿观（益寿观）、通天台[117]、甘泉前殿，武帝时开始增建广诸宫室，内增"通天、高光、迎风。宫外近则洪崖、旁皇、储胥、弩陆，远则石关、封峦、枝鹊、露寒、棠梨、师得，游观屈奇瑰玮。"[118]高达30余丈的通天台，层楼高耸，直入云天，雕饰华丽，巧夺天工。站在台上，滚滚浮云悉在足下。《淳化县志》记甘泉宫有"宫十二、台十一"之说。甘泉宫附属建筑之宫、观、台、坛星罗棋布。宫有高光宫、长定宫、竹宫、洪崖宫、弩陆宫、棠梨宫、师得宫、寿宫、北宫、增城宫、通天宫等；观有露寒观、储胥观、石关观、封峦观、鹈鹊观、旁皇观；台有候神台、望仙台、腾光台、望风台；除此而外，还有紫坛、五帝坛、群神坛等。

第二章 长安诸宫城及其遗址现状

二、甘泉宫之功能

甘泉山作为战略要地的意义在武帝之前的西汉也仅限于文帝的两次行幸甘泉的活动,而之后文帝在长安近郊的军事部署抑制了匈奴对汉朝廷的威胁。匈奴在汉文帝十一年(前169)夏六月和汉文帝十四年(前166)冬寇边之后,于文帝后元二年(前162)六月与汉和亲。至武帝元狩二年(前121):"汉使骠骑将军去病将万骑出陇西,过焉耆山千余里,得胡首虏八千余级。得休屠王祭天金人。"[119]祭天金人就被安置在云阳甘泉宫中[120],此金人形象见于完成于唐载初年前后的敦煌莫高窟第323窟北壁上的壁画中,壁画反映了西汉张骞从甘泉宫出使西域的场景,画面生动、逼真,说明甘泉宫应当是丝绸之路的起点。

同时,甘泉是传说中黄帝以来的祭天之处,甘泉宫也被汉武帝建造成为其祭神通天之处[121],武帝元鼎五年(前112)十一月辛巳朔旦(冬至)"立泰畤于甘泉",之后天子在此郊祀,朝日夕月。武帝元封二年(前109)夏四月,"作益延寿观,使卿持节设具而候神人,乃作通天台,置祠具其下,将招来神仙之属"。[122]此外,甘泉宫还是武帝时期的避暑胜地[123]、藏宝之地[124]、朝诸侯[125]、受上计[126]、宴外宾[127]的重要场所。

秦甘泉宫建成之后,尤其经汉武帝的增筑、扩建,成为西汉中期祭天、冬至、朝诸侯、宴外宾、郡国上计等一些国家重大节庆、礼仪、事务的活动中心,是重要历史事件的发生地,成为长安城四大著名宫殿之一。在汉代文献中,甘泉宫常常与长乐、未央,或建章诸宫相连,其重要性并不亚于长乐、未央两宫。如汉甘泉宫四面皆有公车司马的设置[128],如同未央、长乐建置。

由此可以认为,西汉甘泉宫是汉武帝的城外布政之宫。

三、甘泉宫遗址

西汉甘泉宫遗址位于咸阳城北75千米处淳化县铁王乡凉武帝村,距

丝绸之路最早的东方起点：西汉长安城

西安市100千米。甘泉宫遗址总面积约6平方千米,现存遗迹有城墙、大型建筑夯土台基、陶窑等。甘泉宫城墙遗迹实测周长5668米,最高5米,宽8米,夯土筑成,夯层清晰,局部已毁。由钻探调查得知,南城墙在凉武帝村和董家村之间,东起武家山沟西塬畔,西到米家沟东塬畔,中段被城前头沟切割,长1948米。西城墙分为南北两段：南段在城前头村西,长610米。因受沟道所阻,北段筑在凉武帝村北,长280米。西墙共长890米。北城墙亦分两段：西段在城前头村北,长600米;东段在凉武帝村北,长1100米。加城前头沟宽250米,共长1950米。东城墙在武家山沟西塬畔,长880米。夯筑宫墙部分保存,最高处约5米,墙基宽约8米,城墙的西、南、北三面中部辟有城门。西城墙南段中部存城门遗迹;城墙西南角、西北角各有角楼遗迹一个。

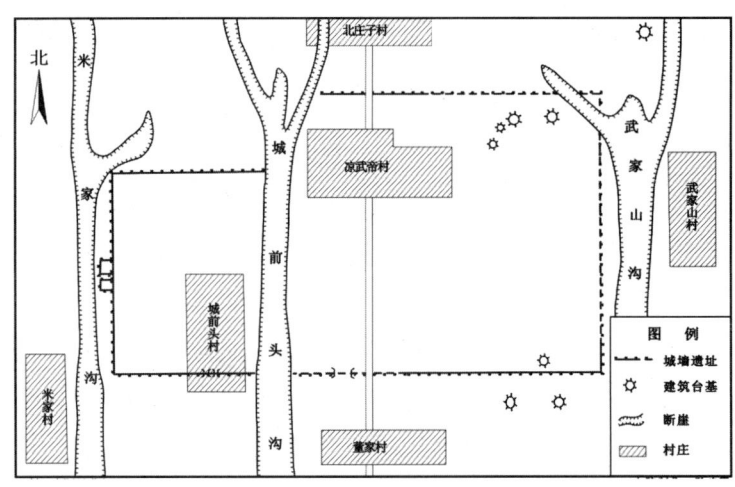

图2-15 甘泉宫遗址、遗迹示意图

（图片来源:何清谷:《三辅黄图校释》图八,北京:中华书局,第434页。孙建国制作）

城址内发现有大型夯土宫殿台基8处以及部分宫室基址、水道等遗迹。城东北的通天台遗址内,发现有圆形夯土台基两座,高15—16米。台基周围还有宫墙,柱洞,门枢石,陶水管道等遗迹。遗址的西南部发现有陶窑10余座。在遗址中心区现存有西汉的石熊、宋代的石鼓各1件。

遗址内出土有石柱础、铺地砖、空心砖、筒瓦、板瓦、瓦当以及陶器、铜器、铁器、货币等遗物。汉甘泉宫遗址于1996年被公布为第四批全国重点文物保护单位。2015年4月18日,我因教学需要带领学生去实地考察甘泉宫遗址。恰逢雨天,我们仅到达遗址南面的城前头沟,只能遥望通天台遗址。

图2-16 远眺甘泉宫通天台遗址 (2015年4月18日拍)

第五节 城西离宫——建章宫

一、建章宫之建造

汉武帝时又在汉长安城西城墙之外的上林苑中兴建了建章宫,且一度成为汉武帝的大朝正殿。检索文献,发现建章宫的建造过程较为简略,仅知建章宫的始建年代为武帝太初元年(前104)二月。《汉书》卷6《武帝纪第六》中提到"太初元年十一月乙酉柏梁台灾……二月,起建章宫",与《史记》[129]记载相同。由此可以认为建章宫始建于武帝太初元年二月。建章宫竣工时间,史籍则无明确记载,或在当年即已完成,甚或在汉武帝宣布正式改正历的当年夏五月前完成。

关于建章宫被建以及建于城西的原因有:其一,太初元年冬发生于未央宫柏梁台的火灾,在越巫勇之的鼓惑,和厌胜之术的影响下而建。其二,未央宫营造日广,经汉初至武帝时百年的建设,宫内已经没有可以修建宫殿的地方了。这里需要注意的是文献所说"以城中为小"中的"城"指的是未央宫宫城,而非长安城。其三,恰逢汉武帝大兴宫室之时,先已大修甘泉宫,随后于太初四年(前101)扩大北宫,筑造桂宫、明光宫等。新建成的建章宫不仅与未央宫之间有跨城池飞阁相连通,亦有辇道与桂宫、北宫、长乐宫等相通达。但是若想在诸宫之间转一圈,还需要住一宿才能够转完。

二、建章宫构成及相关遗址

武帝太初元年二月建造建章宫"度为千门万户。前殿度高未央。其东则凤阙,高二十余丈。其西则商中,数十里虎圈。其北治大池,渐台高二十余丈,名曰泰液,池中有蓬莱、方丈、瀛州、壶梁,象海中神山、龟、鱼之属。其南有玉堂璧门大鸟之属。立神明台、井干楼,高五十丈,辇道相属焉"。这与《史记·孝武本纪》《史记·封禅书》所记相同。《三辅黄图》卷2汉宫载:"周二十余里,千门万户,在未央宫西、长安城外。"

建章宫南部建有玉堂,壁门三层,台高三十丈,玉堂内殿十二门,阶陛皆玉为之,铸铜凤高五尺,饰黄金。《三辅黄图》:"壁门左凤阙,右神明台。神明台武帝造,祭金人处,上有承露盘,有铜仙人掌棒铜盘玉杯,承云表之露,以求仙道。"《汉宫阙疏》:"神明台高五十丈,常置九天道士百人。"又:"建章宫有函德、承华、鸣銮等三十六殿。"《三辅黄图》:"影娥池,武帝凿以玩月,其旁起望鹄台以眺月,影入池中,使宫人乘舟弄月影。"

第二章　长安诸宫城及其遗址现状

图 2-17　建章宫双凤阙遗址

(图片来源:刘庆柱、李毓芳:《汉长安城》彩版图 6,北京:文物出版社,2003 年)

建章宫北部为太液池。《史记·孝武本纪》载:"其北治大池,渐台高二十余丈,名曰太液池,中有蓬莱、方丈、瀛洲、壶梁象海中神山,龟鱼之属。"太液池是一个相当宽广的人工湖,因池中筑有三神山而著称。这种"一池三山"的布局对后世园林有深远影响,并成为创作池山的一种模式。《汉书·杨雄传》:"营建章凤阙、神明、馺娑、渐台,泰液象海水周流方丈、瀛洲、蓬莱。"《关中记》:"避风台,在太液池中,即飞燕结裾之处。"《关辅记》载建章宫另有凉风台,积木为楼。

太液池畔有石雕装饰。《三辅故事》载:"池北岸有石鱼,长二丈,广五尺,西岸有龟二枚,各长六尺。"《西京杂记》有关于太液池畔植物和禽鸟的记述:"太液池边皆是雕胡(茭白之结实者)、紫择(葭芦)、绿节(茭白)之类……其间凫雏雁子,布满充积,又多紫龟绿鳖。池边多平沙,沙上鹈鹕、鹧鸪、鹪青、鸿猊,动辄成群。"1973 年 2 月,在高、低堡子村西侧发现一件长 4.9 米、中间最大直径为 1 米的橄榄形石雕,就是当年池边的石鱼,现存于陕西历史博物馆大门前。

丝绸之路最早的东方起点:西汉长安城

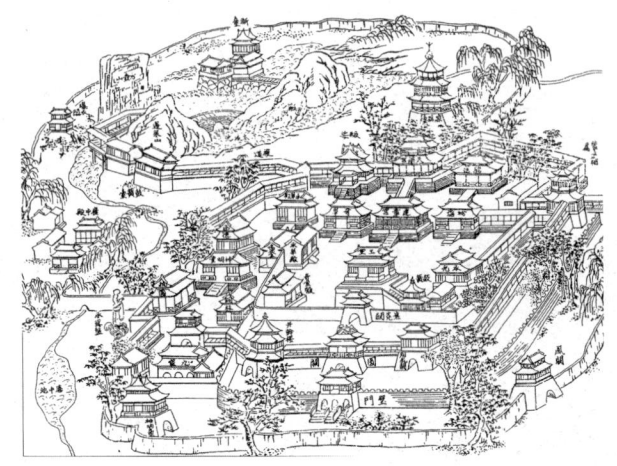

建章宫图(原载《关中胜迹图志》)

1 壁门 2 神明台 3 凤阙 4 九室 5 井幹楼 6 圆阙 7 别凤阙 8 鼓簧宫 9 碻 阙 10 玉堂 11 青宝宫 12 铜柱殿 13 疏圃殿 14 神明堂 15 鸣銮殿 16 承华宫 17 承光宫 18 椅旨殿 19 建章前殿 20 奇华殿 21 涵德殿 22 承华殿 23 駼娑宫 24 天梁宫 25 骀荡宫 26 飞阁相属 27 凉风台 28 复道 29 鼓簧台 30 蓬莱台 31 太液池 32 瀛洲山 33 渐台 34 方壶山 35 曝衣阁 36 唐中庭 37 承露盘 38 唐中池

图 2-18 建章宫图

(图片来源:毕沅:《关中胜迹图志》卷4《西安府·宫阙》)

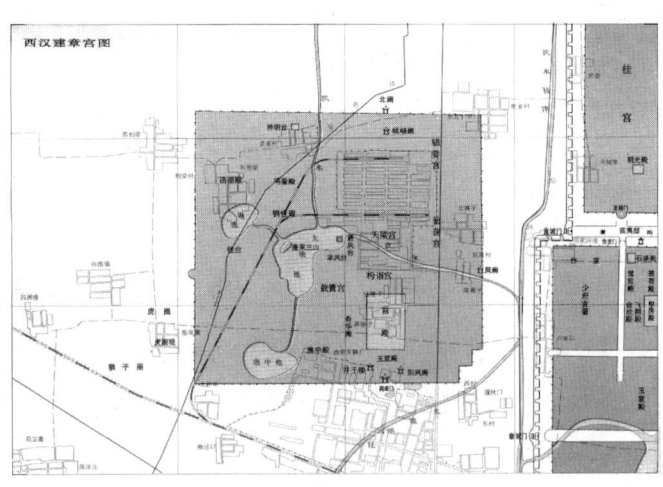

图 2-19 建章宫图

(图片来源:史念海主编:《西安历史地图集》,西安:西安地图出版社,1996年,第56页)

第二章 长安诸宫城及其遗址现状

建章宫在西汉中期(武帝时期),曾作为布政之宫来使用,多次在此视朝[130],直至昭帝元凤二年(前81)才做出"自建章宫徙未央宫"[131]的决定。正因为建章宫作为武、昭两帝的布政之宫使用,所以有学者认为城西建章宫的营造对西汉长安城的城市空间格局产生了重要影响。[132]然而,建章宫的存在时间并不太久远,至新朝地皇元年(20)兴建南郊礼制建筑时,就是用了建章宫等的建筑材料来完成的,[133]建章宫作为宫殿仅仅存在了125年的历史。

建章宫前殿遗址位于三桥镇北的高堡子、低堡子等村一带。前殿基址南北320米,东西200米。基址北高南低,北部至今高出地面10余米。建章宫东门在前殿东700米,宫门外二阙基址尚存,二阙间距53米。太液池在前殿西北450米,平面呈曲尺形,东西510米,南北450米。池东北有渐台基址,东西60米,南北40米,残高8米。太液池碧波荡漾,并起"蓬莱、方丈、瀛洲、壶梁,象海中神山龟鱼之属",是皇帝游乐的胜地。池西北还有高达50丈的神明台、井干楼,是皇帝祭祀神仙的地方。西汉末年,王莽为建造宗庙,拆毁了此宫以及附近宫室多处。

2005年12月—2006年1月为配合城市基础建设,考古部门在建章宫区域进行了考古发掘。建章宫一号建筑遗址位于西安市未央区六村堡街道办事处东柏梁村东南约250米处,地处建章宫内太液池西岸。遗址由南向北由三部分组成,即南部庭院、主体建筑与北部庭院。在遗址内还发现了不少汉代的砖、绳纹板瓦、筒瓦及文字瓦当残块,并有大量的五铢钱范残块。据推测一号建筑遗址应该是建章宫太液池的附属建筑,它是在建章宫范围内首次进行的较大规模的考古发掘,对于了解建章宫的布局以及以后在建章宫内开展更多的考古工作都有着积极的意义。[134]目前建章宫仍存有前殿、太液池、神明台、凤阙等遗址,大多遗址已经叠压在现代建筑之下。笔者十年前曾跟随朱士光、吴宏岐先生等考察过建章宫太液池遗址,当时周边居民并没有多少。2014年,我带着我的硕士生去寻找前殿遗址时看到的是一片"繁华的景象"。所以,希望相关职能部门加大力度、尽快对建章宫遗址进行发掘,摸清其范围、位置、规模、布局等,更好地做好建章宫遗址的保护工作。

第六节　宫城管理与京师卫戍

古代宫殿门阙一直有着严格的管理制度。据《周礼》"天官"所属有阍人,王宫每门四人,苑囿与宫同。掌门禁。阍人掌守王宫之中门之禁。丧服凶器不入宫、潜服贼器不入宫、奇服怪民不入宫。说明王宫禁地,对进出宫门的人、物管理是非常严格的。西汉京师治安管理分为四个层级,最内一层为护卫皇帝起居的殿阁,殿外门署由卫尉,殿内郎署属光禄勋,黄门、钩盾署属少府,防护区域划分得非常清晰。西汉初年平定诸吕事件中,有"逐产,杀之郎中府吏厕中。"[135]如淳曰:"百官表郎中令掌宫殿门户,故其府在宫中,后转为光禄勋也。"殿外门亦有四门,即所谓殿司马门,皆有阙,或即《三辅黄图》所言四阙:"苍龙、白虎、朱雀、玄武,天之四灵,以正四方,王者制宫阙殿阁取法焉。"学者多认为四阙应指未央宫外墙之阙,不确。因为诸多文献明言未央宫仅有东阙和北阙,南门、西门因为距离城墙太近没有阙,所以此处四阙应为未央宫内宫殿之外的内宫城墙上的四门阙。如哀帝驾崩之后,王太后等"禁止贤不得入出宫殿司马中"。[136]《汉官仪》注曰:"公车司马,掌殿司马门。"上文提到的白虎殿大约就应位于西门白虎门之内。未央宫内有殿门,外有宫门,为双重城墙之制。

王莽摄政之时,便以安汉公庐为摄省,府为摄殿,第为摄宫,由此可略知西汉时期的宫省制度,宫省乃是层层围墙相嵌套的建筑群。所谓"省"

"殿""宫",均应由独立围墙和围墙内核心建筑构成。[137]杨鸿年先生通过对汉代宫省制度的深入研究,建立了一种以宫省制度为基点的官制研究模式,将两汉的官吏分为省官、宫官和外官三类。进而得出汉代宫城实行的是"三层宿卫体系",即由省内的宦者,省外宫内的郎吏,宫内的卫士共同宿卫君主安全。[138]持同样观点的还有廖伯源先生。[139]

汉长安城方六十里,均由长安令管辖。令下设左、右尉以及城东、城南的广部尉和城西、城北的明部尉协助管理。外郭城门由城门校尉管理。城门校尉掌京师城门屯兵,有司马、十二城门候。[140]武帝征和二年(前91),因为戾太子持兵在外,于长安诸门开始设置屯兵(疑为车骑校尉屯兵)以守卫京城安全。[141]宣帝时,取消了车骑将军屯兵,改为卫将军,两宫卫尉、城门校尉、北军兵改由卫将军管理。[142]王莽始建国元年(9)冬,又置中城四关将军管理十二城门。[143]《三辅黄图》亦载:"汉城门皆有候,门候主候时,谨起闭也。"蔡义多年之后升为覆盎门门候。[144]这说明汉长安城城门不但有普通军士站岗的,还有司马、门候等负责候时、启闭城门。由于城门位置重要,对主管官员的能力有一定要求。《周礼·地官·司门》中:"司门掌管键,以启闭国门,几出入不物者,正其货贿,凡财物犯禁举之,以其财养死政之老与其孤,祭祀之牛牲击焉,监门养之。凡岁时之门,受其余,凡四方之宾客造焉,则以告。"这里点明了司马城门守卫的职责除了按时启闭城门之外,还要检查携带物、征税、祭祀、迎宾等。[145]据考古发现,在城门门道还发掘出给予看守人员使用的房屋,这无疑也是有力的证据。

西汉时禁卫军有南军和北军,是戍卫京师的武装力量。《汉书》卷23《刑法志第三》说:"汉兴,……踵秦而置材官于郡国,京师有南北军之屯。至武帝平百粤,内增七校,外有楼船,皆岁时讲肄修武备云。"西汉承秦遗制,实行征兵制度,分期分批在京师和地方(郡国)训练服役,在地方的称"材官",在京师的称"南北军"。汉初北军,乃发自三辅之骑士,在未央宫北,筑垒以驻,中尉属官中垒令掌领之,因而也被称为中尉卒,其职责以镇守关中——京师为主,有时出战(如伐匈奴、击东越),北军是汉朝常备军的精锐和主力。南军即由长乐、未央等卫尉统领的宫门屯兵所组成,其职责仅限于宿卫,除守卫未央宫外,还守卫长乐、建章、甘泉等宫。有事时,南北军须特命之将军始能统率之。汉武帝时,扩大北军,改北军中垒为中垒校尉。又增设屯骑、步兵、越骑、长水、胡骑、射声、虎贲等七校尉,分别驻守长安城中及附近各地,并随军出战。后中尉改称执金吾,不再统率北军,抵司御前先导和京城巡察,连同光禄勋(郎中令)所属期门、羽林之类,构成天子和京城的警卫部队。北军原驻长安城内未央宫北,垒垣为营地,置中垒校尉一人掌之。西汉的南北军经武帝太初改制,成为唐代南北衙之制的源头。[146]东汉时,省去中垒,并胡骑入长水,虎贲入射声,置北军中侯以监五营,称为北军五校。

此外,由于都城长安所在的内史、三辅所管辖区域的最高长官治所均位于都城之内,因而他们也分担了京城管理的部分职责,具体执掌见下章内容。

注　释:

[1][东汉]赵岐等撰:《三辅旧事》,张澍辑,陈晓捷注,西安:三秦出版社,2006年1月,第7页。[清]顾炎武:《历代宅京记》,于杰点校,北京:中华书局,第57页。

[2]陈直校证:《三辅黄图》,西安:陕西人民出版社,1980年,第11页;《西汉会要》引《三辅旧事》《宫殿疏》皆曰:"兴乐宫秦始皇造,汉修饰……时帝迁都长安未有宫室,先修秦旧宫室以居之也。"北京:中华书局,1955年,第648页。

[3]注者按"舆宫为兴乐宫之托伪",[汉]赵岐等撰,[清]张澍辑《三辅旧事》,陈晓杰注,西安:三秦出版社,2006年,第8页。《史记》卷10《孝文本纪第十》"至高陵休止"《正义》注引《括地志》引《三辅旧事》改"舆宫"为"兴乐宫"。

[4]《索隐》:"为官庙象天极,故曰极庙。"《天官书》曰:"中宫曰天极"是也。

[5]《汉书》卷2《惠帝纪第二》。

[6][宋]徐天麟撰:《西汉会要》,北京:中华书局,1955年,第648页。

[7]《索隐》按:《汉仪注》高祖六年,更名咸阳曰长安。《三辅旧事》:扶风渭城,

第二章　长安诸宫城及其遗址现状

本咸阳地,高帝为新城,七年属长安也。

[8]"七年冬十月,上自将击韩王信于铜鞮,斩其将。"

[9]"七年冬,上自往击破信军铜鞮,斩其将王喜。……上居晋阳,使人视冒顿,还报曰'可击'。上遂至平城。"

[10]"是时……匈奴得信,因引兵南逾句注,攻太原,至晋阳下。高帝自将兵往击之。……高帝先至平城。"

[11]"汉七年,韩王信反,高帝自往击。……遂往,至平城。"

[12]《周礼·春官·大宗伯》载:"春见曰朝,夏见曰宗,秋见曰觐,冬见曰遇,时见曰会,殷见曰同。"《孟子》曰:"诸侯朝天子曰述职,一不朝则贬其爵,二不朝则削其地,三不朝六师移之。"诸侯朝见天子需要汇报其辖区治理情况,所以"大朝会"既是一种礼仪制度,也是天子对诸侯的约束。秦至西汉武帝太初元年之前均以十月为岁首,之后改为正月,大朝会的时间也随之而改。

[13]《汉书》卷43《郦陆朱刘叔孙传第十三》:"汉七年,长乐宫成,诸侯群臣朝十月。"

[14]《资治通鉴》卷12《汉纪第四·高皇帝下》:"吕后使武士缚信,斩之长乐钟室。"

[15]《汉书》卷25下《郊祀志第五下》。

[16]刘振东、张建峰:《汉长安城长乐宫发现凌室遗址》,《考古》,2005年第9期。

[17][清]顾炎武著:《历代帝王宅京记·关中二》,于杰点校,北京:中华书局,1984年,第57页。

[18]陈直校证:《三辅黄图》,西安:陕西人民出版社,1980年,第18页。

[19]《史记》卷49《外戚世家第十九》:窦太后崩,"遗诏尽以东宫金钱财物赐长公主嫖"。

[20]2015年江西发掘的海昏侯墓主就是刘贺的墓,正是因为其曾经当皇上的身份,随葬物不仅等级高,而且数量众多。

[21]《史记》卷107卷《魏其武安侯列传第四十七》。

[22]《资治通鉴》卷31《汉纪二十三·成帝上之下》。

[23]《汉书》卷97下《外戚传第六十七下》:"(班婕妤)求共养太后长信宫,上许焉。婕妤退处东宫。"

[24]《汉书》卷99上《王莽传第六十九上》:"哀帝崩,无子,而傅太后、丁太后皆

77

丝绸之路最早的东方起点:西汉长安城

先薨,太皇太后即日驾之未央宫收取玺绶";《汉书》卷98《元后传第六十八》:"玺臧长乐宫。"

[25]《三辅旧事》《官殿疏》曰:"兴乐宫,秦始皇造,汉修饰之,周回二十里。"

[26]《汉书》卷8《宣帝纪第八》汉宣帝五凤三年(前55年):"三月辛丑,鸾凤又集长乐宫东阙中树上,飞下止地,文章五色,留十余刻,吏民并观。"

[27] 刘振东、张建锋:《西汉长乐宫遗址的发现与初步研究》,《考古》,2006年第10期。

[28] 张建锋、刘振东、王晓梅:《西安市汉长安城长乐宫四号建筑遗址》,《考古》,2006年第10期。

[29] 刘庆柱:《西右后垂帘听政证据确凿》,《新华文摘》,2004年第9期。

[30] 徐天麟:《西汉会要》卷65"未央宫条"载"高祖七年,萧何治未央宫……",北京:中华书局,1955年,第649页。

[31] 顾炎武著:《历代宅京记》载"七年,萧何治未央宫,立东阙、北阙、前殿、武库、太仓。"于杰点校,北京:中华书局,2004年,第46页。

[32]"七年,初作官长安,因龙首山以抗前殿……立太仓、武库,所以储国用、谨兵防也。宫周二十二里九十五步五尺,疏山以为台,殿不假版筑,高出长安城。其二月,上自平城至,见长安宫室壮丽……"转引自辛德勇:《薛季宣〈未央宫记〉与汉长安城未央宫》,自妹尾达彦编:《都市与环境的历史学》第4集,株式会社理想社,2009年3月10日,第299—300页。

[33] 刘庆柱:《汉长安城的宫城和市里布局形制述论》,《古代都城与帝陵考古学研究》,北京:科学出版社,2000年,第172页注2。

[34]"作记有叙事其首者,如官殿经始于某年某月,落成于某年某月之类先说在头一段,然后入'为之记曰'云云。周子充(辛按:周必大)《汉未央宫记》首云'汉高皇帝'云云、'八年丞相萧何始治未央宫'云云是也。"宋王应麟:《玉海》卷204《辞学指南》之《记》,第3723页。转引自辛德勇:《薛季宣〈未央宫记〉与汉长安城未央宫》,自妹尾达彦编:《都市与环境的历史学》第4集,株式会社理想社,2009年3月10日,第306页。

[35]"高祖八年(前199),萧何主持修建的未央宫也初具规模,东阙、北阙、前殿、武库都已建成。"赵化成、高崇文等著:《秦汉考古》,文物出版社,2002年3月,第34页。

[36] 辛德勇:《薛季宣〈未央宫记〉与汉长安城未央宫》,自妹尾达彦编:《都市与

第二章　长安诸宫城及其遗址现状

环境的历史学》第4集,株式会社理想社,2009年3月10日,第299—300页。"薛季宣的这篇《未央宫记》的具体结论,自然亦不容轻视,应该作为我们今天复原未央宫建置极为重要的基础。"第313页。

[37]《汉书》卷75《眭两夏侯京翼李传第四十五·翼奉传》。

[38]《史记》卷12《孝武本纪第十二》:"(元封七年)十一月乙酉,柏梁灾"。《汉书》卷6《武帝纪第六》:太初元年"十一月乙酉,柏梁台灾。"时间上的差异源于武帝改历,《史记》载元封七年十一月甲子朔旦冬至推演历法,夏,汉改历,以正月为岁首。而《汉书》直接记载太初元年夏五月正历,以正月为岁首。《史记》中"元封七年十一月、十二月"与《汉书》中的"太初元年十一月、十二月"相同,为公元前104年。

[39]《汉书》卷93《佞幸传第六十三·董贤》:"召贤女弟以为昭仪,位次皇后,更名其舍为椒风,以配椒房云。"

[40]《艺文类聚》卷62《居处部二·阙》引《三辅旧事》曰:"未央宫东有苍龙阙,北有玄武阙。"上海:上海古籍出版社,1982年,第1116页。《水经注》卷19《渭水》:"(未央宫)北有玄武阙,即北阙也。东有苍龙阙,阙内有阊阖,止车诸门。"杭州:浙江古籍出版社,2001年,第298页。

[41]《三辅黄图》曰:"石渠阁,萧何造;其下砻石为渠以导水,若今御沟,因为阁名。所藏入关所得秦之图籍;至于成帝,又于此藏秘书焉。"《汉书》卷54《李广苏建传第二十四》颜师古注引《汉宫殿疏》云:"麒麟阁,萧何造。"遗址现在西安市未央乡小刘寨天禄阁西北。

[42]《陕西通志》卷72引《三辅故事》云:"天禄阁在未央大殿北。天禄,异兽也。即扬雄校书处。"西汉末年,天禄阁藏书有3万卷以上。

[43]《三辅黄图》引《庙记》云:"麒麟阁,萧何造。"《汉书》:宣帝思股肱之美,乃图霍光等十一人于麒麟阁。《汉书》卷54《李广苏建传第二十四》颜师古注引《汉宫殿疏》云:"麒麟阁,萧何造。"遗址现在西安市未央乡小刘寨天禄阁西北。

[44]《汉书》卷97上《外戚传第六十七上》:"拳夫人进为婕妤,居钩弋宫。"《汉武故事》曰:"钩弋宫在直门之南。"

[45]《汉书》卷99中《王莽传第六十九中》。

[46]《汉书》卷65《东方朔传第三十五》。

[47]《汉书》卷93《佞幸传第六十三》:"禁止贤不得入出宫殿司马中。"《汉官仪》云:"公车司马,掌殿司马门。"

[48]《汉书》卷27下之上《五行志第七下之上》:"成帝绥和二年,郑通里人王

79

褒,绛衣小冠,带剑入北司马门,殿东门,上前殿,至非常室中,解帷组结佩之。"

[49]《汉书》卷82《王商史丹傅喜传第五十二》。

[50]《汉书》卷99上《王莽传第六十九上》。

[51]《汉书》卷10《成帝纪第十》:"成帝鸿嘉二年,有雉蜚集于庭,历阶升堂而雊,后集诸府,又集承明殿。"

[52]《汉书》卷64上《严朱吾丘主父徐严终王贾传第三十四上》武帝对严助说:"君厌承明之庐。"张晏注云:"承明庐在石渠阁外,直宿所止曰庐。"

[53]《汉书》卷19上《百官公卿表第七上》:"御史,员四十五人,皆六百石。其十五人衣绛,给事殿中,为侍御史,宿庐在石渠门外。"

[54]《史记》卷54《曹相国世家第二十四》、《汉书》卷90《酷吏传第六十》、《汉书》卷64上《严朱吾丘主父徐严终王贾传第三十四上》、《后汉书·卷一下光武帝纪第一》建武十九年九月壬申《后汉书·章帝纪第三》元和三年二月癸酉。

[55]《春秋繁露·止雨》:"止雨之礼,废阴起阳,书十七县八十离乡及都官吏千石以下夫妇在官者,咸遣妇,女子不得至市。"

[56]《汉书》卷77《盖诸葛刘郑孙毋将何传第四十七》。

[57]《后汉书》卷27《宣张二王杜郭吴承郑赵列传第十七》。

[58]《汉书》卷93《佞幸传第六十三》:"诏令贤妻得通引籍殿中,止贤庐,若吏妻子居官寺舍。"

[59]《史记》卷54《曹相国世家》:"相舍后园近吏舍……"《论衡·洁术》:"府廷之内,吏舍比属。"

[60] 刘敦桢:《刘敦桢文集一》,北京:中国建筑工业出版社,1982年,第137页。

[61]"古者军旅出征,依帐幕为官署,故将军所止曰幕府。"(《汉书》卷59《张汤传第二十九·张放》:"放为侍中、中郎将,监平乐屯兵,置莫府,仪比将军。"又见霍光传、傅喜传),若廷尉、内史、京兆尹、郡守所居,亦皆称府(见《汉书》兒宽传、晁错传、赵广汉传、严延年传及《后汉书·费长房传》)。县治则称寺。汉官寺自九卿至郡守,讫于县治邮亭传舍,外为听事,内置官舍,一如古前堂后寝之状,体制或有繁简,区布之法故无异矣。"刘敦桢:《刘敦桢文集一》,北京:中国建筑工业出版社,1982年,第137页。

[62] [宋]宋敏求撰,[清]毕沅校:《长安志》卷7《唐皇城》,日本早稻田大学图书馆藏,清康熙六年序,颍川陈上年依宋版重刻本。

[63]《汉书》曰:"成帝初方向学,召郑宽中,张禹,沈《尚书》《论语》于金华

第二章 长安诸宫城及其遗址现状

殿中。"

[64]《汉书》卷50《张冯汲郑传第二十》曰:"汲黯请建,见高门。"晋灼引《三辅黄图》曰:"未央宫中有高门殿也。"

[65]《史记》卷19《外戚世家第十九》

[66]《太平御览》卷185,引《汉官仪》云:"皇后称椒房,以椒涂室,主温暖除恶气也。"《西都赋》云:"后宫则有掖庭椒房后妃之室,合欢、增成、安处、常宁、茞若、椒风、披香、发越、兰林、蕙草、鸳鸾、飞翔之列。"李善注引《汉宫阁名》云:"长安有合欢殿、披香殿、鸳驾殿、飞翔殿,余亦皆殿名。"

[67]《西都赋》李善注引《汉官仪》"婕妤以下,皆居掖庭。"《西京杂记》曰:"汉掖庭有丹景台、云光殿、九华殿、鸣鸾殿、开襟阁、临池观,皆繁华窈窕之所栖宿。"

[68]《汉书》卷8《宣帝纪第八》云:"既壮,为取暴室啬夫许广汉女。"《汉官仪》云:"暴宣在掖庭内,丞一人,主官中妇人疾病者。其皇后贵人有罪,亦就此室也。"

[69]《汉官旧仪》卷下:"皇后称中宫……皇后五日一上食,食赐上左右酒肉,留宿,明日平旦归中宫。"《汉书》卷68《霍光传》亦曰"及(上官桀)父子并为将军,有椒房中宫之重"。

[70]《汉书》卷93《佞幸传第六十三》:"召贤女弟以为昭仪,位次皇后,更名其舍为椒风,以配椒房云。"

[71]《三辅黄图》卷3"未央宫":"掖庭宫,在天子左右,如肘腋。"

[72]杨鸿勋:《宫殿考古通论》:北京:紫禁城出版社,2001年,第232页。

[73]《汉书》卷99下《王莽传第六十九下》"地皇元年七月。"

[74]《西京杂记》卷1载:"未央宫……池十三,山六,池一、山一亦在后宫。"

[75]宋杰:《汉代后宫的监狱》,《中国史研究》,2007年第2期。

[76]《汉书》卷19上《百官公卿表第七上》:"少府属官有东织、西织令丞,河平元年省东织,更名西织为织室。"《汉书》卷97上《外戚传第六十七上》载:"汉王入织室,见薄姬。"

[77]《汉书》卷2《惠帝纪第二》:"四年秋七月乙亥,未央宫凌室灾。"

[78]《汉书》卷27下之上《五行志第七下之上》:"成帝建始三年十月丁未,京师相惊,言大水至。渭水虒上小女陈持弓年九岁,走入横城门,入未央宫尚方掖门,殿门门卫者莫见,至句盾禁中而觉得。"

[79]《汉书》卷97上《外戚传第六十七上》曰:"(武帝时),羽林期门郎,迁为未央厩令。"

丝绸之路最早的东方起点:西汉长安城

[80]《汉书》卷25下《郊祀志第五下》。

[81]《汉官六种》:御史、卫尉雄官中"《汉书·百官公卿表》注引《汉官仪》:卫尉雄公门内。《太平御览·职官部》引此勾下有胡广曰:"主官阙寺内卫士,于周垣下为庐舍,若今之伏宿屋矣。"

[82]《史记》卷9《吕太后本纪第九》:"吕后崩,逐产,杀之郎中府吏厕中。"《集解》如淳曰:"百官表郎中令掌官殿门户,故其府在官中,后转为光禄勋也。""少帝曰:'欲将我安之乎?'滕公曰:'出就舍',舍少府。"

[83]"未央宫以东宫门作为正门使用,可能受到了'秦制'影响。在秦的王室、皇室重要建筑中,多以东门为正门,如凤翔秦公诸陵陵园、秦东陵陵园和秦始皇陵园,其正门均为东门。"刘庆柱:《汉长安城未央宫布局形制初论》,《考古》,1995年第12期。

[84]黄展岳:《读〈汉长安城未央宫〉》,《考古》,1997年第8期。

[85]中国社会科学院考古研究所:《汉长安城未央宫(1980—1989年)考古发掘报告》,北京:中国大百科全书出版社,1996年11月。

[86]《三辅黄图》载:"桂宫,汉武帝造。"陈直校证曰:"《太平寰宇记》卷25引《庙记》云:'桂宫,汉武帝造。'《玉海》引《三辅黄图》:'桂宫,汉武帝太初四年秋起。'未见此本。"

[87]《汉书》卷10《成帝纪第十》。

[88]《汉书》卷11《哀帝纪第十一》。

[89]《汉书》卷12《平帝纪第十二》。

[90]《水经注》"渭水下":"桂宫内有走狗台。"

[91]中国社会科学院考古研究所、日本奈良国立文化财研究所中日联合考古队:《汉长安城桂宫二号建筑遗址发掘简报》,《考古》,1999年第1期;中国社会科学院考古研究所、日本奈良国立文化财研究所中日联合考古队:《汉长安城桂宫二号建筑遗址B区发掘简报》,《考古》,2000年第1期。

[92]刘庆柱、李毓芳:《汉长安城》,北京文物出版社,2003年3月,第123页。

[93]刘庆柱、李毓芳:《汉长安城》,北京文物出版社,2003年3月,第120页。

[94]中国社会科学院考古研究所、日本奈良国立文化财研究所中日联合考古队:《汉长安城桂宫三号建筑遗址发掘简报》,《考古》,2001年第1期。

[95]徐卫民:《西汉未央宫》,西安:陕西人民出版社,2008年7月,第44页。

[96]参见网址:http://kyj.cass.cn/Article/2128.html《汉长安城桂宫遗址考古新发现》。

第二章　长安诸宫城及其遗址现状

[97] 参见网址:http://www.sn.xinhuanet.com/2004－09/23/content_2922191.htm《陕西汉长安城桂宫二号遗址克隆保护成功》。

[98]《三辅黄图》"北宫":"周回十里。高帝时制度草创,孝武增修之,中有前殿,广五十步,珠帘玉户如桂宫。"。

[99]《汉书》卷6《武帝纪第六》载汉武帝元鼎元年(前116年)夏五月"又置北宫"。

[100]《汉书》卷25下《郊祀志第五下》云:"又置寿宫北宫,张羽旗、设共具以礼神君。"臣瓒注:"寿宫。奉神之宫也。"

[101]《汉书》卷27中之上《五行志第七中之上》。

[102]《汉书》卷12《平帝纪第十二》。

[103]《汉书》卷81《匡张孔马传第五十一·孔光传》。

[104] 中国社会科学院考古研究所汉城工作队:《汉长安城北宫的勘探及其南面砖瓦窑的发掘》,《考古》,1996年第10期。

[105]《史记》卷110《匈奴列传第五十》《正义》注引《括地志》云:"秦之林光宫,汉之甘泉(宫)。"

[106]《汉书》卷25下《郊祀志第五下》下唐颜师古注:"林光,秦离宫名也。汉又于其旁起甘泉宫,非一名也。"

[107] 辛德勇:《秦汉直道研究与直道遗迹的历史价值》,《中国历史地理论丛》,2006年第1辑。

[108]《元和郡县志》卷1,京兆府云阳县,第12页。

[109]《雍录》卷2"甘泉宫"条,北京:中华书局,2002年,第42—43页。

[110] 参史念海:《秦始皇直道遗迹的探索》,《陕西师大学报:哲学社会科学版》1975年第3期;何清谷校释:《三辅黄图》卷15"秦宫·林光宫"条,北京:中华书局,2005年6月,第62页。徐卫民根据《太平寰宇记》卷25引《三秦记》《初学记》下第二注引《关中记》所引"桂宫一名甘泉宫"的记载,结合桂宫遗址附近发现的数千枚秦封泥认为秦甘泉宫在渭河以南,即秦南宫,汉武帝时建桂宫。徐卫民著:《秦汉都城研究》,西安:三秦出版社,2012年1月。

[111] 王士点:《禁扁》卷甲"宫"类"秦云阳宫"条谓"林光宫一名甘泉,二世作",与通行说法不同。(上海:古书流通处,民国影印清康熙曹寅刻"栋亭十二种"第2a页。)

[112]《史记》卷6《秦始皇本纪第六》载"(秦王政)十年,相国吕不韦坐嫪毐免。

83

丝绸之路最早的东方起点:西汉长安城

……齐、赵来置酒。齐人茅焦说秦王曰:'秦方以天下为事,而大王有迁母太后之名,恐诸侯闻之,由此倍秦也。'秦王乃迎太后于雍而入咸阳。复居甘泉宫。大索,逐客。"

[113][宋]叶梦得:《石林燕语辨》,北京:中华书局,1984年5月,第14页。

[114]《史记》卷6《秦始皇本纪第六》:"三十五年,除道,道九原,抵云阳,堑山堙谷,直通之";卷15《六国年表第三》:"(始皇三十五年)为直道,道九原,通甘泉";卷110《匈奴列传第五十》:"后,秦灭六国,而始皇帝使蒙恬将十万之众北击胡,悉收河南地。因河为塞,筑四十四县城临河,徙适戍以充之。而通直道,自九原至云阳,因边山险巉谿谷可缮者治之,起临洮至辽东万余里";卷88《蒙恬列传第二十八》:"始皇欲游天下,道九原,直抵甘泉,乃使蒙恬通道,自九原抵甘泉,堙山堙谷,千八百里。道未就";卷87《李斯列传第二十七》:"(秦二世)法令诛罚日益刻深,群臣人人自危,欲畔者众。又作阿房之宫,治直道、驰道,赋敛愈重,戍徭无已。"

[115]辛德勇:《秦汉直道研究与直道遗迹的历史价值》,《中国历史地理论丛》,2006年第1辑。

[116]《长安志》引《关中记》。

[117]《史记》卷12《孝武本纪第十二》载元封二年(前109年):"甘泉则作益延寿观(益寿观),使卿持节设具而候神人,乃作通天台。"王褒《云阳宫记》:"钩弋夫人从至甘泉而卒,尸香闻十余里,葬云阳。武帝思之,起通灵台于甘泉宫。有一青鸟,集台上往来,至宣帝时乃不至。"《汉旧仪》曰:"台高三十丈。"

[118]《汉书》卷87上《扬雄传第五十七上》。《文选·西京赋》李善注引《汉书》曰:"武帝因秦林光宫,元封二年增通天、迎风、储胥、露寒。"《汉书》卷57上《司马相如传第二十七上·上林赋》,"蹶石关、历封峦、过鳷鹊、望露寒。"张揖注云:"此四观,武帝建元中作,在云阳甘泉宫外。"

[119]《汉书》卷94上《匈奴列传第六十四上》。

[120]《汉书》卷28上《地理志第八上》:"云阳,有休屠、金人及径路神祠三所"。《汉书音义》云:"匈奴祭天处,本云阳甘泉山下,秦夺其地,徙休屠右地。"《汉书·郊祀志》云:"径路神祠,祭休屠王处。"

[121]《汉书》卷25《郊祀志第五上》(元狩五年):"天子病鼎湖甚,巫医无所不致。……上召置祠之甘泉。及病,使人问神君……'天子无忧病。病少愈,强与我会甘泉。'于是上病愈,遂起,幸甘泉,病良已。

[122]《史记》卷12《孝武本纪第十二》。

84

第二章　长安诸宫城及其遗址现状

[123]《长安志》引《关中记》云："武帝常以五月避暑于此,八月乃还。"说明甘泉宫气候凉爽宜人,其他证据见之于《汉书》卷25下《郊祀志第五下》载成帝建始元年十二月"大风坏甘泉竹宫,折拔畤中树木十围以上百余"。如此众多的粗壮树木对气候的影响是显而易见的,有条件作为帝王的避暑胜地。

[124]《汉书》卷64上《严朱吾丘主父徐严终王第三十四上·吾丘寿王》："汾阴得宝鼎,武帝嘉之,荐见宗庙,藏于甘泉宫。"

[125]《汉书》卷6《武帝纪第六》载后元二年(前87)春正月"朝诸侯王于甘泉宫,赐宗室。"

[126]《史记》卷12《孝武本纪第十二》载武帝太初元年(前104)春,"以柏梁灾故,朝受计甘泉。"

[127]《汉书》卷6《武帝纪第六》载武帝太始三年(前93)正月"行幸甘泉,宴外国客";《汉书》卷8《宣帝纪第八》载宣帝黄龙元年(前49)春正月"行幸甘泉宫郊泰畤,匈奴呼邪单于来朝礼赐如初。"

[128]《三辅黄图校证》载:"汉未央、长乐、甘泉宫,四面皆有公车。建章、甘泉,各有卫尉,故亦皆设公车司马之官。"

[129]《史记》卷12《孝武本纪第十二》云:"上还,以柏梁台灾故……于是作建章宫,度为千门万户。"

[130]《汉书》卷6《武帝纪第六》:太始四年夏五月,"还奉建章宫,大置酒。""征和元年春正月,还行幸建章宫"。《汉书》卷66《公孙刘田五杨蔡陈郑传第三十六》"刘屈传":征和二年秋,"上于是从甘泉来,幸城西建章宫。"

[131]《汉书》卷7《昭帝纪第七》:元凤二年夏四月:"上自建章宫徙未央宫,大置酒。"

[132]王社教认为"建章宫位于长安城外,但实际是汉长安城的一个重要组成部分。它隔未央宫与长乐宫遥遥相对,使这条轴线东西两侧的建筑基本达到了平衡,成为汉长安城名副其实的中轴线"。《论长安城形制布局中的几个问题》,《中国历史地理论丛》,1999年第2辑。

[133]《汉书》卷99下《王莽传第六十九下》："坏彻城西苑中建章、承光、包阳、犬台、储元宫及平乐、当路、阳禄馆,凡十余所,取其材瓦,以起九庙。"

[134] http://news.hsw.cn/system/2007/08/07/005470977.shtml

[135]《史记》卷9《吕太后本纪第九》。

[136]《汉书》卷93《佞幸传第六十三·董贤》。

丝绸之路最早的东方起点：西汉长安城

[137] 曲柄睿：《汉代宫省宿卫的四重体系研究》，《古代文明》，2012年第3期。

[138] 杨鸿年：《汉魏制度丛考》，武汉：武汉大学出版社，1985年，第10—11页。

[139] 廖伯源：《西汉皇宫宿卫警备杂考》，《历史与制度：汉代政治制度试释》，香港：香港教育图书公司，1997年，第9页。

[140]《汉书》第19上《百官公卿表第七上》。

[141]《汉书》卷66《公孙刘田王杨蔡陈郑传第三十六》。

[142]《汉书》卷99中《王莽传第六十九中》。

[143]《汉书》卷六十六《公孙刘田王杨蔡陈郑传第三十六》云："数岁，迁补覆盎城门候。"

[144]《汉书》卷59《张汤传第二十九·张安世传》。

[145]《十三经注疏》卷4《周礼注疏卷第十五·司门》，中华书局影印本，1980年，第738—739页。

[146] 苏诚鉴：《西汉南北军的由来及其演变》，《安徽师范大学学报：人文社会科学版》1980年第3期。

第三章　长安城墙营建与城内建置

第一节　城墙与城门

西汉从高祖五年(前202)称帝至高祖末年,北方的匈奴与东方楚汉战争期间分封的异姓诸侯王时时威胁着新建王朝的安全与稳定,疆域内外战祸频仍,严重影响着都城长安建设。自高祖五年决定定都关中长安,至高祖七年才从临时都城栎阳迁至长安长乐宫,之后陆续修筑未央宫、北宫等,加之高祖刘邦似乎对洛阳南宫又情有独钟,又或是借鉴秦都咸阳亦无外城等因素,致使西汉长安的城墙建设任务留给了汉惠帝刘盈。

一、长安城墙修筑及其结构

（一）城墙之修筑

汉代长安城纯系创筑,是高祖去世后由惠帝刘盈完成的。古史王政重民力,故春秋城筑必书[1]。汉长安城城垣之营筑,先后经过了大约五年的时间修建完成。然而在史书中又有一些相互冲突的记载,不得不对其进行一番梳理。

首先汉长安城城墙究竟何时开始修建的呢? 之所以有此一问,其原因就在于《史记》本身互有抵牾的记载。《史记》卷9《吕太后本纪第九》载:"三年,方筑长安城。"然在《史记·汉兴以来将相名臣年表第十》不仅

丝绸之路最早的东方起点:西汉长安城

明言"汉惠帝元年,始作长安城西北方",而且又说"三年,初作长安城。"原本认为意思相近的"方筑""始作""初作"在这里着实有了特殊的指代,让人搞不懂三者之间究竟有何关系呢?

由于《史记》年表惠帝元年(前194)的记载和《汉书》相关记载一致,《汉书》卷2《惠帝纪第二》云:"(元年)春正月,城长安。"《汉书》卷28上《地理志第八上》云:"长安,高帝五年置;惠帝元年初城,六年成。"由此可以初步认为长安城始作的时间为惠帝元年春正月。那么,《史记》中三年的"方筑"和"初作"又该如何理解呢?

据帝王本传来看,长安城始筑的时间,虽然在《史记》《汉书》中有"元年""三年"之差,其实并不冲突。《史记》卷22《汉兴以来将相名臣年表第十》中既言"元年始作长安城西北方",又说"三年初作长安城",其原因在于惠帝元年所筑城墙距离长乐、未央宫较远,最初或许并不是筑墙,而是为了防御洪水泛滥——洪水对长安城的侵扰在当时时有发生的。如汉成帝建始三年(前30)十月,传言渭河发大水,城内居民大惊,渭水南岸横桥南端虒上小女陈持弓(年九岁)仓皇之间跑入横城门,继而跑入未央宫掖门之内,未央宫殿门门卫都没有看见,最后径至宫禁之内才被发觉。隋文帝弃汉长安城另建新城的主要原因之一就是因为其梦见有大水入城。此外,汉长安城西北还是普通居民的墓葬区[2],说明惠帝元年所筑之西北方,去未央、长乐二宫甚为遥远,且该处滨潏水支流,近渭水。以陈持弓由横门闯入未央宫,即致使市民误传洪水来临一事及从古代城市起源之防洪说来看,惠帝元年之工程,或与筑堤防水不无关系。此外,据《汉书》卷2《惠帝纪第二》载:"元年春正月,城长安。……三年春,发长安六百里内男女十四万六千人城长安,三十日罢。……六月,发诸侯王、列侯徒隶二万人城长安。……五年……春正月,复发长安六百里内男女十四万五千人城长安,三十日罢。……九月,长安城成。"从修筑长安城的四个时段即惠帝元年春正月、三年春、三年六月、五年春正月来看,后三次工程征发之人工数目及来源,记载较为详细;唯独首次,即惠帝元年一次,竟未提及人力一字,一笔带过,可见该次所用人力或微不足道,或如前所述,此次工程本非筑城,仅系筑堤。此后两年,方有筑城的计划,然两年前所筑之堤,不想竟成为长安城的一部分——西北部分。《资治通鉴》"惠帝元年春正月始作长安城西北方"条下注:"汉都长安,萧何虽治宫室,未暇筑城;帝始筑之,至五年乃毕,故书以始事。"

另外据《史记》卷9《吕太后本纪第九》索隐引《汉宫阙疏》曰:"四年筑东面,五年筑北面"及上文所引文献可推知长安城之兴筑顺序,系先西北方,次西南方,次南面、次东面,最后为北面,即由西北方开始,寻南行左转方向,依次兴筑,最后完成。而其修筑时间,则分别为:惠帝元年春正月始筑,仅完成西北方,已为《通鉴》所证。待三年春始循上述顺序继续筑作,以完成西南方,即除元年未完成之西面外,尚包括城南面之一部。三年六月,系由所余未筑之南面某部分开始,继续筑作,至四年初而南面亦成,此即《史记·吕太后本纪》所谓之"四年就半"。该岁首尾之间,复成东面;五年春正月将所余之北面完成,以与元年春正月所筑者连接,即《汉宫阙疏》所谓之"四年筑东面,五年筑北面",至(五年)九月"长安城成,赐民爵,户一级"。[3]

关于长安城建成的时间,《史记·吕太后本纪》及《汉书·地理志》均作六年,而《汉书·惠帝纪》《汉书·五行志》《汉宫阙疏》为五年。其实相差并不很多,谓城成于五年者,系成于五年九月,即五年之岁尾;而谓城成于六年者,系成于六年十月,即六年之岁首;且汉制,每年岁首诸侯们要来京师朝贺,借此庆祝郭城竣工,从这一点上来说,史官将城建成时间记于岁首亦无不可(现代社会中亦有一些重大活动并不拘泥于定时)。再者,其时太初历尚未出台,仍袭秦法,以十月为岁首,后人在新旧历之间换算时偶尔致误也是难免的。故史文有六年、五年之差,恐亦仅系岁首、岁尾问题而已。

对于长安城始筑及城成之时间和过程,《史记》记载过于笼统简略,而《汉书》则不但记历次之年岁,且记其时、月;不但记其人数,且记其工

丝绸之路最早的东方起点:西汉长安城

作日数,似均以确切材料为依据。此外,惠帝于元年春正月"城长安"之前,及五年九月"长安城成"之后,均有"赐民爵,户一级"的记录,这是汉惠帝在位之七年间,仅有的两次赐民户爵。前次赐爵应与其即位有关;而后一次赐爵,当与长安城建成有关,此亦为论断长安城成之确切年月增一佐证。

(二)城墙结构

对于古代社会来讲,城墙的主要作用是防御外敌,便于区分城与郊,是统治阶级维护自身统治的建筑屏障。因汉惠帝修筑城墙时长乐宫、未央宫已经建造完毕,受两大宫殿影响、西侧潏水限制以及北部的渭河河道位置等,所以汉长安城的城墙除东面稍平直以外,其他三面均凸凹曲折(见图3-1)。

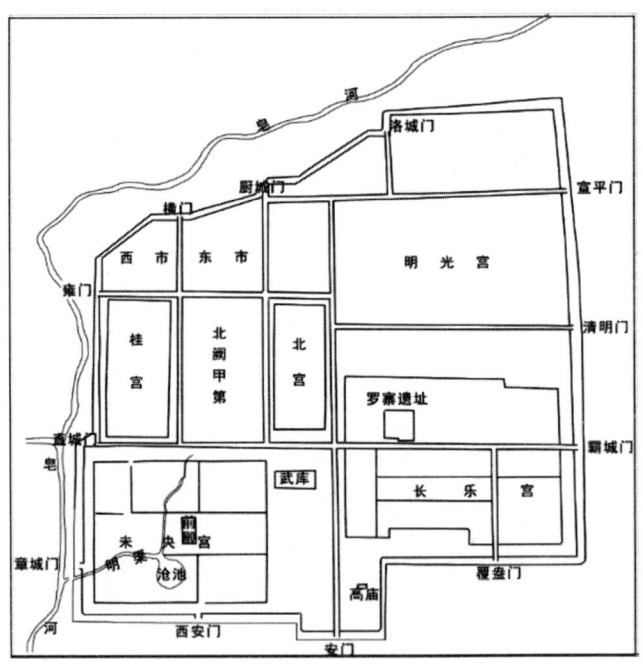

图3-1 汉长安城城门分布图

(资料来源:中国社会科学院考古研究所:《中国考古学·秦汉卷》,中国社会科学出版社,2010年,第177页,有改动。蔡祥梅绘制)

第三章 长安城墙营建与城内建置

从1957年开始,中国社会科学院考古研究所对汉长安城城墙经过两次考古勘察,最终经专业测绘人员测量的长安城墙遗址为东墙长5916.95米;北墙由10个墙段组成,长6878.39米;西墙由3个墙段组成,长4766.46米;南墙由5个墙段组成,长7453.03米,全长25014.83米。汉长安城的总面积为34392202平方米[4],是同时期罗马城的4倍。

汉长安城城墙采用的是平夯法,先在地面之下开挖口大底小的基槽,用土将基槽夯实,再在地面上两面上夹板,用土将夹板填平、夯实,一层一层向上夯筑。城墙全部都是由黄土夯筑而成,其坚固程度可比砖墙,至今地表其东南墙体尚较完整。城墙大致是下宽上窄,残存最高达8米,墙基宽16米,其上部宽度与高度相同,因已倾塌,无法准确测定。夯筑所需之土就在城墙之外就地取材,城墙落成时,墙外自然形成城壕。另据《汉书》记载:"昭帝元凤元年,燕王都蓟大风雨,拔宫中树七围以上十六枚,坏城楼。"[5]燕王之都都有城楼,汉长安城有城楼也是必然的。高大结实的城墙、角楼、城门楼和护城壕构成了汉长安城的防御体系。

汉长安城城墙的一大特点就是城墙有多处拐角,除西南、东南、东北和西北角外,在南墙、西墙,尤其是北墙曲折的地方形成多处拐角。汉长安城城墙西南角遗址位于西安市未央区三桥镇东刘村北,现存遗址是长安城保存较好的城角之一。该城角不仅承担长安城的城防重任,还兼顾未央宫的安全防御。经考古勘探,西南城角处高8.8米、南墙底、西墙底均宽10米。城角内部有一夯土台,低于顶面约3米左右,延南城墙延伸28米、西城墙20米,平面略呈三角形,这种夯土台建筑在东南城角内亦同样存在,或许是当时的城墙建制。[6]从夯土台土质、夯层厚度与城墙相互关系来看,该夯土层为后期建筑基址,其应与卫戍活动相关。出土遗物中有多种兵器,如铁铠甲片、擂石、铜墩、铜链、铜弩机栓塞等,说明防护兵器铠甲和进攻兵器弩机(骨签也是拴在弩机上的)、擂石(远距离进攻)、长柄器具(近距离进攻)等都是用于城防的主要兵器,也充分说明角楼一类建筑是用来卫戍都城的城防设施。遗物既有西汉早期的,也有西汉中晚期的,说明建筑可能始建于西汉早期,西汉晚期废弃后再也没有重建。

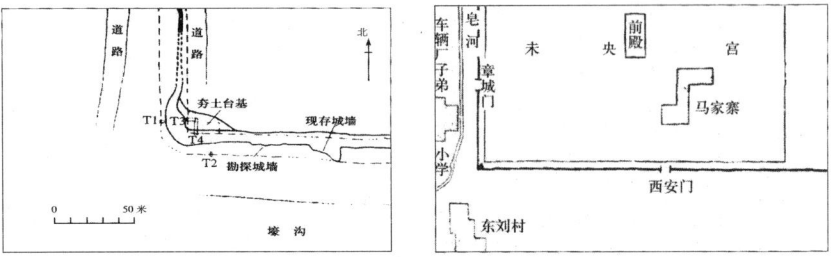

图 3-2　城墙西南角位置示意图　图 3-3　城墙西南角遗址勘探、试掘平面图
(图片来源:中国社会科学院考古研究所汉城工作队:《西安市汉长安城城墙西南角遗址的钻探与试掘》图 1、2,《考古》2006 年第 10 期)

据班固《两都赋》认为西汉长安城"呀周池而成渊"、《三辅黄图》也记载汉长安城"城下有池周绕",说明西汉长安城周边修有护城河,其中东、北、西墙外为自然水道,南城墙东段至东城墙青门(霸城门)以南大概借用了漕渠。这一建制在长安城西南城角的考古发掘中得到了证实,南城墙外壕沟北缘距离城墙南缘 25—30 米,壕沟宽 40—50 米,并推测壕沟最深约 2.3 米(废弃时)—3.2 米(使用时)。

二、城门设置及其形制

(一)城门概况

汉长安城全城共有十二座城门,每面城墙有三座城门,这一特征被认为是都城按照《周礼·考工记》建设的依据之一。长安城东墙自北向南为宣平门、清明门、霸城门,南面墙自东向西为覆盎门[7]、安门、西安门,西墙自南向北为章城门、直城门、雍门,北墙自西向东为横门、厨城门、洛城门[8],各城门在都城中的位置如图 3-1 所示。每座城门有三个门道,每个门道实际宽度都是 8 米,恰好可容四个车轨同行。与张衡《西京赋》所述"方轨十二""三涂洞开"等相吻合。城门上原有木构门楼,西汉末年被焚毁。

1957年以来，中国科学院考古研究所先后对霸城门、西安门、直城门和宣平门进行了发掘，1987年又试掘了横门，2008年发掘直城门。发掘报告表明，长安城城门是在王莽末年农民起义中被战火焚毁的，有些城门废置不用，有的经过修建，仍被后世沿用，如宣平门。城门主要由墩台、门道、城楼、门阙等组成。城门墩台，位于城门凸出墙体两侧。城门门道，即门洞，门道两侧沿夯土墩边密排石础，础上有木柱，形成了所谓的"木过梁"的结构。城楼建立在城台之上，矗立在城门门洞的正中央[9]。城楼主要是标志着城门的位置，观测城内外。[10]门阙是置于古代宫殿、官府、祠庙、陵墓两旁的塔楼式建筑，是建筑出入口的标志[11]，仅于宣平门和霸城门遗址中发现有门阙痕迹，有学者因此坚持认为汉长安城是朝东的。另外长乐宫有东西阙，未央宫有东、北阙；未央宫前殿和椒房殿门外亦有阙门。

（二）城门形制

汉长安城城门形制有以下几个特点：

第一，汉长安城每面各三座城门，每个城门各有三个门道，每个门道实际宽度都是8米，恰好相当于当时4车轨的距离[12]，与各种文献记载的城门数量、门道宽度均相一致[13]，城门上原有木构门楼毁于西汉末年的战火。长安城门建置是符合礼制规定的。

第二，汉长安城城门门道与门道相隔的距离有两种形式：一种，门道间隔为4米，如宣平门、直城门。另一种，门道间隔为14米左右，如西安门、霸城门。依据所发掘的这些城门与宫殿的位置关系来看，因为霸城门与西安门分别与长乐宫和未央宫相对，所以城门会显得更为雄伟壮观，这对后期都城正门建制有一定影响。隋唐长安城外郭南门明德门，大明宫丹凤门等五门道、十一开间的建筑规模或可溯源于此，显示了其在都城城门中的重要位置以及都城的象征意义。

丝绸之路最早的东方起点:西汉长安城

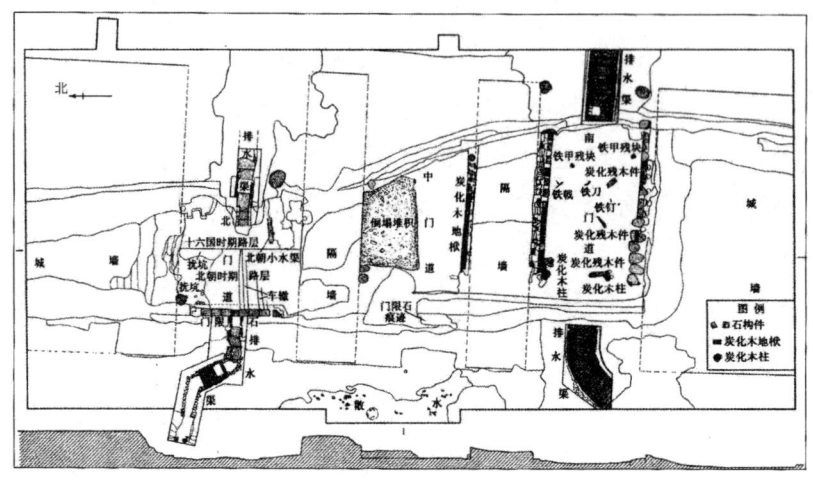

图3-4　直城门遗址平、剖面图

(图片来源:中国社会科学院考古研究所汉长安城工作队:《西安汉长安城直城门遗址2008年发掘简报》图5,《考古》2009年第5期,第51页)

第三,城门门道与城内大街相对应,城内街道通过城门各分为三条道路,并列而行,与班固《西都赋》所载"披三条之广路,立十二之通门"的街道建制吻合。汉长安城城内的街道虽长度不一样,但是宽度却大致相同的,大约45米左右。据文献记载,中间的一条道路称为"驰道",专供皇帝行走,两侧的道路是一般吏民所用[14],通常为左出右入。在直城门的发掘中,发现"中门道地面保存较好,为抹泥平面,基本看不出使用的痕迹。而其南北两侧门道地面表面却凹凸不平,车痕印记相互叠压较为明显"[15]。

第四,城门附近建有房屋。在已发掘的四个城门中,除了宣平门之外,其余三个城门遗址处在门道或门道间隔处筑有房屋。这些房屋都用白灰涂墙,巨石立柱,数量还不止一二间。据推测,这些大概是当时看守城门的门候和其他守门人员的住所。[16]

汉长安城的城门建筑形制,是受到了皇权至上的封建等级制度影响而成的。如城门门道数量,城门等级等。这种思想意识,在汉代建筑中得到了充分反映,并被后世建筑所吸取。

三、八街九陌

汉长安城城内的大街都与城门相通,相互交叉,《三辅决录》载:"长安城,面三门,四面十二门,皆通达九逵,以相经纬,衢路平正,可并列车轨。十二门三涂洞辟,隐以金椎,周以林木。左右出入,为往来之径,行者升降,有上下之别。"据此,汉长安城内至少应该有12条大街。《三辅旧事》载:"长安城中,八街九陌。"且由此推测,此处的"八街"极有可能是连通12座城门的8条大街,即宣平门大街、清明门大街、安门大街、霸城门至直城门大街、雍门大街、横门大街、厨城门大街、洛城门大街。其中最长的安门大街长5500米,其余多在3000米左右。经过发掘的宣平门、霸城门、西安门、直城门等均为三个门道。除覆盎门、西安门、章城门外,城门均与城内大街相连,大街一般宽约45米,路面以水沟间隔分成三股,中间的御道宽20米,专供皇帝通行,称为"驰道",两侧的边道各宽12米,供官吏和平民行走,左出右入。而长乐宫南面的覆盎门大街、未央宫南面的西安门大街和西面的章城门大街均50米长,视为短街,或为环涂。

据《长安志》卷5记载:长安城中的8条大街,分别是华阳街、香室街、章台街、夕阴街、尚冠街、太常街、藁街和前街。李遇春先生根据历史记载,推测横门大街可能是华阳街,安门大街可能是章台街,直城门大街可能是藁街,清明门大街可能是香室街,宣平门大街可能是夕阴街,洛城门大街可能是尚冠街,厨城门大街可能是城门街,雍门大街可能是太常街。[17]王社教教授关于横门大街、直城门大街、清明门大街的观点与李先生相同,但他认为章台街和城门街是一条街即安门大街,雍门大街可能为夕阴街,尚冠街可能是指未央宫东门连接安门大街的那一条街道,太常街指长乐宫与南城墙之间的夹街。[18]刘庆柱先生的观点与以上两位先生的观点多有不同,其中关于清明门或为香室街的认识一致,而尚冠街、太常街的观点则与王先生相近。刘先生认为藁街可能是直城门大街或雍门大街,安门大街为"衣冠道"(城门街),章台街或为未央宫内大街,尚冠街应系进入未央宫的东西向街道,夕阴街为尚冠街之南的东西向街道,太常街是高庙北、长乐宫之南的东西向街道。[19]

　　在系统梳理各文献的基础上,对城内街道的认识,笔者多赞同刘庆柱先生的观点。在这里对未央宫与长乐宫(安门大街)之间的区域提出一点个人见解,供大家批评指正。众所周知,武库所在位置即秦樗里子墓所在地,武库南东西向街为衣冠道街,其南为高庙、高寝,高庙南东西向街道为尚冠后街,街南为尚冠里,丞相府、中尉府(后京兆府)在尚冠里;其南为尚冠街,未央宫东阙门对应的街道;街南为主爵都尉府(后右扶风府)所在地,其南为夕阴街。这里需要强调的是高庙的位置与前人观点不同,后文有考证。

　　关于"九陌",古文献没有明确解释,目前说法纷纭,莫衷一是。许慎在其《说文解字》中指出:"路东西为陌,南北为阡。"即汉长安城内东西街道称"陌",南北街道称"街"。有人认为"八街"指长安城内的主要街道,而"九陌"则指城内的次要街道。然而两种认识都难以指认八条街的名称和方位。哀帝建平四年(前3)夏,"京师郡国民聚会里巷阡陌,设张博具,歌舞祠西王母"[20],这里的"里巷阡陌"应与"八街九陌"有关。也有人认为"九陌"是汉长安城通往城郊区的九条大道,即上述八个城门通向郊外的大道,加上章城门外通向便门桥的大道,共九条。然对应《三辅旧事》记载,个人认为不论是哪九条街都应该在长安城城内。

四、城墙与城门遗址现状

　　汉长安城遗址是我国迄今规模最大、保存最为完整、遗迹最为丰富、文化含量最高的都城遗址之一,1961年被国务院列为第一批重点文物保护单位,在重点遗址处均立有文物保护碑。就保存下来的城墙遗迹而言,西汉长安城南墙、东墙南段保存较为完好,北墙断断续续隐藏于村中,西墙多被平整。城门当中霸城门、覆盎门、西安门等处附近城墙较为完整。据现有考古成果和笔者多次对汉长安城遗址考察制成表3-1。

第三章 长安城墙营建与城内建置

图 3-5 汉长安城北城墙(上)、东城墙遗址(下)

(图片来源:西安市文物局等编著:《汉长安城遗址保护》彩版图一、二,北京:文物出版社,2012年)

长安城东南墙角现已被汉城湖景区围绕,进汉城湖公园,大风阁的西北方向就是城墙东南角遗址。此处城角也是汉城城角中最漂亮的一处。遗址前水域汉城湖,之前名为团结水库,是汉代槽渠的一部分。城角内发现有与西南城角一样,略低于城角的夯土台,其作用应与西南城角内的夯土台一致。

97

丝绸之路最早的东方起点:西汉长安城

表 3-1　城墙、城门外道路、城壕遗迹保存现状一览表

遗迹类型	遗迹名称	保存现状	保护措施	遗迹类型	遗迹名称	保存现状	保护措施
城墙	城墙东北角至宣平门段	破坏严重	无	城内外道路	宣平门内东西向大街	破坏严重	无
城墙	宣平门至清明门段	较好	无	城内外道路	清明门内东西向大街	破坏严重	无
城墙	清明门至霸城门段	较差	无	城内外道路	安门内南北向大街	破坏严重	无
城墙	霸城门至城墙东南角	较好	无	城内外道路	直城门内东西向大街	较差	无
城墙	城墙东南角至覆盎门	较好	无	城内外道路	雍门内东西向大街	较好	无
城墙	覆盎门至安门段	较差	无	城内外道路	横门内南北向大街	破坏严重	无
城墙	安门至西安门段	较好	无	城内外道路	厨城门内南北向大街	破坏严重	无
城墙	西安门至西南城角	较好	无	城内外道路	洛城门内南北向大街	破坏严重	无
城墙	城墙西南角至章城门	较差	无	城内外道路	西安门外南北向大街	较差	无
城墙	章城门至直城门段	较差	无	城内外道路	环涂	较差	无
城墙	直城门至雍门段	破坏严重	无	城壕	东城墙外城壕	破坏严重	无
城墙	雍门至城墙西北角段	破坏严重	无	城壕	南城墙外城壕	较差	无
城墙	城墙西北角至横门段	破坏严重	无	城壕	西城墙外城壕	较好	无

第三章　长安城墙营建与城内建置

续表

遗迹类型	遗迹名称	保存现状	保护措施	遗迹类型	遗迹名称	保存现状	保护措施
城墙	横门至厨城门段	破坏严重	无	城壕	北城墙外城壕	较好	无
	厨城门至洛城门段	破坏严重	无				
	洛城门至城墙东北角	较好	无				
	西南角楼	较好	无				
	东南角楼	较好	无				
	东北角楼	较差	围栏				
	西北角楼	较差	围栏				

（资料来源：西安市文物局等编著：《汉长安城遗址保护》，北京：文物出版社，2012年1月，据第28—29页整理。）

宣平门遗址。《三辅黄图》有"长安城东出北头第一门曰宣平门,民间所谓东都门……东都门至外郭亭十三里"的记载。外郭亭即为宣平门东13里的轵道亭,即是秦王子婴"素车白马,系颈以组,封皇帝玺符节,降轵道旁"[21]降刘邦之处。轵道亭向东不远就是灞桥了,《汉宫殿疏》云："轵道亭东去霸城观四里,观东去霸水百步。"因此,这里也是西汉时长安人送客东去的话别之地。宣平门遗址位于西安市未央区汉城乡青门口村,北距汉长安城东北城角约1150米。宣平门三个门道依然保存,门道宽各8米,门道之间的间隔4米稍强,和直城门相同。在高出地面的断崖上隐约可以察见城门的遗迹,保存情况良好。

宣平门毁于西汉末年赤眉军的烈火中,东汉时期宣平门得以第一次修缮,修缮后门洞变窄,仅为6.5米左右。在发掘现场出土了大量印记砖,印文有"石安宋利""石安曹平"等,砖上所指"石安"为后赵时期石勒在咸阳设立的石安县,这就说明宣平门在后赵时期也得到一次修缮。宣

丝绸之路最早的东方起点：西汉长安城

平门废弃的时间分为两个阶段：中间门洞封闭的时间应该在北周至隋期间；南北两侧门洞的封闭时间，应在隋唐设立禁苑时期，随着禁苑的设立，整个汉长安城成为了苑中园，宣平门因距太极宫较远，故被整个封闭。宣平门南北两边的城墙外侧均有外凸的夯土台，目前仅存南边的夯台。宣平门外有敦煌寺塔，塔建于清顺治年间，随同汉长安城一起被列入全国第一批文物保护单位名录。

　　霸城门遗址位于今西安市未央区未央宫乡范北村，是东墙南头的一个城门，南距城墙东南角1410米，北距清明门1530米，西对长乐宫东宫门。已发现的门道是霸城门南侧的一个门道，宽8米，门间隔14米，中央和北侧门道已遭破坏。种种迹象表明霸城门形制与西安门相一致。霸城门遗址南侧城墙与门洞之间没有破坏，高度也在5米上下。北侧城墙与门洞之间有近10米城墙被破坏，但城墙的高度较南侧更为高大，高度达6、7米。门阙基址照片（图3-6）中城墙外凸部分就是同宣平门类似的夯土台，只是此处夯土台同城墙相连，加之突出部分较小，很容易被人当成城墙的一部分。

1. 霸城门保护碑（由里向外看城墙遗迹）　　2. 霸城门北侧城墙（由外向里看）

3. 霸城门门道遗迹（由北向南）　　4. 霸城门门阙基址

图3-6　霸城门遗址　（2014年9月29日拍）

站在北侧城墙上看霸城门遗址,能清楚看到南侧城墙的外凸夯土台。在霸城门南门道出土了大量带有西汉或新莽年号的筒瓦、板瓦及新莽时期"大泉五十""小泉直一""货泉"等钱币,这说明霸城门(至少是南门道)在汉末被焚毁后就没有再使用过。

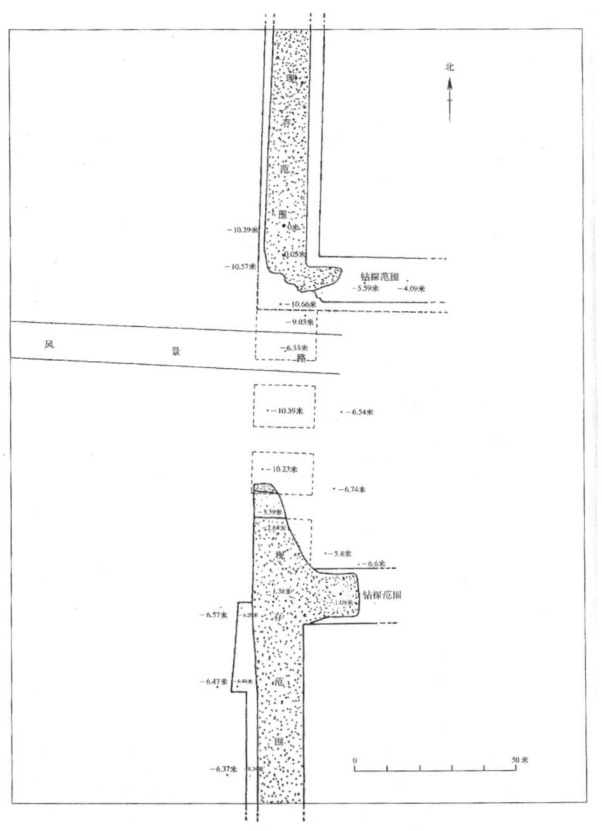

图 3-7 霸城门遗址平面图

(资料来源:西安市文物局等编著:《汉长安城遗址保护》图114,北京:文物出版社,2012年,第136页)

西安门遗址位于今西安市未央区未央宫乡西马寨西南。南墙西门,王莽改其为信平门。西距西南城角1475米,东距安门约1830米。城门基址范围东西52米,南北15米,三个门道各宽8米,门道隔墙各宽14

丝绸之路最早的东方起点:西汉长安城

米,现存高度7米。

　　西安门北对未央宫南宫门,二者相距仅55米。1957年考古部门发掘勘查时,首先发现中间门道,接着是东门道,最后发现西侧那条土路就是西门道。西安门西门道在东汉和魏晋北朝时就塌毁废弃,只留中间和东侧的两个门道继续使用。到唐朝时和宣平门一样,三个门道皆被夯死封闭。

图3-8　西安门东门道下排水涵洞遗址

(图片来源:西安市文物局等编著:《汉长安城遗址保护》彩版图三,北京:文物出版社,2012年)

图3-9　西安门东门道遗址

(图片来源:西安市文物局等编著:《汉长安城遗址保护》彩版图四,北京:文物出版社,2012年)

第三章 长安城墙营建与城内建置

图3-10 西安门遗址保护方案效果图

(图片来源:西安市文物局等编著:《汉长安城遗址保护》图135,北京:文物出版社,2012年,第156页)

直城门遗址位于今西安市未央区未央宫乡周家河湾村北,有简易房保护。直城门亦名直门,西墙中门遗址。门内通东西向大街——藁(槁)街,街北桂宫、街南未央宫、门外建章宫,是一处连接西汉各宫室的重要门址。王莽时改名为直道门。城门南距西南城角2145米,距章城门1730米,北距雍门1970米。直城门为汉长安城保存最为完整的城门遗址,三个门道和隔墙清晰可见。直城门宽32米左右、进深20米,共有三个门道,相邻门道之间筑有4米左右宽的夯土隔墙。每个门道宽约8米左右,其东西两侧夯土壁外埋置一排花岗岩石块作础石,平整的础石面上东西向放置方木作为地栿,方木地栿上立排叉柱。中间门道内方木及排叉柱尚存已碳化的一部分。中门道和北门道西部有一排约70厘米方形的门限石,当为安置城门之用。这种形制和构筑的方法,与已发现的汉画像上所见的城门一致。

103

丝绸之路最早的东方起点：西汉长安城

图3-11 直城门遗址

（图片来源：中国社会科学院考古研究所汉长安城工作队：《西安汉长安城直城门遗址2008年发掘简报》图版11，《考古》2009年第5期）

直城门被焚毁于西汉末年，南侧和中间门道直到1957年发掘时还壅塞着当年焚烧后遗留的灰烬、碎砖断瓦和烧崩溃的夯土，说明这两个门道从西汉末年被焚毁后就没有再使用过。北侧门道则不同，在门道中清理出同宣平门一样带有"石安XX"的戳印砖，说明此门道在后赵时期有过修缮，同时又出土了带有北周至隋代特征的素面抹光板瓦片，说明在这个时期直城门有过再一次的修缮。北门道下还发现有排水渠，现存19.73米，东口内宽0.65米、内高0.78米，西口内宽1米、内高0.78米。唐时三个门道全部被夯实封闭。2008年在直城门遗址发现不同时期的道路10条，路沟4条，灰坑12个及墓葬1座；出土遗物有大量的汉代砖瓦、陶器残片、战国半两、汉代半两、汉代五铢钱陶范及五铢钱，汉代以后各代瓷片等[22]。

在直城门遗址的北部还残存一段城墙遗迹，底宽8—9米、顶宽2.5—7.5米、高1.7米、长60多米。长安城西城墙南段在直城门西193米处向东拐弯到直城门遗址处再行北拐，故直城门遗址南部城墙应是东西走向的，只是今日地面上已无存了。

第三章　长安城墙营建与城内建置

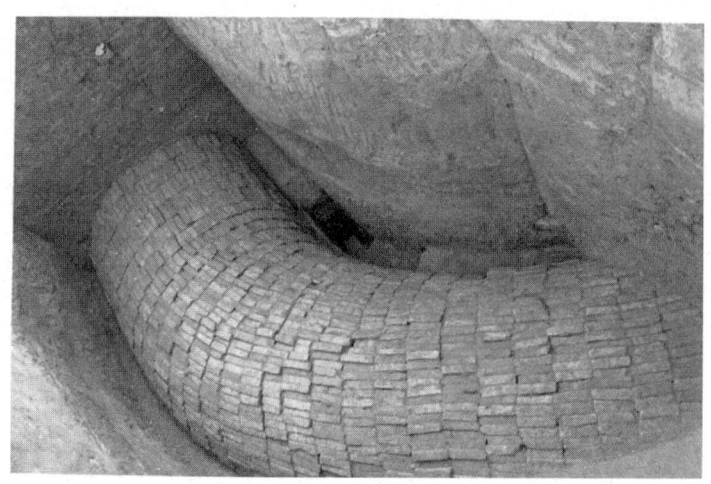

图 3-12　直城门下排水涵道遗址

（图片来源：西安市文物局等编著：《汉长安城遗址保护》彩版图七，北京：文物出版社，2012年）

图 3-13　直城门大街车辙遗迹

（图片来源：西安市文物局等编著：《汉长安城遗址保护》彩版图八，北京：文物出版社，2012年）

105

丝绸之路最早的东方起点：西汉长安城

横门遗址位于今西安市未央区六村堡乡相家巷村和相小堡村之间，沿邓六路北行，过丰产路约200米。横门西南距城西北角1310米，东距厨城门1190米。横门内有东西二市，故横门应是长安城十二个门中最繁华的一门，是汉长安工商业重心所在。《乐府·琅琊王歌辞》记载的"长安十二门，光门最妍雅。渭水从陇来，浮游渭桥下"即指此门。王莽时改名为朔都门，《长安志》又称为武朔门。横音光，故此门又称光门，亦称突门。《水经注·渭水》载："北出西头第一门，本名横门……其外郭有都门、有棘门"《汉书》卷4《文帝纪第四》载："(后元)六年冬，匈奴三万骑入上郡，三万骑入云中……祝兹侯徐历为将军次棘门，以备胡。"孟康曰："棘门在长安北，秦时宫门也。"如淳曰："《三辅黄图》棘门在"横门外也。

根据霸城门、西安门、直城门和宣平门的发掘，首先可以说明汉长安城的各个城门表现在门道与门道的间隔上有两种不同的形制，可能也只有两种不同的形制。一种如西安门和霸城门，门道之间相隔14米左右，一种如直城门和宣平门，门道之间间隔约4米。门道与门道的间隔愈大，整个城门也就愈显得雄伟。这可能是由于霸城门和西安门各对着长乐宫和未央宫的缘故。其次可以明确地知道长安城的多数城门是在王莽末年或稍后的战争中被焚毁的。在此后的东汉、魏晋、五胡十六国和北朝期间，有的城门已被废弃不用，有的城门仅部分地被利用。但是，也有如宣平门、直城门那样，由于位置重要、交通便捷、出入频繁，焚毁之后，不止一次地经过修复和重建，一直作为一座完整的城门被沿用，直到整个长安城因迁移而废弃为止。宣平门、直城门的历史和汉代以来的长安城相始终。

随着封建社会逐渐走向衰败，社会经济和人口等多方面影响，城门和城墙对城市的阻碍作用越来越为明显。所以人们为了加强对外的交流，不得不采取一些措施，如拓宽城门，增加门洞数量，等等。但是作为历史见证者之一的城门城墙，不应被拆除，应受到保护利用。近年来，人类对文化遗产保护的意识在不断提高，相应的保护机制也相继出台。在此，希望在追求城市经济迅速发展的同时，能够重视城市历史文化景观的保护。

第二节 官署与居住空间

汉长安城主要由皇家宫室及其附属设施构成，突出表现了都城为帝王、贵族、官僚服务的性质，反映了中国早期都城的特点。由于城的南半部基本上被宫殿所占有，一般居民只能住在城的北半部或城门附近，只有少数权贵才能在未央宫北阙附近居住，故有"北阙甲第"的称谓。宣平门附近亦有不少权贵之家，故有"宣平之贵里"之称。城内诸宫城、甲第之外，尚有官署机构杂处其间。

一、官署机构

《类编长安志》卷8引《图经》载，西汉时期"长安有九府：丞相府、御史大夫府、鸿胪府、少府、司隶府、中尉府、京兆府、左冯翊府、右扶风府"。这一认识显然是没有注意到西汉200年间官署内涵与外延的发展变化，这里仅选取部分职官府署进行分析，以促进对汉长安城空间变化的研究。

（一）丞相府、御史大夫寺

西汉时期皇帝之下最主要的官吏有三个：丞相、御史大夫、太尉，称为三公，秩皆万石，[23]惟史籍仅称两府[24]。吕太后时置太尉官，绛侯勃为太尉。[25]史书较少言及太尉府的原因是其在汉初时置时废以及成帝绥和后始有官署。[26]御史府又称宪台[27]，在未央宫司马门内[28]，不鼓，无塾，门署用梓板，不起郭邑，与丞相府设施相同。[29]自武帝元狩年间起，太尉改为大司马，其后成帝时改御史大夫为大司空，哀帝时改丞相为大司徒。[30]三公之制完备。东汉光武中兴，仍保留司徒、司空、司马的称谓，号称三府。三府衙署都设有大殿，但唯独司徒府建有百官朝会殿，因为司徒是前汉之丞相，遵从旧制而来。

汉初天子之相，号为丞相，黄金之印，秩加两千石之上。秦及西汉初

丝绸之路最早的东方起点：西汉长安城

年天子不亲政，以丞相佐理万机，无所不统，故其位最尊，体制最隆。丞相谒见天子，御座为起，在舆为下。[31]其下九卿新任官职等需首先拜谒两府。文献记载翟方进刚刚被任命为司隶校尉就需跟在司直之后"谒两府……与司直并迎丞相、御史"。但若不去拜会两府，或者礼仪不合乎规定会受到其他官员的弹劾。涓勋为司隶校尉时因为"不肯谒丞相、御史大夫，后朝会相见，礼节又倨"而遭到翟方进的弹劾，降职为昌陵令。如若丞相生病了，天子亲自到丞相府慰问[32]；如果丞相去世了，天子亲临丞相宅第吊唁，并赐以棺材、敛具，赠钱、葬地；下葬时，公卿以下都要去送葬。

丞相具体负责哪些事务呢？主要负责阴阳调和、辅佐天子管好全国大事。丞相不管具体事务，体现了战国以来阴阳家的天人感应思想。正因为不管小事，丞相也往往因为阴阳不合、灾异、饥馑、盗贼盛行等重大事故而引咎自处。[33]从理论上说，这种思想可以说支配了后来两千年的宰相制度。[34]高后时有左右两丞相，其中左丞相就"不治事，令监宫中，如郎中令"。[35]

西汉丞相府的位置史籍中没有明确记载，宋杰先生认为在未央宫东阙门之外，其依据是：首先，东汉前期司徒府位置应与西汉丞相府位置有一定的连续性。东汉洛阳三公的官署相邻，南北依次排列；东汉司徒（西汉丞相）府在不同时期的地址有所改变，东汉初年在南宫东阙之外[36]，明帝永平二年（59）至永平八年（65）间迁至南宫南门之外、明帝永平十五年（72）迁于开阳门内。其次，汉代帝陵的陪葬制度也可以作为相府位于未央宫东边的旁证。[37]笔者对以东汉三公府的位置来推断西汉丞相府位置的做法留有疑问。不过，从丞相执掌及其与帝王之间的关系来看，丞相府不应距离未央宫太远，很有可能就在未央宫之东，且应与未央宫同时营筑。

丞相府中设有百官朝会殿，供朝廷举办各种形式的"集议"以及"上计"举谣言和习肄礼仪等大型活动，是周代外朝的遗存。相府采用"四出门"建制,与皇家宫室、宗庙、陵园的布局形制相类;其内以府门、中门、阁及所属垣墙分为三个区域,府门有阙、署,无塾、阑,不设钟铃、建鼓,东西门各有长史驻守,中门内为相舍,设有正堂、庭、后园与诸曹吏舍,黄阁之内为丞相燕居听事之地。这种布局与汉代宫室结构相同,即前堂后寝之制。(周代)天子诸侯皆有三朝,曰外朝,曰治朝,曰燕朝,诸侯之宫门有三重,曰库门,即外门;曰雉门,即中门;曰路门,即寝门。外朝在库门之内,断狱决讼及询非常之处,君不常视;治朝在雉门之内,或谓之正朝,君臣日见之朝。古者视朝之仪,臣先君入,君出路门立于宁,遍揖群臣,则朝礼毕,于是退释路寝听政,诸臣至官府治事处治文书。王朝有九室,诸侯之朝左右亦当有室。燕朝又称内朝,如议论政事,君有命,臣有进言皆于内朝。雉门之外右有周社,左有亳社。间于两社,外朝正当其地,其实亦总治朝内朝言之。治朝不但有君臣日见之朝,诸臣治官书亦在此处。[38]

御史大夫,掌副丞相,有两丞。一曰中丞,在殿中兰台,掌图籍秘书,外督部刺史,内领侍御史员十五人,受公卿奏事,举劾按章。成帝绥和元年(前8)更名为大司空,禄比丞相,置长史如中丞,官职如故。哀帝建平二年(前5)复为御史大夫,元寿二年(前1)复为大司空,御史中丞更名御史长史。侍御史有绣衣直指,出讨奸猾,治大狱,武帝所制,不常置。

御史大夫寺在司马门内,门无塾,《初学记·职官部》引作"门无扁题"。《汉旧仪》载:"署用梓板,不起郭邑,题曰御史大夫寺。"有学者认为西汉后期御史大夫寺部分职员迁出了未央宫,且改为御史府。随着西汉政权百余年来律令建设的积累,以及统治思想的变化,御史及御史大夫制定律令的任务逐渐弱化。御史府的外迁是其外朝官化的起点,这进一步使之成为丞相的辅佐,参与日常事务的处理,留在宫中的中丞与侍御史则转为以监察为主。御史府迁出时间约在昭帝元凤元年(前80),迁出后的御史府位于丞相府中。[39]

从秦朝及汉初的官职设置情况来看,宫内留下的少府、太仆、卫尉、郎中令等,多是和皇帝私人生活联系密切的机构,九卿的许多部门则被移至宫外,如宗正、太常、典客、廷尉、中尉、大司农、将作等。[40]原来设在外朝的朝会议政及典礼活动也有一部分转移到宫外举办,秦及西汉由丞相主持的各种朝议还有"上计"等活动往往是在相府施行,天子甚至有时会屈尊俯就,政治领域中"朝会"制度的变化也表现在秦及汉初的宫室建筑布局上。秦及西汉的宫室建筑形制与周代不同:汉诸宫皆有前殿,而没有《礼记》所谓的外朝、治朝、燕朝的制度。结合汉代未央前殿仅供元会大朝及婚丧、即位、诸大典之用的特点,各种庶政皆委诸于丞相,是以丞相府为外朝,又以大司马、左右前后将军、侍中、常侍、散骑诸吏为内朝,亦曰中朝。丞相府中的百官朝会殿是从周代的"外朝"设施发展与转移而来,这一情况可以说明西汉丞相府设置于皇宫东门即正门之外的历史渊源。[41]

(二)郡国邸、蛮夷邸

根据西汉律令,西汉时诸侯国在京师起邸,[42]作为朝觐的住宿之地。西汉200年间同时共存的诸侯国数量变化并不大,根据笔者统计,从西汉初年(汉高祖去世时的公元前195年)的10个诸侯国,到西汉末年(汉成帝去世时的公元前7年)的19个诸侯国,期间诸侯国数量最多的时候西汉景帝中元六年(前144)梁孝王死后,梁一分为五,诸侯国总数达到25个。假如每个诸侯国均在国都建有国邸,西汉长安城内前后应该有20个左右的国邸,如见于文献记载的:代王邸、齐王邸、昌邑邸、定陶邸、楚王邸等。汉文帝在正式登基之前就住在代邸;[43]惠帝时,齐王刘肥为保全性命献城阳郡给鲁元公主,并尊其为王太后,吕后高兴之后才了在齐王邸置酒言欢,放齐王归国;做了27天皇帝的昌邑王被废后即暂居于昌邑邸[44];哀帝未继承帝位之前表示愿意留在郡国邸、并朝夕奉问成帝之起居;哀帝祖母傅太后在入居北宫之前亦住在定陶邸之内[45];平帝元始五年(5),以楚王邸为安汉公(王莽的爵位)第,大缮治,通周卫。[46]

第三章　长安城墙营建与城内建置

表 3-3　西汉郡国数量变化表

时　间	诸侯国都	汉郡治城	合　计
前 202 年	7	21	28
前 195 年	10	15	25
前 180 年	14	15	29
前 164 年	17	23	40
前 153 年	19	44	62
前 144 年	25	43	67
前 87 年	19	87	106
前 74 年	17	87	104
前 49 年	16	88	104
前 7 年	19	84	103

（资料来源：肖爱玲：《西汉城市体系的空间演化》表 2-8"西汉郡国城市数量变化表"，北京：商务印书馆，2012 年，第 45 页）

说明：此表为统计郡国数量，而非郡国治所城市，内容稍有调整，原表中考虑了景帝时分置的左右内史、武帝时所置三辅均同治长安城中故郡国数量与郡国治所城市稍多。

汉长安城内不仅有诸侯国邸，还有郡邸。西汉时期实行郡国并行制度，诸侯王不仅有定期朝觐天子和参加大朝会的规定，而且也有很多事情往返于京师与封国之间，故而在京城内保留国邸，作为现代意义上的"驻京办事处"。同样，与诸侯国并行的汉郡每年也是需要向国家汇报本郡当年户口、钱粮、税收、狱讼、治安等情况的"上计"制度，郡邸也就是郡守和上计使到京师时的住宿之处。汉文帝时，听说河东太守季布很有才能，将季布召至京师在河东邸住了一个月，后因被他人参奏，季布只得返回河东郡。[47]因此,如果说每个郡在国都长安均建有郡邸的话,其数量还是非常庞大的,见表3-3。

不仅汉长安城内设有诸侯邸,汉武帝时在甘泉宫亦设有诸侯邸。《史记》卷12《孝武本纪第十二》载:"(太初元年)以柏梁灾故,朝受计甘泉……方士多言古帝王有都甘泉者。其后天子又朝诸侯甘泉,甘泉作诸侯邸。"顾炎武《历代宅京记》:"武帝立朝邸其(甘泉宫)上,而藩侯、夷酋有来朝者,亦皆受之于此。"甘泉宫内是否有郡邸因文献没有相关记载,不好判定。

汉王朝与周边政权,除了和亲之外,其他政权对汉王朝还有朝贡、朝贺或派遣使者等活动。这些都是在汉都城——长安城内举行的,为了接待邻近地区和国家的首脑,汉长安城设立了邸第。由于汉朝统治者视这些人为"蛮夷"之邦,故其"邸"被称作"蛮夷邸"。"蛮夷邸"之名首见于《汉书》卷9《元帝记第九》:"(建昭三年,前36)秋,使护西域都尉甘延寿、副校尉陈汤矫发戍己校尉屯田吏士及西域胡兵攻郅支单于。冬,斩其首,传诣京师,悬蛮夷邸门。"师古曰:"县,古悬字也。蛮夷邸,若今鸿胪客馆。"同书卷70《陈汤传第四十》中也有相似记载,甘延寿、陈汤诛灭郅支单于后,两人上疏:"……郅支单于惨毒行于民,大恶通于天。臣延寿、臣汤将义兵,行天诛……斩郅支首及名王以下。宜县头槁街蛮夷邸间,以示万里,明犯强汉者,虽远必诛。"颜师古注:"蛮夷邸"引"晋灼曰:'黄图(《三辅黄图》)在长安城门内。'师古曰:'槁街,街名,蛮夷邸在此街也。邸,若今鸿胪馆也。'"蛮夷邸是为接待周边少数民族来朝的人员而设立的,又或称为"单于邸",简称为"邸"。据《汉书》卷94上《匈奴传第六十四上》载,汉武帝后期,匈奴王为了得到更多的汉家财物,而对汉使说:"吾欲入汉见天子,面相结为兄弟。"汉使王乌向武帝做了汇报,汉为单于筑邸于长安。有学者称其为单于邸,此邸建于武帝元封三、四年间(前108—前107)。尽管匈奴王因故未能如期面见天子,但是此邸应已经完成。宣帝时呼韩邪单于或就住于此处。《汉书》卷8《宣帝纪第八》："匈奴呼韩邪单于稽侯狦来朝,赞谒称藩臣而不名。……使有司单于先行就邸于长安,宿长平。上自甘泉宿池阳宫。上登长平阪,诏单于毋谒。其左右当户之群皆列观,蛮夷君长王侯迎者数万人,夹道陈。上登渭桥,咸称万岁。单于就邸。……二月,单于罢归。"这里的邸即"单于邸"或"蛮夷邸"的简称。

蛮夷邸在王莽政权时仍然存在。如《汉书》卷99中《王莽传中》记"蔺苞、戴级到塞下,招诱单于弟咸、咸子登入塞,胁拜咸为孝单于,赐黄金千斤,锦绣甚多,遣去;将登至长安,拜为顺单于,留邸。"《汉书》卷99下《王莽传下》记:"初,匈奴右骨都候须卜当,其妻王昭君女也,尝内附。莽遣昭君兄子和亲侯王歙诱当至塞下,胁将诣长安,强立以为须卜善于后安公。始欲诱迎当,大司马严尤谏曰:'当在匈奴右部,兵不侵边,单于动静,辄语中国,此方面之大助也。于今迎当置长安槀街,一胡人耳,不如在匈奴有益。'莽不听。"此槀街即蛮夷邸所在。

"蛮夷邸"的位置应在槀街上[48],槀街应在未央宫北阙附近[49],刘庆柱、李毓芳先生认为:"蛮夷邸当在藳街附近的未央宫东北一带,槀街在未央宫北,大概即横门大街。"[50]王静依此推论"由东、西两市向南至未央宫的横门大街应即为槀街"[51]。张功认为蛮夷邸"在经横城门到北阙的大街上"[52]。西汉蛮夷邸当有专事翻译的官吏。《汉书》卷93《佞幸传第六十三·董贤》:"匈奴单于来朝,宴见,群臣在前。单于怪贤年少,以问译,上令译报曰:'大司马年少,以大贤居位。'单于乃起拜,贺汉得贤臣。"

西汉初年置郡国邸属少府,中属中尉,后属大鸿胪。[53]归义蛮夷初属典客,蛮夷降者属典属国,西汉末均属大鸿胪。考古发掘表明,未央宫北阙之外,在桂宫和北宫旧址之间未发现宫殿群的建筑遗存,文献记载这一地段应是皇帝赐给功臣贵族的第宅区域,即所谓的北阙甲第。北阙以外又有西域、匈奴等藩国使臣、侍子居住在藳街的"蛮夷邸",附近可能还有众多"郡邸"和诸侯的"国邸",以及掌管有关事务的大鸿胪之"鸿胪府(寺)"。[54]"西汉中期开始,官邸统由大鸿胪所辖,为了便于管理,属于官邸的'国邸'和'蛮夷邸'相距不会太远。考虑到这些官邸主人的政治地位,其邸第当近皇宫。蛮夷邸在藁街,藁街在未央宫北,大概即横门大街,故'国邸'亦应在藁街附近的未央宫东北一带。"[55]

上述国邸、郡邸、蛮夷邸当有两种属性:其一,居住建筑性质,如前述诸侯王及其家眷、郡内上计人员以及蛮夷之人等;其二,行政官署机构职能,郡国、蛮夷之邸当受中央官署之管辖,并负责管理其中之人等。

(三)三辅治所

汉王刘邦于汉元年(前206)四月"从杜南入蚀中"定都于南郑,在去南郑的路上采纳张良的建议烧毁了翻越秦岭的栈道,这当然是为了迷惑西楚霸王项羽。但随后于当年8月,汉王又用韩信的计谋,从关中西南武都郡之故道进入关中,并消灭了雍王章邯、塞王司马欣和翟王董翳的力量,占领关中全境,设置渭南、河上及中地三郡,渭南郡只是秦内史郡的一部分。

汉承秦制,京师所在的京畿之地亦由内史管理。汉初京畿官称内史,景帝前元二年(前155)分置左、右内史,与主爵中尉[景帝中元六年(前144)改为都尉]合称三辅。汉武帝太初元年(前104)更名主爵都尉为右扶风(属官有掌畜令丞,又右都水、铁官、厩、雍厨四长丞),右内史为京兆尹[56](属官有长安市、厨两令丞,又都水、铁官两长丞),左内史为左冯翊(属官有廪牺令丞尉,又左都水、铁官、云垒、长安四市四长丞),三辅治所皆在长安城中。三辅是西汉治理京畿地区的三个职官的合称,亦指其辖区。三辅管理区域的划分为:渭城以西为右扶风,长安以东为京兆尹,长陵以北属左冯翊。[57]管理职权与汉太守同,[58]但是往往是郡国太守政绩显著者才能调任三辅之职(或考之治剧),借此才能得以升为御史大夫,乃至丞相。如宣帝时,韩延寿因为在东郡治理得有声有色,进京为左冯翊；赵广汉以广汉太守升为京兆尹；张敞曾担任山阳太守、胶东相，后迁升为京兆尹，但有政绩无威仪，入京兆尹多年而无升迁机会；翁归从东海郡太守升为右扶风；等等，这种例子不胜枚举。

京兆尹，其职权是管理京师，合今日之北京市市长、市委书记两职。因为京师之内多为功臣贵戚，最为难治。所以，历任京兆尹"郡国二千石以高弟入守，及为真，久者不过二三年，近者数月一岁"。[59]如，宣帝时颖川太守黄霸因为政绩效第一升迁为京兆尹，数月之后，又因不称职，被退职于颖川。正因为京师之地难于治理，所以担任京兆尹就有两种结果，一种是美名流传，升迁很快。正如《汉书》卷72《王骏传》载："京兆有赵广汉、张敞、王尊、王章，至骏，皆有能名，故京师称曰：'前有赵、张，后有三王。'"另一种则要从头再来了，退回原职等。三辅之职还是京官聘任的一个环节，也就是说经过"试以政事"。《王骏传》还提到薛宣、王骏在担任御史大夫之前分别担任左冯翊、京兆尹之职。恰恰因为薛宣早于王骏担任左冯翊就代替王骏做了少府，随后迁任御史大夫、丞相。但若"政事已试"、考核过关的话升迁就比较快了。成帝时准备启用王骏，为此就任命他先做为京兆尹，一两个月之后就升任御史大夫。

京兆尹府，在城南尚冠里。[60]冯翊府，在城内太上皇庙西南[61]。太上皇庙在香室街南[62]，即清明门内大街南。扶风，在夕阴街北。关于夕阴街的位置有几种不同的认识。鉴于《长安志》卷5《宫室三》载："夕阴街在右扶风南，尚冠街在夕阴街之后。"笔者赞同刘庆柱先生的观点，即"尚冠街应系进入未央宫的东西向街道，夕阴街为尚冠街之南的东西向街道"，京兆尹与右扶风相距较近。三辅各有两丞协助管理。

武帝元鼎四年（前112），三辅另设有都尉。京辅都尉治华阴，左辅都尉治高陵，右辅都尉治郿。三辅都尉各有独立的治所和属官。其尉、丞、兵卒皆属负责京师治安的中尉管辖，武帝太初元年（前104）改中尉为执金吾。三辅都尉与三辅长官似乎没有隶属关系，但三辅都尉常常兼任三辅长官,又有六辅之称。《长安志》卷1《总叙》引《三辅黄图》云:"武帝太初元年改内史为京兆尹,以渭城以西属右扶风,长安以东属京兆尹,长陵以北属左冯翊,以辅京师,谓之三辅。又置三辅,中辅理华阴,左辅理高陵,右辅治郿,兼三都尉,亦曰六辅。"

(四)武库

武库是长安城内的重要机构之一,位于长乐宫和未央宫之间,南对长安城南面正门。武库系丞相萧何营建,是当时全国的武器制造和贮藏中心,是汉代中央政府的武器库,毁于西汉末年的战火。西汉洛阳城内亦有武库[63]。武库的始建年代应与上文梳理的未央宫始建年代相同,即汉高祖七年十月,至二月建成。

而关于武库的位置,笔者则多有疑惑。因为目前几乎所有与汉长安城武库有关的研究成果(也包括笔者本人之前所有成果)均认为武库在未央宫、长乐宫之间,这一点应该无误,但同时还都认为武库在未央宫之外。近日笔者在系统梳理长安城空间构成时突然产生了疑惑,认为武库或在未央宫内,处于二宫之间,这与已有文献不冲突,在此提出来以供专家批评指正。

王仲殊先生认为:"武库不在未央宫内,而在未央宫与长乐宫之间。"[64]其证据是《史记·樗里子甘茂列传》[65]和其他有关记载,但并未指出是哪些记载。刘庆柱先生认为汉代武库在都城内,这种局面一直保持到晋以前,之后至唐宋武库移入宫城之内。[66]言下之意西汉武库不在未央宫内。

王社教教授在其《汉长安城》中"武库"部分将关于武库位置的两种观点列举了出来,一种说法是位于长乐、未央二宫之间;另一种说法是位于未央宫中,即"武库遗址在长安城的中南部,……武库不在未央宫内"[67],并说这样的布局安排显然是为了维护西汉王朝的安全和统治。但是,王教授对关于太仓位置的论述不得不让我认为其对武库位置的判断有所保留,其潜意识的观点是它们都在未央宫内。他说:"从《史记》《汉书》的记载可知,太仓和东阙、北阙、前殿、武库一样,都是作为未央宫的一个组成部分来建筑的,因此即使不在未央宫内,也应该与武库一样距未央宫不远,绝对不会跑到城外去。"[68]

史书涉及武库的文献有:《史记》卷8《高祖本纪第八》记载"八年,萧丞相营作未央宫,立东阙、北阙、前殿、武库、太仓。"《汉书》卷1下《高帝纪第一下》除将萧何治未央宫的时间为"七年二月"之外皆同。《汉书》卷36《楚元王传第六·附刘向传》云:"秦穆公葬于雍橐泉宫祈年馆下,樗里子葬于武库,皆无丘陇之处。"上文提到的《史记·樗里子甘茂列传》与《论衡·实知篇》:"秦昭王十年,樗里子卒,葬于渭南章台之东,曰:'后百年,当有天子宫挟我墓。'至汉兴,长乐宫在其东,未央宫在其西,武库正值其墓,竟如其言。"大意皆同。《水经注·渭水》:"故渠出二宫之间,谓之明渠,又东历武库北,旧樗里子葬于此。"等等。由上述引文仅可确知,秦樗里子墓就在西汉武库之下,位于长乐、未央二宫之间,并不能推论出武库在未央宫外。另外如若中华书局的《史记》《汉书》标点无误的话,武库、太仓与东阙、北阙及前殿一样应均属未央宫的一个组成部分。

此外,《三辅黄图》载"武库,在未央宫,萧何造,以藏兵器"。则明言武库在未央宫中。早期国家之大事在祀与戎,戎既指国家武器的军队建设,也包括武器装备。武库的功能就是藏兵器,所以,高祖七年(前200)十月在长乐宫修筑完成之后紧接着就把武库与未央宫一起建造起来,这不能不说明武库的重要,如此重要的中央官署建在未央宫中也未尝不可。加之,武库之地是无丘陇之处,而未央宫是以秦章台为基础规划建设的宫城,将这一平坦之地纳入宫中应当是较为妥当的规划方案。再者,《资治通鉴》引《元和郡县志》认为未央宫与长乐宫之间仅有一里的距离,此文献尽管稍晚,但也不能轻易否定。再就目前考古勘探资料来看,长乐宫西墙与未央宫东墙相距950米,合汉代二里有余,很显然与文献相距一里的记载不符。有宋薛季宣《未央宫记》正文中明确记载了武库和太仓均在未央宫内,在其附记里所列记载于传记史籍中的未央宫室中指名太仓、武库依然在其中。[69]

不仅武库在未央宫内,丞相府、御史府、高庙亦在未央宫内。刘敦帧《大壮室笔记·两汉官署》认为:"两汉官寺之在长安者,往往杂处宫中,尚书、少府、卫尉及光禄黄门无论矣,御史佐丞相总领天下,其府亦在宫内。"[70]

西汉长安城武库由中尉(汉武帝太初元年改为执金吾)属下的武库令管理。[71]武库所藏兵器由少府属官考工室(武帝太初元年改为考工)令丞督造,并交由中尉(执金吾)点验入库。《关中胜迹图志》:"高祖斩蛇剑,藏于宝库,守藏者见白气如云出户,状若龙蛇,吕后改库曰灵金藏,惠帝即位以此库贮兵器,曰灵金内府。"武库遗址出土了"考工"骨签印证了文献记载的正确性。另外,出土的"工官"类骨签资料说明武库所藏兵器中有相当一部分来自各地工官的产品。武库属国家装备,不能随意调配。作为储藏国家兵器的仓库,既不是一般人员可以随便出入和指挥的,当然其中的武器设备也不是什么人都可以随便使用的。汉哀帝时要把武库禁兵赏赐给董贤,但遭到毋将隆的反对,因后者提出武库兵器乃是"天下公用"。尽管最终未能阻止哀帝的赏赐,但也能说明其重要性。汉武帝之后中尉改为执金吾,下设有武库令,所以哀帝把武库里的装备赏赐给董贤很便利。[72]

与武库同时建造的还有太仓,是国家的粮仓。目前太仓的位置难以确定,大致有两种观点,一是在长安城内南部;一是在长安城东南漕渠附近。其位置或许与武库一样都有可能在未央宫内。

西汉武库遗址位于长安城内中南部,即今西安市未央区刘寨村东面高地上。1975年至1979年底对武库遗址经过了10余次的发掘工作,探

第三章 长安城墙营建与城内建置

明其为长方形的大型院落,四周筑墙。居中略偏西处有一条南北向的隔墙,将武库分为东、西院,隔墙两边各有建筑遗址。武库东西长710米、南北宽322米。东墙上有一道门,可以直通安门大街。南墙东段有一门道,是东院的南门道。南墙西段亦有一道门,但已不存在。墙内有7个仓库,每库分为4个库房,房中原有排列整齐的兵器木架,现已朽坏。

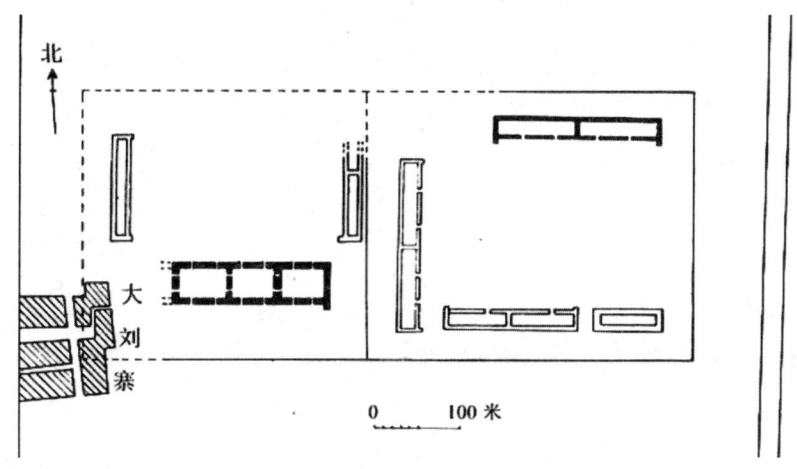

图3-14 武库遗址平面示意图

(图片来源:刘庆柱、李毓芳:《汉长安城》38,北京:文物出版社,2003年3月,第128页)

武库遗址规模大,已经发现了不同类型的兵器。如已发掘的第一遗址中出土残铠甲4万多片;第七遗址中发现有大量的铁镞,约计1000余件。已发掘出土的铁兵器有剑、刀、矛、戟和斧等,也有铜武器戈、镞、铜镞和铜剑戈等,但以铁器为主。发掘的生活用具有铜釜、铁釜、铁钉等。还出土有王莽时期的货币,如大泉五十、货布、货泉和布泉,说明武库是在王莽末年战火中被毁的。汉长安城武库遗址是目前唯一被正式发掘的武库遗址。通过发掘究明了武库的范围、形制、布局、结构、构筑技术和方法,同时还发掘了不少的铜制和铁制的多种兵器。武库遗址的发掘对研究汉代的政治、军事制度,以及汉代兵器的种类和制作水平、兵器管理等,都将有重要的意义。

二、甲第

汉长安城内官僚贵族住的地方称为"第",或"舍"。[73]根据居住者的身份,即政治地位的不同,"第"分为"大第"和"小第"。

史籍记载,汉高祖十年曾下诏:"为列侯食邑者,皆配之印,赐大第室。吏二千石,徙之长安,受小第室。"[74]这里的"大第"又称为"甲第",非一般达官贵族所能居住的地方,像萧何、霍光、董贤、王莽这样的显贵才能居住。[75]武帝时,武安侯田蚡任丞相"治宅甲诸第",此宅应在北阙甲第之区内。且此宅是"前堂罗钟鼓,立曲旃;后房妇女以百数"。[76]哀帝命将作大匠[77]为董贤"起大第北阙下,重殿洞门,木土之功穷极技巧,柱槛衣以绨锦"。[78]严重僭越了礼制规定的标准。其大致分布在未央宫北部,所以又有"北第"之称。北部的"大第"数量较多,又叫北阙甲第。武帝还曾以公田百顷、甲第赏赐给他的同母异父的姐姐修成君[79]。

元延元年末,成帝感到当年灾变奇怪的事情太多了,许多官吏上书归罪于王氏专政,尽管成帝对此以为然,但是尚不能确定。因此,上"乃车驾至禹弟"请教张禹。弟与第同,舍也,宅也。张禹当时乃为帝师,颇受成帝起重,其宅或应在北阙之内。

要说僭越礼制的宅邸,当以王商、王根兄弟之宅最为突出。据载鸿嘉三年(前18)夏,因天气炎热,成都侯王商曾提出借明光宫来避暑,还把沣河之水引入城内灌入其私邸的大池之中,池中可以行船,立羽盖,张周幄,各种设施极尽奢华。而曲阳侯王根邸中园内又起土山、渐台,与未央宫中的白虎殿相似,因此惹恼了汉成帝,王根差一点被处死(当然成帝本意也只是吓唬一下他们)。[80]可以想见,这些达官显贵之人的宅第不仅空间范围大,而且内容丰富,房屋建筑之外当还有假山、湖陂,歌舞升平,完全仿帝王宫苑之建置。

第三章　长安城墙营建与城内建置

北阙甲第之外,未央宫东阙之东似应有"东第",但数量较少。关于"东第"的位置,人人言殊。刘庆柱先生认为在未央宫以东,安门大街以西,武库以南[81]。

三、闾里

汉代长安城内有闾里"一百六十,且室居栉比,门巷修直。有宣明、建阳、昌阴、尚冠、修城、黄棘、北焕、南平、大昌、戚里。"[82]这些闾里大概不是普通百姓住的,但不知被罢免的官员是否也都住在闾里之中,[83]史载孔光丢掉丞相之位后居住于闾里之中。据何清谷先生研究,长安城中的里,平面皆呈长方形或正方形,外有围墙大门叫闾,中间叫阎,住宅皆在里巷内。个别贵族可以在当街辟门,其他住宅均不可辟门。居民根据各自社会地位,居住在不同的"里"中。如"戚里"住着"皇亲国戚"[84]之类。一些特殊的"里",如"尚冠里",是"朝请之时",臣僚的下榻之处[85]。雍门之北的函里,住的或许就是普通百姓。平帝时还设置了专门的贫民区,"起五里于长安城中,宅二百区,以居贫民"。[86]

众所周知,汉长安城以秦末长安乡为都城所在地,长乐宫、未央宫、北宫等在秦旧有建筑基址上建造,结合樗里疾可能葬在秦章台之东、西汉武库的位置上,或可认为秦、汉初诸宫阙之间有普通民众生活,直至武帝时大修北宫、建桂宫和明光宫之时,后期至平帝时为了便于对城内贫民的集中管理,又规划出5里的空间,可猜想这些里的人口密度是比较高的。由于汉长安城中一百六十闾里的情况较为复杂,目前考古勘探和发掘并未取得实质性进展,所以有关汉长安城中"一百六十里"的具体分布情况和布局形制,目前尚不清楚。

121

第三节 商业与手工业空间

西汉王朝是中国历史上的盛世时代,汉长安城作为西汉王朝的首都,曾一度与西方古罗马并称于世,在中国都城发展史上占据重要地位。随着 20 世纪 80 年代中期在长安城西北部勘查,今人发现两个"市"及"市墙"遗址,更加引起了人们对汉长安城商业市场、手工业场所等论题的研究。

一、商业市场

(一)市场分布

据文献记载,长安城市场设置早于宫城的建设,《史记·汉兴以来将相名臣年表》记载高祖六年(前 201)在长安城设立"大市",而长乐宫建成于六年年底。惠帝六年(前 189)又设西市。[87]一些文献记载长安有九市,如《三辅黄图》引《庙记》云:"长安市有九,各方二百六十步。六市在道西,三市在道东。凡四里为一市,致九州之人在突门。夹横桥大道,市楼皆重屋"[88];《西都赋》中:"九市开场,货别隧分";《西京赋》中:"尔乃廓开九市,通阛带阓。旗亭五重,俯察百隧。"三者记载市场数量一致。《长安志》列举长安市场有:四市、柳市、西市、东市、直市、交门市、孝里市、交道亭市等 8 个,认为东市和西市只是九市的一部分。[89]长安城内除了上述有名的市场之外,还有一些黑市,如武帝天汉中(前 100~前 97)军垒垣内有贾区"以求贾利,私买卖以与士市"。[90]长安东市中设有占卜的专业市场,如司马季主曾卜于长安东市,其中设有卜肆[91]。

西汉长安城不仅在城内分布有市场,城外也有一定数量的市场存在。关于长安城外的市场,何清谷等认为有孝里市、直市、交道亭市等。[92]周长山则认为汉长安城九市中除了东市、西市和孝里市位于城内西北部外,其余六市散布于城外。[93]刘庆柱等则认为汉长安城郊的市场有便桥外的交道亭市、咸阳渭河边细柳仓旁的柳市、渭河桥附近的直市、渭北秦咸阳城西的孝里市、长安太学附近的"会市"等。[94]此外，因长安城附近有驻军，所以存在着军市；有专门经营酒类商业的"酒市"；还有豪富兴建的市场，如王根则"立两市"[95]，长安南郊杜县"杜市"，等等。

据《三辅黄图》载长安城有"九市"之称，宋敏求于《长安志》中列出了八市，左原康夫根据宋敏求列举的八市，梳理出的九市是除四市而外的七市，再加上杜市和太学市[96]。王仲殊先生认为汉长安城内肯定有九市，三市在街道之东，称东市；六市在街道之西，称西市。[97]杨宽先生认为，九市即为东西两市，确为当时长安的大市，但是他认为东市和西市皆在城外，西市夹横桥大道，东市在洛城门北。[98]刘庆柱、李毓芳认为"九"是约数，非实指，只是用来形容汉长安城中众多的市场，有可能还会超过九市，但东市和西市应是都城中最重要的市。[99]

20世纪80年代后期，考古工作者在汉长安城遗址西北部进行了大规模的考古勘探，发现了两个"市"的遗址，即文献所载的"东市"和"西市"，现已基本探明其范围。东市遗址位于西安市未央区六村堡乡袁家堡村附近，大致范围在厨城门大街以西120米，横门大街以东90米，雍门大街以北40米，北城墙以南170—210米。东市东西长约780米、南北长650—700米。西市遗址位于西安市未央区六村堡乡的六村堡附近，大致范围在西城墙以东400米，横门大街以西120米，雍门大街以北80米，北城墙以南20—310米。西市东西长约550米、南北长420—480米。二市之间隔以横门大街，街东为"东市"，西为"西市"。二市四周夯筑"市墙"，市内各有东西、南北向道路两条，四条路相交成"井"字形，贯通全市。从考古发掘资料来看，东市和西市的位置和文献资料记载基本是相对应的，主要集中分布在汉长安城的西北部。[100]

丝绸之路最早的东方起点:西汉长安城

在东、西市遗址之间的横门大街上,横门以南160米处发掘出一组长、宽长各300米的建筑群遗址。位于中央的主体建筑,据推测,很有可能是长安市的当市观,或称当市楼,"当市楼有令署,以察商贾货财买卖贸易之事,三辅都尉掌之"。[101]上述材料极有力地佐证了汉长安城北面横门处东、西市的存在。"东市"和"西市"主要是挨着交通便利的渭河桥,横桥是通往豪富聚集的五邑陵的必经之路,又是西域商人入长安的第一站和横贯关中平原东西大道的咽喉。

在西市范围之内及其附近有大量的陶窑分布。西市之内已发掘的21座陶窑专门用来烧造裸体陶俑,与景帝阳陵陪葬坑出土的陶俑完全相同,当为少府所属东园匠的官营窑址。西市西侧的6座陶窑分布散乱,烧造砖瓦和日用器皿,也有陶俑,或为民营性质的陶窑[102]。此外,还发现了两处冶铸遗址,一处出土了大量的叠铸范,另一处发现了烘烤叠铸范的窑址和冶铸炼炉及废料堆积坑[103]。看来,东市主要从事商业活动,而西市很可能主要为手工业作区[104]。

(二)市场管理

市场是古代都城中重要的组成部分,在中国古代城市发展史中,也逐渐形成了一定的形制和规模。首先,从汉长安城内部布局来看,宫城在南部,市场位于北部,完全遵照《周礼·考工记》中的"面朝后市"的原则。汉代的市场,也因地制宜地进行了变通,不局限于礼制的规定。其次,市场规模和性质有着明显的差异。东市面积0.4875平方千米,西市面积0.2475平方千米,东市比西市面积几乎大一倍。出现这种情况与二市市场性质有关[105]。汉长安城中东市为商业中心,西市则为手工业中心。再者,市场在建筑标准上有着严格规定。《三辅黄图》载:"(长安市)各方二百六十步,六市在道西,三市在道东。凡四里为一市。"汉简《市法》云:"国市之法,外营方四百步,内宫称之,为凿四达之门。"[106]这表明市场的平面布局为方形,有明确界限,四周有围墙,四面还辟有门。汉长安城的东、西市四周墙基宽约5—6米,两市之内各有东西、南北向道路两条,四条路相交成"井"字形,贯通全市,每面市墙各辟二门,合计每市有八座市门。[107]

西汉时,各市皆置市官,掌管市井的治教、政刑、量度、禁令等。[108]出土的汉简里也有"欲利市,吏必力事焉"的文字。[109]司马迁的祖先司马无泽就曾经为汉市长。[110]汉代以三辅都尉兼领长安市,都尉乃"秦官,掌佐守典武职甲卒,秩比二千石。有丞,秩皆六百石"。[111]又有"市啬夫"[112]专管治安之吏。长安之外,洛阳、临淄、邯郸、宛、成都也是当时著名的商业中心,《汉书》卷24下《食货志第四下》记载,王莽时,曾在长安及五都设专门的官员管理市场,"遂于长安及五都立五均官。更名长安东、西市令及洛阳、邯郸、临淄、宛、成都市长皆为五均司市,称师。东市称京,西市称畿,洛阳称中,余四都各用东西南北为称。皆置交易丞五人,钱府丞一人"。

商业活动必须在一定范围内进行,也就是在市场的围墙内进行。封建王朝严格控制市场内交易活动,如东市商业活动非常发达,商品种类五花八门,甚至连王莽都能够"物物印于市"[113]。政府为了便于对东市的商业活动进行控制和管理,将不同门类的商业,分成不同的肆,就是所谓的市肆,交换活动必须在市肆内进行。《周礼·地官·肆长》中有明确的规定:"肆长各掌其肆之政令,陈其货贿,名相近者相远也,实相近者相迩也,而平正之。敛其总布,掌其戒禁。"由此可见,市肆按其经营内容分类分别安排在市内不同地方,同类商品排列于一起,又称为列肆或市列。东市之中甚至有专门为卜卦行业设置的卜肆[114]。

四川省新繁县出土的市井画像砖也清楚地表明商肆是分列成行的,每行三至四列,井然有序,不仅方便买卖者交易活动的正常进行,同样也方便了市吏的管理和征税,这在一定程度上反映了汉代市井的一些情况。在东市和西市之间还有国家管理市场的市楼。东市和西市各自于市中心还设有"市署"之类建筑。

二、手工业作坊遗址

在中国古代经济领域中,手工业占有相当重要的地位。从1956年开始,考古人员对汉长安城城内手工业遗迹的发掘工作一直都有新的收获。如在城西北角的六村堡、相家巷一带,发现烧造陶俑和铸铁的作坊遗址;在未央宫北的石渠阁遗址,城东阁新村附近的离宫遗址,城西建章宫范围内的好汉庙、窝头寨、城东南的老君殿、枣园村、昆明池南沧浪河畔的西赵村,城东清明门外等处,都发现有汉代的铸钱作坊遗址;在直城门附近则出土有制造兵器的陶范;在城西南角墙外约300米处还出土了铜锭10块。依据汉长安城手工业的考古发现,大致城内存在的手工业生产遗址集中在汉城西北部,主要有三大类:制陶作坊遗址、铁器冶铸作坊遗址,以及钱币作坊遗址。

(一)制陶作坊遗址

为了系统地了解这些制陶手工业生产及其性质,对迄今发现的制陶作坊遗址进行分类,大致可分为陶俑烧造作坊、陶器烧造作坊及砖瓦窑场遗址。

陶俑烧造作坊遗址主要分布在西安市未央区相家巷村以南、六村堡村以东一带,共有31座陶俑烧造窑址。陶俑烧造作坊主要以烧造各类多样的陶俑为主,并且出土的陶俑大多数为残次品,作为废弃物丢弃于窑群附近。据发现的陶俑形体分为人物俑和动物俑。人物俑又可细分为塑衣式俑,裸体俑和俑头。[115]汉城内发现的这些陶俑品主要是用于墓葬的丧葬用品。"西汉一代,陶俑的陪葬在丧葬礼仪中有着严格的等级限制,大部分小型汉墓不用陶俑陪葬,只有级别较高的墓葬采用陶俑陪葬"。[116]

第三章　长安城墙营建与城内建置

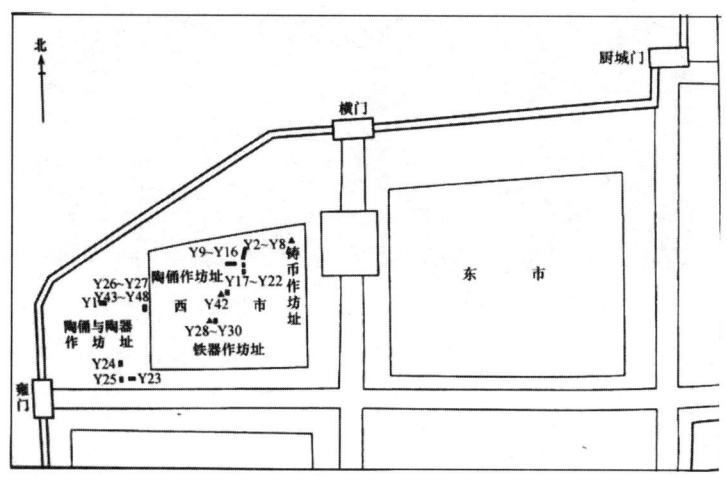

图 3-15　汉长安城西北部作坊分布示意图

（图片来源：白云翔：《汉长安城手工业生产遗存的考古学研究》，《汉长安城考古与汉文化》，科学出版社，2008年，第100页）

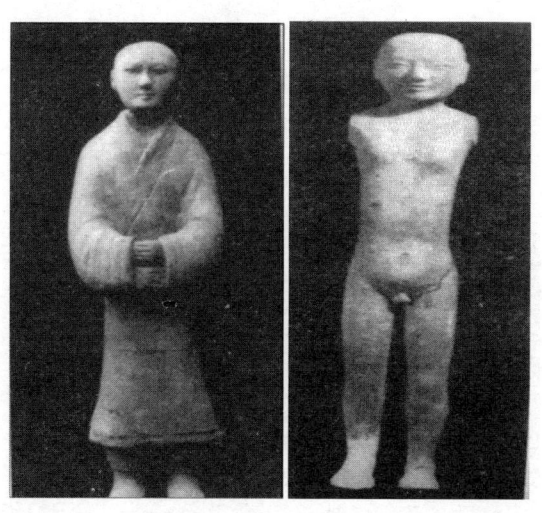

图 3-16　塑衣俑　　　　**图 3-17　裸体俑**

（图片来源：白云翔：《汉长安城手工业生产遗存的考古学研究》，《汉长安城考古与汉文化》，科学出版社，2008年，第105、108页）

 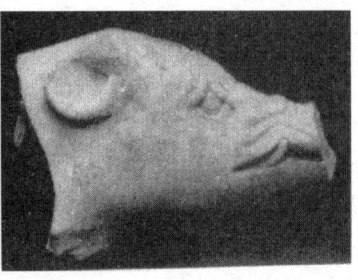

图3-18　马俑　　　　　　　图3-19　猪俑

（图片来源：白云翔：《汉长安城手工业生产遗存的考古学研究》，《汉长安城考古与汉文化》，科学出版社，2008年，第112页）

陶器窑址是专门烧制器皿的作坊，属于陶俑烧造窑址中一部分。陶器窑址位于西市以西和西南角，陶窑中除了烧造陶制器皿，还有砖、瓦、瓦当的残迹。

除了城西北部有砖瓦窑址之外，在北宫遗址以南、直城门大街以北也发现了多座砖瓦窑址[117]。此处窑址呈椭圆形，出土物以砖瓦建筑材料为主，有砖、瓦和瓦当，还有一些窑具等，有一件标有"大匠"的陶印。就窑址结构、出土物特点和文字推断，这一砖瓦窑址不早于西汉初，不晚于西汉中期。由于其位于汉长安城中部，很有可能是供应北宫、未央宫和武库的建筑材料场地。

图3-20　北宫南面砖瓦窑址出土的"大匠"陶印

（图片来源：白云翔：《汉长安城手工业生产遗存的考古学研究》，《汉长安城考古与汉文化》，科学出版社，2008年，第128页）

汉长安城西北地区即六村堡是制陶作坊集中地,村东南的耕地中历年不断有陶俑、陶制动物模型以及陶范残件出土。这一遗址虽出土物品种类繁多,但绝大多数为陶俑和禽兽模型以及制作这类产品的范型,当时陶器制作已有比较明确的专业分工。从专门制作随葬用陶俑和陶制动物模型的作坊规模之大,也可以反映当时社会精神生活和物质生活的一个侧面。在诸多遗物中,最引人注目的是裸体陶俑的发现。裸体陶俑身体各部塑造逼真,制陶技艺高超。南方楚文化系统中的木俑分着衣和彩绘木俑两大类,着衣木俑在未"着衣"前,实际上是无臂裸体木俑。西汉宣帝时的桓宽所说"桐人衣纨绨"就是着锦衣的木俑。一般认为,在古代东方的造型艺术中较少出现裸体形象,西汉都城长安陶俑作坊遗址中发现的裸体男俑不仅使人们看到了当时下层社会中民间艺人对人体的丰富知识和高度的写实技巧,同时对完善已有的观点有促进作用。

(二)冶铸遗址

汉长安城内的冶铸作坊经过三次发掘,主要是集中在今六村堡乡相家巷村南,相当于汉长安城西市内。因为有两处遗址,按方位可以分成南区和北区,两处相距100多米。北区分别在1990年和1996年进行了两次发掘,主要发现了烘范窑1座和铸范坑3座及一些铁器遗物。[118]南区作坊是在1992年发掘的,有熔炉、烘范窑、垃圾坑、水井及各种铁器遗物。[119]在垃圾坑和烘范窑中,发现了不少叠铸范。所谓叠铸范,就是将范片叠置组装后进行浇铸。汉都城出土的铸范产品主要有车马器和日用器具。据冶铸器具上的遗迹可以推断出,这两处作坊均是为西汉中晚期官营所有的。这正好与武帝时期实行盐铁官营的政策是相一致的。

汉长安城内首次发现窖藏铜器是在1981年11月初,西安市未央区汉城公社窦寨村出土一批汉铜器。窦寨村位于汉长安城长乐宫的西北角,南距长乐宫北墙约430米,安门大街以东100米,北距清明门大街约

140米处。窖藏铜器坑在窦村西,东距窦寨村西墙6米。出土的铜器有:灯2件、博山炉1件、盉1件、盒1件、奁2件、壶2件、盆1件、辅首1件、环13件、货泉1枚、陶瓷1件,是当时生活中的实用器皿,由铜器成对出土和制作精致看,它是宫廷贵族所占有和使用的器物,而且基主人地位是较高的。这批铜器的发现为研究西汉冶铜工艺提供了新的重要的实物资料,同时对研究汉长安城的历史也有一定的意义。

图3-21 冶铸遗址出土叠铸范

(图片来源:刘庆柱、李毓芳:《汉长安城》51,北京:文物出版社,2003年,第181页)

(三)钱币遗址

汉长安城内多次发现钱币遗物。1956年,汉长安城西南角外300米处发现长方形紫铜质铜锭十块。1992年,在今相家巷村东南一带发现了一处铸币遗址。从这些钱币遗址清理出来的遗物来看,主要有铸范、范模和母范。但是在城内主要的遗物是范模,极少有铸范和母范,因此可以说此处主要以制作钱范为主。且出土的范模均是五铢钱样式的,足以说明这些铸币遗址在武帝时期形成。[120]钱币作坊在西汉都是实属于中央政府所管。武帝元鼎四年(前113)禁止了郡国铸币,专由"上林三官"专铸。[121]

第三章　长安城墙营建与城内建置

图 3-22　铸币遗址出土钱范

(图片来源：刘庆柱、李毓芳：《汉长安城》52，北京：文物出版社，2003 年，第 183 页)

1994 年发现的上林苑兆伦铸钱遗址，也就是西汉时的国家造币中心"上林三官"。其遗址位于今陕西省户县大王镇南兆伦村，南北长约 1500 米，东西宽约 600 米，面积达 90 万平方米。遗址的南部多瓦砾，其北有坩埚残块、铜渣、灰堆等堆积。遗址中北部有许多铸钱残范坑和废弃钱范堆积，其中还出土有陶拍、定位销、青铜工具等文物。据文献记载，"五铢钱"即诞生于此。

西市制陶作坊民窑址、东市制陶作坊官窑址保存状况均较差，但已覆土保护；西市冶铸遗址、西市铸钱遗址保存现状均较好，亦采取了覆土保护方式。[122]

汉长安城内的宫殿、官署、贵族宅第、宗庙等重要建筑，宫殿集中在城市的中部和南部，有长乐宫、未央宫、桂宫、北宫和明光宫等；贵族宅第分布在未央宫的北阙一带以及宣平贵里；官署衙门紧邻宫城分布，居民区分布在城北，由纵横交错的街道划分为 160 个"闾里"。著名的"长安九市"

丝绸之路最早的东方起点：西汉长安城

则在城市的西北角上，由横门大街相隔，分成东市三市和西市六市。东市是商贾云集之地，西市则密布着各种手工业作坊。我们仅从其城市空间构成上便知当时长安作为都城之性质了。

注　释：

[1]《古今图书集成·考工典》卷25引春秋胡传程氏云："凡书城者，完旧也，书筑者，创始也"。

[2]《汉书》卷97上《外戚传第六十七上》："(钩弋夫人)父坐法宫刑，为中黄门，死长安，葬雍门。"

[3]《汉书》卷2《惠帝纪第二》。

[4]董鸿闻等：《汉长安城遗址测绘研究获得的新信息》，《考古与文物》，2000年第5期。

[5]《汉书》卷27下之上《五行志第七下之上》。

[6]刘振东、张建锋：《西安市汉长安城城墙西南角遗址的钻探与试掘》，《考古》，2006年第10期。

[7]《三辅黄图》：覆盎门"又曰端门，北对长乐宫。"

[8]《水经注·渭水》："洛门，又曰朝门，王莽更名建子门。"《晋书·姚兴载记》：姚兴"从朝门游于文武苑"。[元]李好文《长安志图·汉长安城图》于北城墙利城门（即洛城门，《水经注·渭水》：洛城门"亦曰利城门。"）以东，注："符健于此开一门，曰平朔。"

[9]李遇春：《汉长安城的发掘与研究》，《汉长安城遗址研究》，北京：科学出版社，2006年，第454—456页。

[10]施元龙等：《中国筑城史》，北京：军事谊文出版社，1999年，第205页。

[11]《中国大百科全书·建筑、园林、城市规划》，北京：中国大百科全书出版社，1988年，第362页。

[12]王仲殊：《西汉的都城（长安）》，《汉长安城遗址研究》，北京：科学出版社，

第三章　长安城墙营建与城内建置

2006年,第300—302页。

[13]《周礼·考工记》:"匠人营国,方九里,旁三门,国中九经九纬,经涂九轨。"张衡《西京赋》:"观其城郭之制,则旁开三门,参涂夷庭,方轨十二。"《三辅决录》:"长安城面三门,四面十二门,皆通达九逵,以相经纬,衢路平正,可并列车轨十二。门三涂洞辟,隐以金椎,周以林木,左右出入,为往来之径;行者升降,有上下之别。"

[14]王仲殊:《汉代考古学概说》,北京:中华书局,1984年,第5—6页。

[15]中国社会科学院考古研究所汉长安城工作队:《西安汉长安城直城门遗址2008年发掘简报》,《考古》,2009年第5期。

[16]王仲殊:《汉长安城考古工作的初步收获》,《考古通讯》,1957年第5期。

[17]李遇春:《汉长安城的发掘与研究》,载《汉唐与边疆考古研究》第一辑,北京:科学出版社,1994年8月。王仲殊:《汉代考古学概说·西汉的都城(长安)》,北京:中华书局,1984年,第5页。

[18]王社教:《汉长安城八街九陌》,《文博》1999年1期;《汉长安城》,西安:西安出版社,2009年,第48—52页。

[19]刘庆柱:《汉长安城》,北京:文物出版社,2003年3月,第20-22页。

[20]《汉书》卷27下之上《五行志第七下之上》。

[21]《史记》卷8《高祖本纪》。

[22] http://www.kaogu.cn/html/cn/xueshudongtai/xueshudongtai/xueshuhuiyi/2013/1026/43599.html

[23]《汉书》卷19上《百官公卿表第七上》。

[24]《汉书》卷84《翟方进传第五十四》:"初除,谒两府。"颜师古注曰:"丞相及御史也。"

[25]《史记》卷9《吕太后本纪第九》。

[26]《汉书》卷86《何武王嘉师丹传第五十六·何武》:"绥和元年,成帝欲修辟雍,建三公官,即改御史大夫为大司空。"

[27]《汉官问答》引《通典》卷24。

[28]陈树镛:《汉官问答》:"郡国上计史至京师,御史大夫见上计长史守丞于司

丝绸之路最早的东方起点：西汉长安城

马门外,以御史府在司马门内,丞史不可入也。"转引自刘敦桢:《刘敦桢文集》,北京:中国建筑工业出版社,1982年11月,第137页。

[29]《汉官旧仪》上。

[30]《汉书》卷19上《百官公卿表第七上》。

[31]《汉书》卷84《翟方进传第五十四》:"《春秋》之义,尊上公谓之宰,海内无不统焉。丞相进见圣主,御坐为起,在舆为下。"

[32]《汉书》卷66《公孙刘田王杨蔡陈郑传第三十六·陈万年传》:"及吉病甚,上自临,问以大臣行能。"

[33]《汉书》卷84《翟方进传第五十四》上赐册方进曰:"惟君登位,于今十年,灾害并臻,民被饥饿,加以疾疫溺死,关门牡开,失国守备,盗贼党辈。吏民残贼,殴杀良民,断狱岁岁不前。上书言事,交错道路,怀奸朋党,相为隐蔽,皆亡忠虑,群下凶凶,更相嫉妒,其咎安在?"方进即日自杀。

[34]宋杰:《西汉长安的丞相》,《中国史研究》,2010年第3期。

[35]《史记》卷9《吕太后本纪第九》:"左丞相不治事,令监宫中,如郎中令。食其故得幸太后,常用事,公卿皆因而决事。"

[36]《续汉书·百官志一》"司徒""条注引蔡质《汉仪》:"司徒府与苍龙阙对。"

[37]宋杰:《西汉长安的丞相府》,《中国史研究》,2010年第3期。

[38]杨伯峻编著:《春秋左传注·闵公二年》,北京:中华书局,1981年,第263页。

[39]侯旭东:《西汉御史大夫寺位置的变迁:兼论御史大夫的执掌》,《中华文史论丛》2015年第1期,总第117期。

[40]宋杰:《西汉长安的丞相府》,《中国史研究》,2010年第3期。

[41]宋杰:《西汉长安的丞相府》,《中国史研究》,2010年第3期。

[42]《汉书》卷4《文帝纪第四》。

[43]《史记》卷9《吕太后本纪第九》引《正义》曰:"汉法,诸侯各起邸第于京师。"

[44]《汉书》卷68《霍光金日䃅传第三十八·霍光》。

[45]《汉书》卷81《匡张孔马传第五十一·孔光》。

[46]《汉书》卷99上《王莽传第六十九上》。

[47]汉宣帝继位之前即住在尚冠里,《汉书》卷8《宣帝纪第八》:"遣宗正德至曾孙尚冠里舍。"

[48]《汉书》卷70《傅常郑甘陈段传第四十·陈汤》:"宜县头槀街蛮夷邸间,以示万里,明犯强汉者,虽远必诛。"《三辅黄图》亦载:"蛮夷邸,在长安城内槀街。"

[49]《汉书》卷94上《匈奴传第六十四上》载:"南越王头已悬于汉北阙下。"

[50]刘庆柱、李毓芳:《汉长安城的宫城和市里布局形制述论》,《汉长安城遗址研究》,北京:科学出版社,2006年,第425页。原刊于《考古学研究——纪念陕西省考古研究所成立三十周年》,三秦出版社,1993年。

[51]王静:《汉代蛮夷邸论考》,《史学月刊》,2000年第3期,第40页。

[52]张功:《汉代邸之研究》,首都师范大学历史系2002届硕士学位论文,第43页。

[53]《汉书》卷19上《百官公卿表第七上》。

[54]据《汉书》卷19上《百官公卿表第七上》可知:西汉初年,郡国邸属少府,中属(主爵)中尉,后属大鸿胪。太初元年(前104)列侯更属大鸿胪。大鸿胪,武帝太初元年(前104)以大行令更名而来,汉初为典客,秦官,掌诸归义蛮夷。属官有行人、译官、别火三令丞及郡邸长丞。

[55]刘庆柱:《汉长安城的宫城和市里布局形制述论》,《古代都城与帝陵考古学研究》北京:科学出版社,2006年,第171页;王静:《汉代蛮夷邸论考》,《史学月刊》,2000年第3期。

[56]自汉代把首都所在的郡级长官称为尹,后世因之,一直沿用到明、清的顺天府,民国初年的京兆尹。见谭其骧《汉书·地理志校释》,《中国古代地理名著选读》第一集,北京:科学出版社,1959年。

[57]《太平御览》卷164引《三辅黄图》。何清谷先生认为此条文似引自北宋流传的另一版本的《三辅黄图》,比今本《三辅黄图》清晰。

[58]张宗祥按胡广《汉官解诂》云:"三辅典境理人,与守职同,而俱在长安

城中。"

[59]《汉书》卷76《赵尹韩张两王传第四十六》。

[60]《汉书》卷8《宣帝纪第八》载:"宗正德至曾孙尚冠里舍,洗沐,赐御府衣。"

[61]《史记》卷101《袁盎晁错列传第四十一》载:"内史府居太上庙壖中,门东出,不便,错乃穿两门南出,凿庙壖垣。"

[62]《长安志》卷5"宫室三"引《三辅黄图》曰:"太上皇庙在长安城中香室街酒池之北。"

[63]《汉书》卷40《张陈王周传第十》。

[64]王仲殊:《汉代考古学概说》,北京:中华书局,1984年5月,第7页。

[65]《史记》卷71《樗里子甘茂列传第十一》:"昭王七年,樗里子卒,葬于渭南章台之东,曰'后百岁是当有天子之宫夹我墓'。至汉兴,长乐宫在其东,未央宫在其西,武库正直其墓。"

[66]刘庆柱:"汉代武库始属中尉,后隶执金吾。中尉、执金吾是负责京师安全保卫工作的。因此,武库皆设在都城中。由于兵乃国之大事,皇帝往往都要把武库安排在宫城附近,以便控制。西汉长安城的武库如此,东汉洛阳城的武库亦设在北宫东北部。毗邻宫城,二者距离不远。晋至唐宋,武库为卫尉所辖,卫尉负责宫城保卫,武库也就多建于宫城之中,如唐长安城的武库就设在宫城东部武德门附近。及至明清时期,武库隶属兵部,但仍是重要的中央官署。"《汉长安城》,北京:文物出版社,2003年,第133页。

[67]王社教:《汉长安城》,西安:西安出版社,2009年1月,第165页。

[68]王社教:《汉长安城》,西安:西安出版社,2009年1月,第189页。

[69]辛德勇:《薛季宣<未央宫记>与汉长安城未央宫》,转自妹尾达彦编:《都市与环境的历史学》第4集,株工会补理想补,2009年3月有10日,第299—300、302页。

[70]刘敦桢:《刘敦桢文集》,北京:中国建筑工业出版社,1982年,第139页。

[71]《汉书》卷19上《百官公卿表第七上》"中尉":"秦官,掌徼循京师,有两丞、候、司马、千人。武帝太初元年更名执金吾。属官有中垒、寺互、武库、都船四令丞。"

第三章 长安城墙营建与城内建置

《后汉书》志第二十七《百官志四》:"武库令一人,六百石。本注曰:主兵器。丞一人。"

[72]《汉书》卷93《佞幸传第六十三》:"又以贤妻父为将作大匠,弟为执金吾。"

[73]《汉书》卷67《杨胡梅云传第三十》:"盖主怒,使人上书告建侵辱长公主,射甲舍门。"师古注:"甲舍即甲第,公主之宅。"

[74]《汉书》卷1下《高帝纪下》。

[75]《汉书》卷99上《王莽传第六十九上》载因孔光、王舜、甄丰以安宗庙之功各赐第一区,王莽则"以萧相国甲第为安汉公第"。《王莽传下》又载赐唐林、纪逡第一区。《汉书·霍光传》:宣帝赏赐霍光"甲第一区"。《汉书》卷九十三《佞幸传》:哀帝"诏将作大匠为贤起大第北阙下,重殿洞门,木土之功穷极技巧,柱槛衣以绨锦"。

[76]《史记》卷107《魏其武安侯列传第四十七》。

[77]《后汉书》志第二十七《百官志四》"将作大匠":"承秦,曰将作少府,景帝改为将作大匠。掌修作宗庙、路寝、宫室、陵园木土之功,并树桐梓之类列于道侧。"

[78]《汉书》卷93《佞幸传第六十三》。

[79]《史记》卷49《外戚世家第十九》。

[80]《资治通鉴》卷31《汉纪二十三·成帝上之下》。

[81]刘庆柱、李毓芳:《汉长安城的宫城和市里布局形制述论》,《考古学研究——纪念陕西省考古研究所成立三十周年》,西安:三秦出版社,1993年。

[82]何清谷校释:《三辅黄图》,北京:中华书局,2005年6月,第106页。

[83]《汉书》卷81《匡张孔马传第五十一》:"光退闾里,杜门自守。"

[84]《汉书》卷46《万石卫直周张传第十六》:"高祖诏其姊为美人,以奋为中涓,受书谒。徙其家长安中戚里,以姊为美人故也。"师古注曰:"于上有姻戚者,则皆居之。故名其里为戚里。"

[85]《汉书》卷8《宣帝纪第八》:"时会朝请,舍长安尚冠里,身足下有毛,卧居数有光耀。"文颖注曰:"以属弟尚亲,故岁时随宗室朝会也。"师古注:"舍,止也。尚冠者,长安中里名。帝会朝请之时,即于此里中止息。"

[86]《汉书》卷12《平帝纪第十二》。

丝绸之路最早的东方起点：西汉长安城

[87]《汉书》卷2《惠帝纪第二》。

[88] 何清谷校释：《三辅黄图》，北京：中华书局，2005年，第93页。

[89][宋]宋敏求撰，[清]毕沅校正：《长安志》，台北：成文出版社有限公司，1970年。

[90]《汉书》卷67《杨胡朱梅云传第三十七》。

[91]《史记》卷127《日者列传》载中大夫宋忠和博士贾谊在休假期间"同舆而之市，游于卜肆中"。因为刚刚下过雨，行人相对稀少，很容易看到卜者——"司马季主间坐，弟子三四人侍，方辩天地之道，日月之运，阴阳吉凶之本"。

[92] 何清谷校释：《三辅黄图》，北京：中华书局，2005年，第93页；赖琼：《汉长安城的市场布局与管理》，《陕西师范大学学报：哲学社会科学版》，2004年第1期。

[93] 周长山：《汉代城市研究》，北京：人民出版社，2001年，第172页。

[94] 刘庆柱、李毓芳：《汉长安城》，北京：文物出版社，2003年，第163页。

[95]《汉书》卷98《元后传第六十八》："王根行贪邪，藏累巨万，纵横恣意，大治第宅，第中起土山，立两市。"

[96][日]左原康夫：《关于汉代的市》，《史林》，第68卷第5号，1985年。

[97] 王仲殊：《汉代考古学概说》，北京：中华书局，1984年，第8页。

[98] 杨宽：《西汉长安布局结构的探讨》，《文博》，1984年创刊号；杨宽：《西汉长安布局结构的再探讨》，《考古》，1989年第4期；孟凡人：《汉长安城形制布局中的几个问题》，《汉唐与边疆考古研究》，北京：科学出版社，1994年。

[99] 刘庆柱：《再论汉长安城布局结构及其相关问题—答杨宽先生》，《考古》1992年第10期；刘庆柱、李毓芳：《汉长安城》，北京：文物出版社，2003年，第160页。

[100] 刘庆柱：《汉长安城的考古发现与相关问题研究—纪念汉长安城考古工作四十年》，《考古》，1996年第10期；刘庆柱：《西安市汉长安城东市和西市遗址》，《中国考古学年鉴》，1987年。

[101]《三辅黄图》载"夹横桥大道，市楼皆重屋"；《太平御览》卷引《宫阙记》"夹横桥大道南又有当市观"。

[102] 中国社会科学院考古研究所汉城考古队：《汉长安城窑址发掘报告》，《考

古学报》,1994年第1期;《汉长安城23—27号窑址发掘报告》,《考古》,1994年第11期。

[103]中国社会科学院考古研究所汉城考古队:《1992年汉长安城冶铸遗址发掘简报》,《考古》,1995年第9期。

[104]李毓芳:《汉长安城的手工业遗址》,《文博》,1996年第4期。

[105]刘庆柱、李毓芳:《汉长安城》,北京:文物出版社,2003年,第164页。

[106]银雀山汉墓竹简整理小组:《银雀山汉墓竹简》,北京:文物出版社,1985年。

[107]汉长安城工作队:《汉长安城东市和西市遗址》,《中国考古学年鉴1987年》,北京:文物出版社,1988年。

[108]周长山:《汉代城市研究》,北京:人民出版社,2001年,第180页。

[109]银雀山汉墓竹简整理小组:《银雀山竹书〈守法〉〈守令〉等十三篇》,《文物》,1985年第4期。

[110]《史记》卷130《太史公自序第七十》:"(司马)无泽为汉市长。"

[111]《汉书》卷19上《百官公卿表第七上》。

[112]《汉书》卷86《何武王嘉师丹传第五十六》。

[113]《汉书》卷99上《王莽传第六十九上》。

[114]《史记》卷127《日者列传第六十七》载:"司马季主者楚人,卜于长安东市。"又云:"(宋忠、贾谊)二人即同舆而之市,游于卜肆中。"

[115]白云翔:《汉长安城手工业生产遗存的考古研究》,《汉长安城考古与汉文化》,科学出版社,2008年,第105页。

[116]西安市文物保护考古所、郑州大学考古专业:《长安汉墓》(上册),西安:陕西人民出版社,2004年,第779页。

[117]中国社会科学院考古研究所汉城工作队:《汉长安城北宫的勘探及其南面砖瓦窑的发掘》,《考古》,1996年第10期。

[118]中国社会科学院考古研究所汉城工作队:《1996年汉长城冶铸遗址发掘简报》,《考古》,1997年第7期。

丝绸之路最早的东方起点:西汉长安城

[119]中国社会科学院考古研究所汉城工作队:《1992年汉长安城冶铸遗址发掘简报》,《考古》,1995年第9期。

[120]李毓芳:《汉长安城烘范窑和铸币遗址》,《中国考古学年鉴(1993年)》,北京:文物出版社,1995年,第245页;西安市文物保护中心:《汉钟官铸钱遗址》,北京:科学出版社,2004年,第244—245页。

[121]《汉书》卷24下《食货志第四下》:"其后二年(即元鼎四年),赤仄钱贱。民巧法用之,不便,又废。于是悉禁郡国毋铸钱,专令上林三官铸。"

[122]西安市文物局等编著:《汉长安城遗址保护》,北京:文物出版社,2012年,第32—33页。

第四章 长安——丝绸之路最早的东方起点

2012年以来,考古部门相继在汉长安城遗址北渭河上发掘了三组七座古桥,改变了以往汉城北仅有横桥一桥的认识,对于渭河河道变迁研究、汉长安城空间结构、秦汉都城相互关系等问题均产生了一定影响。

第一节 长安城近郊道路

城市的形成和发展在一定程度上受其所在地的自然资源和社会经济条件的影响和制约,城市与周边地区的交通道路是弥补城市资源不足和缓解各种不利因素的重要通道,因而在都城建设中就显得尤为重要。长安南倚秦岭,由秦岭流下的灞、浐、沣、滈、潏、涝诸水从长安城东、南、西三面流过,均流入长安城之北的渭河,渭河在长安之东又汇合了泾水,形成了长安城八水绕城的水网格局,它们在为城市建设、生活和生产等提供充足水源的同时也对城市近郊交通产生了影响,南舟北桥的人文景观正是其真实的环境再现。

一、长安城城门桥

都城安全与否是关乎国家社稷的大事,都城不仅有高大坚实的城墙,城墙之外又往往环以城壕。汉长安城西南角的考古发掘中已经探得汉长

丝绸之路最早的东方起点：西汉长安城

安城外有城壕的存在,即如《两都赋》"呀周池而成渊"、《三辅黄图》卷1"汉长安故城"所言:"城下有池,周绕广三丈,深二丈。"辛德勇先生认为汉长安城周围并未专修护城池,但城东、城北是利用了自然水道或水渠,而绕汉长安城南墙和东南角的是汉代漕渠,其水源上承渭水。[1]不仅城周有城壕,连接城壕岸的还有石桥,"各六丈,与街相直"。《读史方舆纪要》卷53《陕西二》载长安城:"北面三门:北出东头第一门,曰洛城门,亦曰高门。《宫殿疏》:又名鹤雀台门,门外有台,汉武承露盘在台上。其外又有客舍,民曰客舍门,亦曰洛门,或谓之利城门。莽更为进和门临水亭,门外有石桥。"说明洛城门外有石桥。2012年6月在洛城门北750米发现古桥遗迹,经碳十四测年,其年化为公元前50年至公元70年,处于西汉晚期至东汉早期,考古人员命其名为洛城门桥。依此,汉长安城十二门之外均应有13.8米宽的石桥与城门内的街道相连接。

潏水(即沉水)自南向北,过长安城西墙外,绕章城门、直城门而过,北注入渭;漕渠合王渠过城东南覆盎门外,绕东墙外向北,过霸城门、清明门、宣平门而北入渭。[2]所以,至少这里提到的六个城门门外应建有石桥。《汉书》卷71《隽疏于薛平彭传第四十一》载:"上酎祭宗庙,出便门,欲御楼船。广德当乘舆车,免冠顿首曰:'宜从桥。'"便门,即章城门,说明章城门外有桥。王仲殊先生1962年在章城门外发掘时究明了门前壕沟的形制,判断当时壕沟上应架有木桥,以便通过。该壕沟宽8米,深约3米。[3]《三辅黄图》引《庙记》云覆盎门外有:"鲁班输所造桥,工巧绝世。"《水经注·渭水》及《长安志》记载与此相同。何清谷先生认为覆盎门外有明堂、辟雍等礼制建筑,因而在其门外王渠上所架桥梁技术特别讲究,故有鲁班桥之称。[4]《水经注·渭水》:"一水迳杨桥下,即青门桥也。杨沟当与杨桥相近。"其他城门外是否有桥?是石桥还是木桥?[5]还需要进一步研究与考古发掘工作的验证。

第四章　长安——丝绸之路最早的东方起点

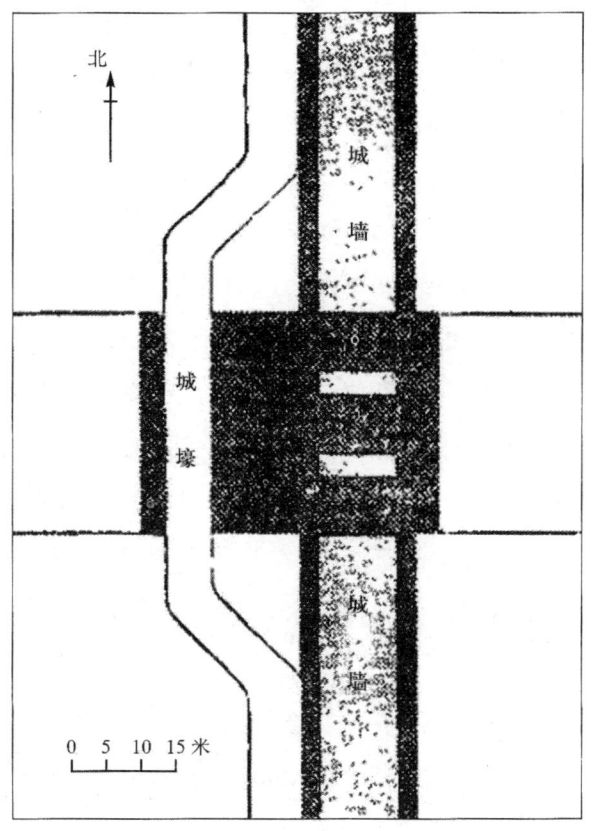

图 4-1　章城门及其门外城壕示意图

（图片来源：王仲殊：《汉代考古学概说》图 4，北京：中华书局，1984 年，第 5 页）

二、郊外河桥

出长安城城门，跨过石桥，又有环绕汉长安城众多河流，欲跨越这些河流必须要通过桥梁，文献中围绕汉长安城有灞桥[6]、泾桥[7]、便桥[8]（西渭桥，或认为是沙河古桥、沣河古桥）、横桥[9]、饮马桥[10]等记载。而根据文物考古部门透漏信息，截至目前，在汉长安城遗址周围已发现有西渭桥、渭河古桥、沄水古桥等遗迹。这里仅对长安城遗址北近年发掘的三

143

丝绸之路最早的东方起点：西汉长安城

组七座渭河古桥遗址（含洛城门桥东北方向10千米处的渭河古桥）、西渭桥遗址以及古沴水河道发现的一组二座古桥遗址进行简单梳理，以说明西汉长安城近郊交通情况。

便门桥，便桥，即西渭桥。西汉帝王登基的第二年就要为自己建陵墓，汉武帝为他自己选择了位于今天兴平市东北南位镇策村南的茂陵，为方便茂陵与长安城之间往来，汉武帝建元三年（前138）"赐徙茂陵者户钱二十万，田二顷。初作便门桥"。[11]《三辅黄图》卷6："便门桥，武帝建元三年初作此桥，在便门外，跨渭水，通茂陵。"此桥因直对西汉长安城西面南头第一门便门，因而称为便门桥，后人根据渭河三座桥的相关位置，习惯称之为西渭桥。20世纪80年代初孙德润等先生首先就文王嘴一带是汉西渭桥所在地提出个人的看法。[12]文王嘴在今咸阳市西南5千米的马家寨西，在短阴山内，可能是汉代丰水入渭处，即今沙河入渭处。这里距离汉长安城西墙直线距离18千米，与《汉书》卷6《武帝纪第六》师古注引苏林便桥"去长安城四十里"基本吻合，而且与章城门直对。与之相对在渭北两寺渡一带发现长2100米、宽1200米的大规模建筑基址，出土大量柱础石、砖、瓦等，还出土有"百万石仓"文字瓦当4片，推测此为汉代细柳仓无疑。[13]这些遗址恰与西渭桥西的记载相符，由此西渭桥位置应当在今咸阳市西南、曹家寨之西、两寺渡一带。

1986年，咸阳市秦都区钓台乡资村、西屯村沙河河床上发现2座木桥，按发现次序分别被称作沙河古桥一号、二号。1989年，探明古桥遗址（一号）长306米，宽12米。主持发掘的段清波教授认为沙河古桥一号、二号应分别是汉、唐时代的西渭桥。[14]这一认识引起学界对西渭桥位置的广泛讨论，形成了一些不同意见，如曹发展认为，沙河古桥遗址就是秦汉时期的"沣河桥"[15]。1992年，沙河桥遗址被省政府公布为陕西省重点文物保护单位，2014年国务院公布为国家重点文物保护单位。

以上两种西渭桥观点至今仍未能形成共识,其实这也就说明了历史时期自然环境变化的复杂性以及桥梁建设记载的不确定性,也说明了渭河沿岸适宜建桥或造码头的地方不只那么几处。

横门桥,中渭桥。横门大桥是渭河上最早的大桥,始建于秦昭襄王时期。《三辅旧事》云:"秦于渭南有兴乐宫,渭北有咸阳宫。秦昭王欲通二宫之间,造横桥,长三百八十步。"又云:"秦造横桥,汉承秦制,广六丈三百八十步,置都水令以掌之,号为石柱桥。"《三辅黄图》载:"长安城北出西头第一门曰横门。门外有桥曰横桥。"然而,考古人员在横门以北的渭河古道上并未发现古桥遗迹,相反在横门之东的厨城门和洛城门外,自2012年4月以来就相继发现了6座古桥遗迹。渭桥考古队先后对位于厨城门之外的厨城门桥群、洛城门之外的洛城门桥进行了抢救性发掘,获得了丰富的考古学资料,相关发现入选"2013年度全国考古十大发现"。2014年度考古发掘集中在厨城门桥群区域,包括2012—2013年度厨城门一号桥第一发掘点的南部及其以北200米处高铁征地范围、厨城门四号桥、五号桥发掘区等多个地点;考古人员对北三环以南厨城门桥群、草滩王家堡桥进行了考古勘探。

图4-2 厨城门一号桥南端

经碳十四测年,"厨城门一号桥"从木质桥桩的测年看,时代跨越西

丝绸之路最早的东方起点：西汉长安城

汉中期至魏晋时期；从出土石构件间白灰的测年，校正其年代大体处于战国至西汉早期，略早于木桥桩的测年数据，为汉代桥。四号桥大体为战国晚期左右战国桥；三号桥大体相当于唐代的桥；二、五号桥还没测试，无法确定年代。

厨城门一号桥，位于西安市未央区六村堡街道西席村北，地处西安市北三环北侧230米左右，正南1370米左右为西汉都城长安城北墙中间城门厨城门遗址；正北380米左右为已建成的高铁附属建筑，正北3000米左右为今渭河南岸大堤，西北6800米左右为咸阳宫一号、二号遗址，向东与洛城门桥相距约1700米。在以厨城门一号桥为中心东西600米的范围内，已经发现存在5座大型渭河桥梁，如此高密度古代大型桥梁是考古学上第一次集中发现。"一号古桥"为南北向木梁柱桥。东西宽18.4米，南北长63米左右，是迄今发现世界上最大的木梁柱桥。桥桩残长约6.2—8.8米，周长约1—1.47米。通过对厨城门一号桥发掘区南部的局部解剖清理，出土有铜、陶、铁、银、瓷各种质地的器物，以铜钱为主，约900多枚，以"半两""五铢""开元通宝""货泉""大泉五十"居多，另有宋、明、清不同时期钱币，其中多枚"乾隆通宝"及一枚"景兴通宝"铜钱的出土，再次确定该层的时代下限不超过清代。两块大型长方形的汉代石刻上分别发现朱雀与青龙、朱雀与白虎浅浮雕纹饰，该类图案为长安地区汉代石刻上的首次发现。对厨城门一号桥北端2000平方米区域的发掘过程中，竟然清理出9排97根桥桩，桥桩顶部保存完整，直径0.12—0.48米。而对北端高铁动车运用所基建区域进行的考古发掘，确定了厨城门一号桥的北端，并在其南侧发现用竹片编织成筐并内填瓦、石、沙等组成的水工设施"埽"，借此得以确定当时的渭河北岸应位于此。据测量，与古桥同时期的埽岸设施位于今渭河北岸南约4400米处。在桥的东部卵石堆积中又清理出清理罕见古船。古船已露出两个个体，一个似船帮，一个似船尾或船头。由于船体大部分被埋进沙里,目前尚无法判断古船的数量及尺寸。

图4-3 西安渭桥遗址位置图 (中国社会科学院刘瑞研究员制作)

阿房宫与上林苑考古队队长刘瑞副研究员认为厨城门外古桥群很可能是文献所载的"中渭桥",这与史籍所载"中渭桥"在西汉横城门外有所不同;"中渭桥"是秦汉时期通向京师大道上的重要建筑,是连接秦汉都城渭河南北重要建筑的最为重要的交通枢纽,或也是"丝绸之路"从汉长安城出发后通过的第一座桥梁,承载着丰富的历史信息和文化内涵。随着厨城门一号桥古钱币、古船部件等遗物的发现和渭河北岸的确定,说明秦汉都城之间渭河摆动的时间相对较晚。由此,渭河古桥的发掘对西汉长安城空间结构的研究、古代桥梁史及汉、唐长安城的交通系统研究有着较为重要的价值,对西安地区渭河变迁史、关中环境史的研究也有重要价值,填补了秦汉都城之间交通的空白[16]。

七座古桥中暂被称为"王家堡"的古桥,或许就是西汉时的渭桥,俗称汉东渭桥。该桥应始建于汉景帝五年（前152）春正月"作阳陵邑"[17]，三月，"作阳陵、渭桥[18]"。阳陵位于今咸阳市秦都区肖家村乡张家湾村，其东有泾水自西北向东南在今高陵区陈家湾入渭水，其南为渭水，灞水自南而北流，至西安市贾家滩入渭水。从长安城北洛城门出，前往阳陵，在灞渭交汇处以西的渭水上架桥最为便捷，故东渭桥可能建在西安市草滩镇一带。[19]所以，考古人员暂命名为"王家堡"的古桥恰位于西安市北草滩镇王家湾，包茂高速之东、辛王公路之西、东风路北，与何先生推定的东渭桥位置相符。

沇水一号、二号桥遗址。该遗址位于西安市西北，建章路以东，陇海铁路以南，新泬河[20]西岸，距市中心约13千米、北距渭河约10千米。在今西安市未央区三桥街道办湾子村东北约200米、东距汉长安城西南角约400米。古桥遗址位于泬河故道在湾子村东北，由此拐了个大弯，由原来的由南向北转为从西向东，再转为从南向北，之后沿汉长安城西城墙外侧北流入渭。从遗迹位置来看，这座木桥应是汉代古河沇水上的桥梁，桥址应横跨沇水南北两岸。具体位于西安市西三环北段与跨越陇海铁路交叉路段的东西两侧的辅道上。

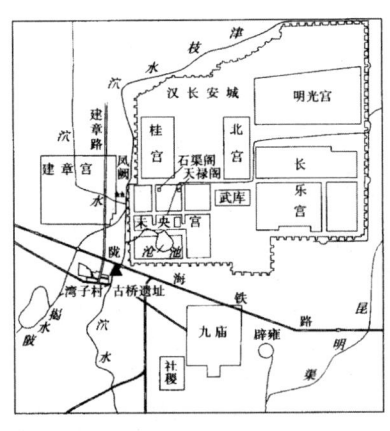 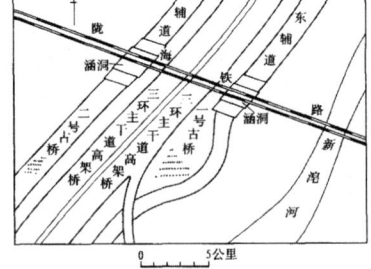

图4-4 古桥遗址位置示意图　　图4-5 一、二号古桥遗址位置图

（图片来源：西安市文物保护考古研究院：《汉长安城沇水古桥遗址发掘报告》图1、2，《考古学报》2012年第3期。）

第四章 长安——丝绸之路最早的东方起点

考古人员在一号古桥遗址区清理出了大量的汉代板瓦、筒瓦残片、子母砖、大型脊瓦以及"上林"、"延年"文字砖和云纹瓦当等。又有西汉"五铢"、王莽"大泉五十"铜钱、钱范以及铁矛、铁钩、铁剑,还有大量铁块出土。数量巨大而集中出土的瓦片以及少量瓦当、钱币等均出于古桥木桩遗址的淤积层中。这说明古桥周边甚至是古桥之上有同时期使用或废毁的建筑。结合西汉武帝时修建昆明池、大规模改造城南诸水的史实,可以判断一号桥的建造应在西汉武帝时期,新莽以后废弃。二号桥与一号桥几乎建在同一位置上,两桥相距仅90米。二号桥的使用有可能早到汉初或秦代,二者或许是前后相继在使用。该古桥遗址被发现后,西安市的三环东辅道改为从古桥遗址东侧绕道而行。发掘完毕经上报,有关部门决定对一号古桥采取覆棚展示的保护方式。

此次发现的两座木桥为跨越洨水的南北向大桥,位于汉长安城西南角城垣以西约400米、建章宫双凤阙遗址向南约2000米处。考古资料显示双凤阙之间有一条宽约40米的南北向大道[21]正与此桥对应。该桥正处于建章宫、汉长安城以及城南礼制建筑区的三岔口,应是建章宫、长安城通向上林苑的皇室御用桥梁。[22]

图4-6 汉长安城洨水一号桥遗址木桩全景(东南—西北)

(图片来源:西安市文物保护考古研究院:《汉长安城洨水古桥遗址发掘报告》图版2,《考古学报》2012年第3期)

丝绸之路最早的东方起点:西汉长安城

图4-7 沈水古桥遗址出土大泉五十铜钱范正反面

(图片来源:西安市文物保护考古研究院:《汉长安城沈水古桥遗址发掘报告》图版12,《考古学报》2012年第3期)

第二节 京畿道路

秦始皇统一中国后,建立起了我国历史上第一个统一的多民族中央集权封建国家。为了对全国进行有效统治,秦始皇按照国家标准,修建了著名的"驰道""直道""五尺道"和"新道",建立起了以秦都咸阳为中心、并向四周辐射的交通网。西汉在秦代交通网的基础上又有新发展,修复开拓了褒斜道、子午道、回中道等,都城长安取代一水之隔的咸阳成为全国的交通枢纽。

一、渭北道

秦汉时期,沟通西北地区与中原联系的是秦始皇时代修筑的驰道。从长安城通往西方,首要经过的就是渭北道。因此这条道也成了张骞出使西域的域内东段路线。汉武帝建元三年(前138),初建"便门桥",以便通往茂陵,越过此桥往西即连接着渭北道。便门桥又称便桥,其东面与长安城便门相对。在便桥东有"交道亭",西有"细柳仓"。从设置"亭"

"仓"来看,便桥附近应是一处交通汇集点。

跨过便桥后,沿渭河北岸西行,至雍县(今凤翔)附近又分为两路:一是西北向的"回中道",二是经陇关的"陇关道"。

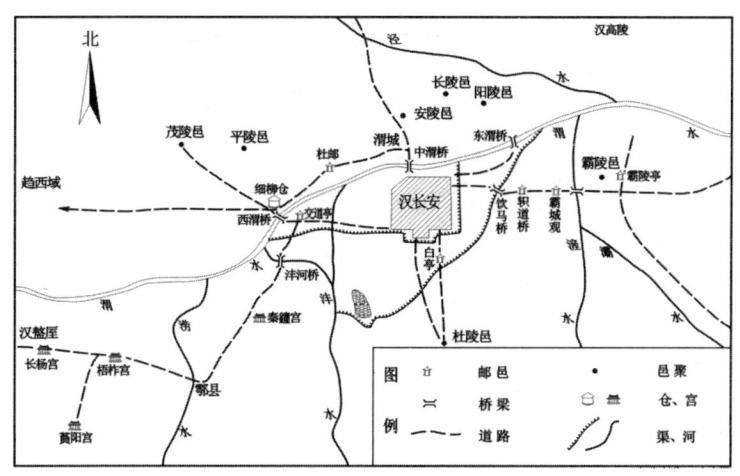

图 4-8　西汉长安附近交通示意图

(图片来源:何清谷:《三辅黄图校释》图十九,北京:中华书局,第444页。孙建国制作)

有关回中宫及回中道的探究,近年来也备受热议。《史记》卷6《始皇本纪第六》记载"二十七年,始皇巡陇西、北地,出鸡头山,过回中"。说明回中道早在秦时已开凿。《汉书》卷6《武帝纪第六》:"元封四年冬十月,行幸雍,祠五畤,通回中道,遂北出萧关,历独鹿、鸣泽,自代而还,幸河东。"即从长安出发,沿渭河,过西汉虢县(今陕西宝鸡市),再沿汧河,过西汉汧县(今陕西陇县),沿陇山东麓北上,与泾河流域的丝绸之路干线相接。这条道路因途经秦回中宫,故称回中道。回中道与萧关相连,故秦汉时是匈奴南下关中的一条通道。[23]

陇关道因"陇关"而得名,陇关又称"大震关",置于陇山之上。《太平寰宇记·陇州》记载:"汉置陇关,西当戎翟。"元鼎二年(前115)汉武帝

丝绸之路最早的东方起点：西汉长安城

率百官到崆峒山巡游,经清水,翻越陇关,因雷震惊马,后人称为大震关。[24]出陇关西行经略阳县至天水郡、陇西郡。又西过河西四郡即可到西域。

　　河西走廊以南受南部祁连山脉发源的石羊河、黑河、疏勒河三大河流水系的滋润,发育了连绵的绿洲,其自然和交通条件较之走廊以北的荒漠,无疑要优越得多。河西走廊北部深入沙漠中的石羊河、黑河下游的民勤绿洲和居延泽(今额济纳旗)是通往宁夏、河套以至蒙古草原的捷径,南部穿越祁连山脉诸山口又可通往青藏高原。西汉设立武威、张掖、酒泉、敦煌四郡,原本欲"以隔绝胡与羌通之路",却发展成"胡汉交往"繁荣一时的国际性都会城市,成为通往西域的必经之地。

二、城南道

　　位于长安城城南的陆路交通,大致有武关道、子午道、骆谷道、褒斜道和故道。

　　武关道是一条由关中往东南通往南阳盆地的道路。从长安城东门宣平门出发经饮马桥至霸陵亭南出,经过蓝田谷的峣关,在秦岭北坡沿霸水而上。越过秦岭后,顺丹水而下,经武关,可到荆襄之地。武关道的开通,最早可以推至西周。设置武关(今陕西省丹凤县)的初衷,本是为防御汉水下游对关中的进攻。[25]《史记》卷40《楚世家第十》载:"顷襄王元年,秦要怀王不可得地,楚立王以应秦。秦昭王怒,发兵出武关,攻楚,大败楚军,斩首五万,取析十五城而去。"又如刘邦从彭城经由洛阳攻打秦兵不成,遂改由豫西、武关而入。《汉书》卷1上《高帝纪第一上》载"八月,沛公攻武关,入秦"。刘邦经此道率先到达了关中之地。这说明了当时武关是古代关中通东南的咽喉之处。汉武帝太初四年(前101),徙弘农都尉治武关。另一处关隘"峣关",在武关之西。《汉书》同卷记载:"子婴诛灭

第四章　长安——丝绸之路最早的东方起点

赵高,遣将将兵距峣关……沛公引兵绕峣关,踰蒉山,击秦军,大破之蓝田南。遂至蓝田,又战其北,秦兵大败。"这可看出,峣关在秦时就已设立,位于蓝田县东南处。《水经注》载,峣关在灞水上游的泥水南面,其西北有峣柳城。[26]

长安城南面另有四条通往巴蜀的通道,从东往西分别是子午道、骆谷道、褒斜道和故道,其中子午道最为近便,但也是最崎岖不平的。子午道从杜陵直绝南山径汉中。颜师古注:"子,北方也。午,南方也,道通南北,因名子午。"所以子午道的命名,是因为南北走向的道路而定的。《史记》卷8《高祖本纪第八》:"汉王之国,项王使卒三万人从,楚与诸侯之慕从者数万人,从杜南入蚀中。"据《司隶校尉杨君孟文石门颂序》载"高祖受命,兴于汉中,道由子午,出散入秦,建定帝位,以汉讫焉"的碑文来推测,其中"杜南入蚀中"这条路应就是子午道。[27]因此,王莽时期的子午道是在已有道路的基础上修复而成的。文献记载,张良建议刘邦烧毁栈道,向项羽表明无入关之心,也说明了西汉时期子午道应该是不能通行的。至东汉延光四年(125)对子午道进行整修通行,汉魏之际成为兵家必争之地。今学者依据古文献和实地勘测,得出了秦、汉初子午道的具体路线:子午道从长安正南,沿子午谷入山后不久,即转入沣水河谷,溯谷而上,翻越秦岭,稍折西南,经洵河上游,南过腰竹岭,顺池河到汉江北岸的池河镇附近,又陡转西北,大致沿汉江北岸,经石泉县,绕黄金峡西到洋县,再西到汉中。[28]

骆谷道又名"傥骆道",自长安城西南出,途经周至县往南经骆谷,过秦岭后,再南往傥河通洋县,最终可到汉中。[29]因为此道南口为傥口,北为骆口,所以取名为傥骆道。[30]骆谷道开通时间应于西汉平帝元始五年后。[31]

153

丝绸之路最早的东方起点：西汉长安城

褒斜道由汉中为源头，往西北行进入褒水（今名黑龙江），沿着褒水向北，越过褒谷岭，再连接着斜水（今名石头河）而下至眉县，东行即可到长安城。《史记》卷29《河渠书第七》："拜汤子卬为汉中守，发数万人作褒斜道五百余里。"这是最早关于开通这条道路的记载，即汉武帝时开通了此道。且"穿褒斜道，少阪，近四百里；而褒水通沔，斜水通渭，皆可以行船漕。"褒斜道贯通之后确实减少了不少路程，然而由于水流湍急，并未能实现漕粮目的。褒斜道是一条沿出于秦岭的褒水和斜水由今陕西眉县附近越过太白山到达今陕南褒城附近的山路，且因子午道的毁废，褒斜道成了西汉武帝之后入蜀的最主要通道。《史记》卷129《货殖列传第六十九》："巴蜀亦沃野，……然四塞，栈道千里，无所不通，唯褒斜绾毂其口，以所多易所鲜"，更加突出了褒斜道在关中与蜀汉贸易交往中的地位。东汉延光四年（125）在重新整修子午道之时，褒斜道曾受到一些影响，所以，顺帝继位时下诏"益州刺史罢子午道，通褒斜路"。[32] 近年来，考古工作者对沿线多有调查，著名的石门遗迹就是在这条道上。[33]

故道是距关中最远的一条南北向道路，被认为是偏僻多坂（陡坡）的路途，行人稀少。故道即指蜀之故道县，其北为扶风之陈仓县，所以也称为陈仓道，还叫嘉陵道。此道由陈仓（今宝鸡）南行，过秦岭经甘肃徽县，沿嘉陵江而下，再由沮县（今陕西略阳）向东南行至汉中。[34] 在陈仓与渭北道汇合往东，即可到达长安。《史记》卷8《高祖本纪第八》："刘邦自汉中北归，用韩信计，从故道还袭雍王章邯。"在秦汉时期，故道就是一条重要的军事通道。"出散入秦"即是指经由此道，这里的散关是故道上重要的一道关隘。《元和郡县图志·凤翔府》："散关，在宝鸡县西南五十二里。"散关是关中为防御自秦岭以南的进攻而置。现今故道与今宝成铁路线平行。

第四章　长安——丝绸之路最早的东方起点

在长安城以南的各道路之外,还有通往西南夷的五尺道,栈道仅有五尺的宽度,足见其艰险。秦时该道即已存在,北起巴蜀两郡交界处,南抵滇池。汉武帝时,曾任命唐蒙、司马相如先后主理兴修此道事宜。经过多年经营,终于"道通千余里,以广巴蜀",从此夜郎、邛、笮、冉龙、斯榆等西南小国均内属,有利于西南边疆的开发和民族之间的文化交流与融合。与此同时由汉长安城向南越过秦岭,经巴蜀、滇池通向南亚、中亚、罗马的西南丝绸之路连结在一起了。

三、东大道

函谷道是由关中向东经函谷关的一条重要道路。从长安城东门出,跨过饮马桥,东经轵道亭、霸桥,直至霸城。此后往东依次经过新丰、鸿门、郑县、武城、华阴、弘农、陕县、渑池、新安、洛阳等地。出函谷道可达黄河下游和江淮地区,向北出辽东,南下闽越。

函谷关,因函谷而命名。《西征记》载"关城、路在谷中,深险如函,故以为名",说明此处地势崎岖艰险。历史上出现了三处以"函谷关"命名的关隘。最早的是战国时秦国防御关东进攻而设置的,其具体设置时间现今已无从考证。《元和郡县志》认为秦函谷:"在汉弘农县,即今灵宝县西南十一里故关是也。"其位置与今人考察所发现的故址相近,即今河南省灵宝市。西汉函谷关在武帝时东迁至新安县。当时有位杨仆将军,有军功,但是他认为自己是个关外人,感觉耻辱,所以上书"以家财给其用度,……以家童七百人"自筑新关。武帝就此恩准了,元鼎三年杨仆迁徙就于新安县,汉函谷关成了"新关"。汉函谷关今现在河南省新安县东面。东汉献帝初平二年之后,函谷关又有一次迁移,具体位置在今河南省灵宝市函谷关镇孟村北寨北黄河南岸弘农涧河西侧[35]。秦汉时期的函

155

丝绸之路最早的东方起点:西汉长安城

谷关是军事守卫重地,起到屏障保护关中的作用。

函谷道几乎是直的,在距离上看,从这条道路通往关东路途是最短的。汉景帝三年(前154),吴楚反叛,周亚夫受命为太尉出关应战,兵至霸上,赵涉劝诫他说:"吴王素富,怀辑死士久矣。此知将军且行,必置间人于殽黾陋狭之间。且兵事上神秘,将军何不从此右去,走蓝田,出武关,抵雒阳,间不过差一二日,直入武库,击鸣鼓。诸侯闻之,以为将军从天而下也。"[36]可见与武关道相比,函谷道是一条捷径。

四、东北道

东北道即蒲关道,从长安城东门出,经过霸陵亭向东北行,从东渭桥跨过渭水,再向东北经过阳陵、高陵、栎阳,再由蒲津关东渡黄河,则可达汾晋、雁代之地。[37]

北边的高陵,是从蒲关道西入长安城的一个重要路口。西汉末年,赤眉军起义"军及高陵,与更始叛将张卬等连和,遂攻东都门,入长安城,更始来降"[38]就是从高陵至东渭桥而入城的。栎阳,秦汉时期是一处著名的商业都会。《汉书》卷28上《地理志第八上》颜师古注:"栎阳,秦献公自雍徙",说明此时栎阳是作为都城而建的。汉初曾作为临时都城使用,太上皇葬于栎阳北塬内的万年县,也称万年城。

蒲津关是这条道路上重要的关隘,其得名是从东岸的蒲坂而来。蒲津关现位于山西永济西、陕西大荔朝邑镇东、黄河西岸。楚汉战争期间,在汉军于彭城败退后楚汉势力发生分化,塞王司马欣、翟王董翳叛汉降楚,齐国和赵国也背叛汉王跟楚国和解,魏王不仅背叛了汉王,还把主力部队驻扎在蒲坂,堵塞了黄河渡口临晋关。韩信在此增设疑兵,故意排列开战船,假装要在临晋渡河,同时秘密派遣部队从夏阳用木制的盆甏浮水渡河,偷袭安邑。魏王豹惊慌失措,带领军队迎击韩信,韩信俘虏了魏豹,平定了魏地,改置为河东郡。[39]此处的临晋关,指唐代的蒲津关,是黄河重要的津渡口。

五、直道

从长安城北面西头第一门横门,往北经过横桥(又称中渭桥),横桥南端有虓上,北端为秦咸阳;再往北到长陵至云阳甘泉宫;之后沿着秦直道,可以到达北部边防地区。

秦直道是秦始皇统一六国之后,于三十五年(前212)修筑的一条连接都城咸阳与北部边防前沿的重要战略通道。史籍文献只是提及其南端始于云阳甘泉,直至九原。[40]这条道路究竟怎样连接,还没有很可靠的证据,学术界认可的是史念海先生最早提出的路线:秦直道南端起始于泾、洛两河分水岭子午岭南端的秦云阳甘泉宫(今陕西淳化西北),循子午岭山脊西北行,至今甘肃定边一带,再经鄂尔多斯高原,转趋东北,越过黄河,至秦九原郡治九原县(内蒙古包头附近)。[41]与史先生的观点不同:靳之林认为直道路线从南端起点起,经今陕北的旬邑、黄陵、富县、甘泉、志丹、安塞一直向北至终点,大致南北笔直。[42]王开认为直道在兴隆关以南与史念海路线重合,从兴隆关起形成不同于西线的东线,且认为直道向东弯曲,经过秦阳周、秦上郡肤施即今榆林、至伊金霍洛旗与西线汇合而至终点,不经乌审旗。[43]孙相武将直道起点定在咸阳,并认为直道经今安塞、靖边、横山、榆林直至终点,不经兴隆关、秦阳周。[44]孙相武路线的主体部分与靳之林路线比较接近,向东弯曲过榆林的观点与王开相同。姬乃军首次提出直道分为两岔路,认为直道从兴隆关起分岔,西线即史念海路线;东线经富县、甘泉、安塞、靖边、横山、乌审旗而与西线汇合至终点,不经榆林。[45]

丝绸之路最早的东方起点:西汉长安城

图4-9 直道歧义图

(图片来源:史念海:《直道和甘泉宫遗迹质疑》,《中国历史地理论丛》,1988年第3期)

图4-10 内蒙古鄂尔多斯市东胜区·秦直道保护碑和秦直道保护碑
(2015年9月22日拍)

六、水上交通——漕渠

西汉时期,在长安城附近的人工河渠主要有漕渠、昆明故渠等。渭河是长安城周边最大的一条河流,其他七水均为其支流。渭河的通航主要是集中在长安以下河段,主要功用是从关东向长安运送物资。通过对渭河的流量、泥沙和河势变迁进行动态观察,可知渭河是一条水少、沙多、流量不稳定和河道弯曲大的河流。西汉时期在渭河南岸又开凿了人工渠道漕运东方的粮食,称为漕渠。

漕渠,是汉武帝在大农令郑当时的建议下,沿渭水南岸兴修的一条由都城长安直通黄河的人工运河,主要功能是为漕运关东的粮食。漕渠引渭地点,一直受到学术界的关注。《水经注》载:"渭水东合昆明故渠,渠上承昆明池东口,东经河池陂,亦曰女观陂,又东合沇水,亦曰漕渠。"由此有学者认定渠首应是昆明池。但从两处开凿时间来看,漕渠开凿成功是在元朔三年(前126),但昆明池的开凿却是在元狩三年(前120),因此这种论点是错误的。马正林先生认为汉代渠首应在今西安市西北郊的鱼王村附近,距离(西安)城约十五千米。[46]但据卫星照片对比来看,汉初的渭河距长安约500米左右,最多不超过1000米,而新民村、西营村距长安1000米以上,所以渠首应另有他处。[47]史念海先生认为汉漕渠引渭起点在今咸阳钓鱼台附近。[48]之后过沣水又"东行滈池北,秦磁石门南",在汉长安城西南角外由三桥下穿过唐开远门至咸阳大道(汉时则当通过揭水陂),缘汉长安城南垣东行。再往东流,从袁雄村横绝灞河,经过今临潼、渭南县北,沿二华夹槽向东,从华阴县北折向东北,在今三河口以西注入渭河。[49]

丝绸之路最早的东方起点：西汉长安城

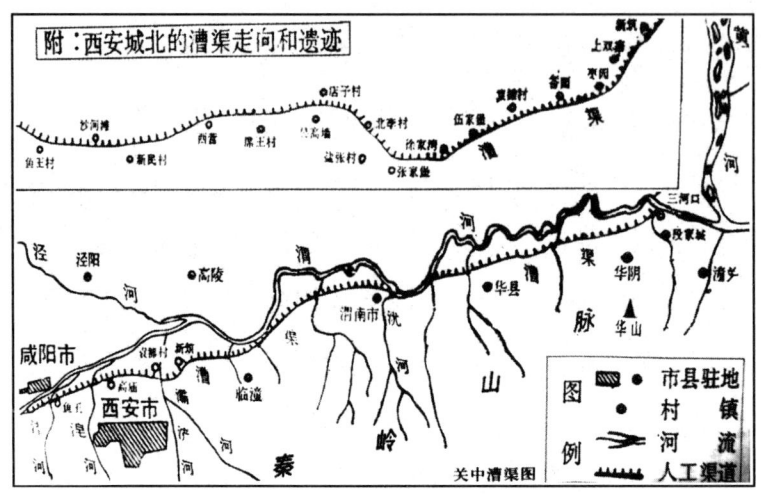

图 4-11 漕渠流经线路示意图

（图片来源：马正林：《渭河水运与关中漕渠》，《陕西师大学报：哲学社会科学版》1983 年第 4 期）

昆明渠，汉元狩三年（前 120）凿昆明池。其流经线路据《水经注》载："渭水东合昆明故渠。渠上承昆明池东口，东迳河池陂北，亦曰女观陂。又东合沇水，又东迳长安县南，东迳明堂南……渠南有汉故圜丘……故渠之北有白亭、博望苑……故渠又东而北屈，迳青门外，与沇水枝渠会。"黄盛璋先生根据实地考察，认为汉明堂那段文献记载有误，昆明渠北推可到长安城墙边。[50] 辛德勇认为黄先生的论断还是不足以推翻文献的。他认为开凿漕渠，主要是为了向长安城输送关东的粮食，而这些粮食，主要是输往太仓储藏。汉太仓在长安城东南，与漕渠相通连的昆明渠，流经其地。但是，昆明渠水量有限，还不足以负载粮舟直抵仓下。昆明渠的水源地是昆明池，直到唐代，仍然保持相当规模，而漕渠却屡遭废弃，就是因为漕渠的主要水源是渭河，而不是昆明池。所以，只有源于渭水的漕渠主干经由太仓，才能将粮食运入仓中。[51]

160

第四章　长安——丝绸之路最早的东方起点

汉代漕渠是一条规模巨大的人工运河,始凿于汉武帝时期,穿沣越灞,东至潼关入河,号称长三百余里。汉灞桥是汉都城东出的第一座大型桥梁,在中国古代桥梁史上具有重要地位,至今尚未有相关的考古调查报告与确凿的发现。面对2000年、2005年、2006年初、2006年3月8日考古人员相继在西安市灞桥区段家村一带河岸发现的似木箱状的汉代水上木构建筑、汉代建筑遗迹[52]、汉代水工埽体遗迹和一处古代水坝遗迹[53],西安文物保护修复中心科技考古室秦建明先生认为这些遗迹都与汉代人工运河漕渠有关,都是围绕漕渠的修建和使用所实施的附属工程。

漕渠不但有运输之功能,对沿岸农田也有灌溉之效,据《汉书·沟洫志》载其可灌溉渠下土地一万余顷,约折合70万市亩。西汉在渭北还修建了成国渠、六辅渠、白渠等,主要用于灌溉,发展关中农业生产,缓解漕粮困难之压力。

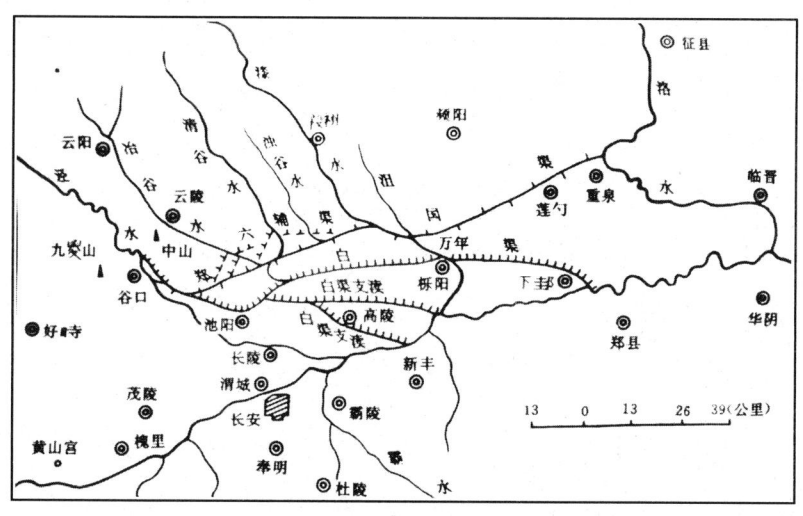

图4-12　西汉郑国渠、白渠、六辅渠示意图

(图片来源:吕卓民:《古代关中郑国渠、白渠与六辅渠研究管见》,《汉唐长安与关中平原——中日历史地理合作研究论文集第二辑》,《中国历史地理论丛》,1999年增刊,第193页)

丝绸之路最早的东方起点：西汉长安城

秦汉时期，沟通西北地区与中原的是秦始皇时代修筑的弛道，其基本路线是：自长安城达雍（今陕西凤翔县）经上邽（今甘肃天水市）过狄道（今甘肃临洮县）经删丹（今甘肃山丹县）到张掖西行；另有一条秦汉时期的较早的驿道——回中道：从长安出发，沿渭河，过西汉虢县（今陕西宝鸡市），再沿汧河，过西汉汧县（今陕西陇县），沿陇山东麓北上，与泾河流域的丝绸之路干线相接。公元前220年秦始皇出巡，过回中宫（今陇县西北六盘山东麓），上鸡头山（今甘肃平凉县西北小崆峒山）到北地郡（今甘肃庆阳市西峰镇一带）。这条道路因途经秦回中宫，故称回中道。这在《史记》卷129《货殖列传第六十九》中也有记载："天水、陇西、北地、上郡与关中同俗，然西有羌中之利，北有戎翟之畜，畜牧为天下饶。然地亦穷险，唯京师要其道。"正是说明西部各郡因在京师西出大道上，地位逾显重要。然官方沟通中国与中亚西亚和欧洲交往则始于张骞的凿空。

第三节　张骞"凿空"与丝绸之路

西北地区城市的发展与军事活动有很大关系，战争作为政治权力的客观构成要素在西汉帝国的权力运作中发挥了极为重要的作用。胜利战果则需要其他辅助设施来维护和巩固，汉长城正是西汉政府用来抵挡匈奴南下的重要屏障，同时也是保障丝绸之路畅通和安全的重要设施。

一、汉长城的营造

汉长城形成于武帝时期，武帝之前的统治者曾利用过秦昭王时的长城，武帝之后也曾由盐泽（今新疆罗布泊）向西延伸设立过亭障，但是这些长城无法与建于汉武帝时期的规模空前的长城相提并论。汉长城是在汉匈战争期间，随着汉朝势力的发展及汉朝与匈奴斗争形势的需要，分期分段修缮建造而成的。

第四章　长安——丝绸之路最早的东方起点

汉长城的形成大体可分三个阶段。

第一阶段,修缮秦长城。标志性事件是武帝元朔二年(前127)在与匈奴的大战中取得胜利,并夺得河套地区。这段长城东起阴山(今内蒙古境内的大青山),中经阳山的高阙塞、鸡鹿塞(今内蒙古境内的狼山),再由鸡鹿塞下的沿黄河防线西南至榆中(今甘肃省榆中县)。

第二阶段,新建西汉长城。标志性事件是武帝元狩二年(前121)通过战争夺得了匈奴的河西地区,将防御体系向西延伸。《汉书》卷6《武帝纪第六》记载:元狩二年"春三月,遣骠骑将军霍去病出陇西,至皋兰,斩首八千余级,夏,……将军去病、公孙敖出北地二千余里,过居延居延,斩首虏三万余级。……秋,匈奴昆邪王杀休屠王,并将其众合四万余人来降,置五属国以避之。以其地为武威、酒泉郡。"汉朝将匈奴降众内迁,安置在陇西、北地、上郡、朔方、云中等五郡之中。至此"金城、河西并南山(今祁连山)至盐择,空无匈奴"。汉夺取河西之地以后,设置郡县进行管理。《汉书》卷96上《西域传第六十六上》云:"其后骠骑将军击破匈奴右地,降浑邪、休屠王,遂空其地,始筑令居以西,初置酒泉郡。"《汉书》卷61《张骞李广利传第三十一》又载:"而汉始筑令居以西,初置酒泉郡,以通西北国。"臣赞注曰:"令居,县名也,属金城,筑塞西至酒泉也。"这段新建长城东起令居塞(今甘肃省永登),顺河西走廊西至酒泉。令居至酒泉的新建长城实际上是第一阶段沿黄河防线向西延长线。《后汉书》卷87《西羌传第七十七》载:"及武帝征伐四夷,开地广境,北击匈奴,西逐诸羕,乃渡河湟筑令居塞。"这样当时的沿黄河防线就由榆中向西延伸到金城(今兰州),由金城北渡黄河"筑令居塞",再由令居向西北延伸到酒泉。从而将第一阶段和第二阶段的长城防线连接起来,形成了东起阴山,西至酒泉的内层长城。

第三阶段,新建与修缮西汉长城。武帝元狩四年(前119)与匈奴展开了更大规模的战争,派遣卫青、霍去病率领十万骑兵从东西两路进攻匈

丝绸之路最早的东方起点:西汉长安城

奴,匈奴势力遭到重创,致使匈奴远遁,西汉王朝最终夺取了整个漠南地区,之后少有大规模的战争。元鼎五年(前112),汉武帝派匈河将军赵破奴击破匈奴势力之后,修建了酒泉到玉门的长城。[54]元鼎六年(前111)西汉军事实力达到顶峰,东边以濊貊、朝鲜为郡,西边设置酒泉郡隔绝了匈奴与羌之间的通道。向西又与月氏、大夏联合,与乌孙王联姻,断了匈奴西方的援助。北边益广田至眩雷为塞(即汉度河自朔方以西至令居,往往通渠置田官)。元封六年(前105)以后匈奴势力稍有增强,单于左方兵力可直达云中,右方兵力则可直逼酒泉、敦煌。[55]

武帝太初三年(前102)光禄勋徐自为"出五原塞数百里,远者千余里,筑城鄣列亭至庐朐,……使彊弩都尉路博德筑居延泽上。"[56]徐自为所筑长城为外城,"外城"实际上由南北平行的两道长城组成,靠南一道长城东起于今内蒙古武川县西部,靠北一道长城东起于今内蒙古达茂旗东南部。南北两道汉长城约以几十公里的不等相距,由东南向西北延伸,经过今内蒙古的武川县、固阳县、达茂旗、乌拉特中旗、乌拉特后旗,并从乌拉特后旗穿越中蒙边界进入蒙古人民共和国南戈壁省,又转而西行进入我国内蒙古额济纳旗,与居延长城遥遥相接。汉武帝又派遣伏波将军路博德修建了居延至酒泉段的"遮虏障"。"遮虏障"北起居延塞,沿古弱水向西南延伸到酒泉,与酒泉至盐泽的长城相衔接。

草原长城由徐自为修建的"处城"和路博德修建的"遮虏障"组成。它的形成使整个汉长城具有了内外两层防线的形势。第一第二阶段的长城变为内线长城,而草原长城本身成为外线长城。草原长城又西接河西走廊内的长城,东接阴山卫青所修缮的秦汉长城。内外长城的西端连接处在酒泉,东端的衔接情祝比较复杂,大体上为一道南北走向的长城,由汉外长城东端起南接逶迤于大青山北岗之上的汉内长城,即秦汉长城。秦汉长城又向东延伸到内蒙古呼和浩特市北部与大青山南麓的赵秦汉长城相连接。[57]笔者2015年9月下旬曾带学生穿过阴山至固阳、武川一带考察,目睹了秦固阳遗址、汉外长城遗址及遥看徐自为的亭障。

图 4-13　内蒙古包头市·秦固阳长城遗迹　(2015 年 9 月 24 日拍)

图 4-14　内蒙古呼和浩特市武川·汉外长城保护碑　(2015 年 9 月 24 日拍)

太初四年(前 101)李广利击破大宛之后,修建了敦煌至盐泽的长城。[58]这段长城西起盐泽,中经敦煌、玉门,东接酒泉内外长城。这样汉通西域的孔道河西走廊和罗布泊地区完全处在长城的保护之下。《汉书》卷69《赵充国辛庆忌传第三十九》载:"窥见北边自敦煌至辽东万一千五百余里,乘塞列隧有吏卒数千人,虏数大众攻之而不能害。"新建和修缮后的汉代长城长达两万里,它西起盐泽,中经敦煌、酒泉、居延塞(今内蒙古额济纳旗达兰库布)、光禄塞(今内蒙古包头市以北),与内蒙古呼和浩特市以东的大青山南麓与秦长城连接,然后再向东延伸到辽东。整个汉长城的重点在中西部,河套地区以北形成了三道平行的防线,河西地区以北形成了二道并行的防线,而阴山至辽东和酒泉至盐泽的东西两端为单行防线。

经过十五年的战争(前133—前119),夺得匈奴包括河套地区和河西地区在内的整个漠南地。为了巩固所取得的胜利并最终战胜匈奴,汉武帝又兴师动众修缮了秦万里长城,还在更北更西的戈壁滩上修筑了新的长城。整座汉长城沿着古瀚海南岸,由西到东构成了一条坚固的防线,将偌大的阴山和祁连山括入长城之内,把匈奴拒于寒苦少水草的漠北地区。从整体看,汉长城对匈奴的打击,其经济上的作用远比军事上的作用深刻。经济上的衰败,使匈奴无法在政治上稳定。武帝之后,匈奴果然不战自乱,最终因内讧而分裂,呼韩邪单于南下臣服于汉。

汉长城大体上始建于元朔二年(前127)至太初四年(前101),击破大宛之后基本建造完成。前后用了近三十年的时间,经过分段建造和修葺,最后形成了庞大而复杂的防御体系。汉长城作为军事防御工程,主要产生在汉匈之间的对立与征战阶段。汉武帝虽然取得决定性胜利,但是未能最终征服匈奴。所以,长城作为军事防御工程,正是为了阻止匈奴南下而建造的。汉代外长城的修建正说明了这一局势,汉兵深入穷追二十余年,也只是使匈奴疲惫疾苦,至使自单于以下常有和亲的意图。

第四章　长安——丝绸之路最早的东方起点

图 4-15　汉长城示意图

（图片来源：白音查干：《汉长城考察与研究》，《内蒙古师大学报（汉文哲学社会科学版）》，1987 年第 1 期。焦润峰清绘）

二、张骞"凿空"

"西域"一词，最早出现在汉代史籍中，现有狭义和广义之分。狭义上的西域是指玉门关、阳关以西，葱岭以东；广义上则是葱岭以西的东、西、南亚之地，是中原地区对当时西方的统称。[59]西域同内地的联系据说开始于西周时期的第五个君主周穆王。西晋汲郡战国魏襄王墓中发现的《穆天子传》曾记载，周穆王驾八骏，率六师，行数万里，到西方的瑶池会见西王母国君。据传，西王母国即在西域。但是，西域同内地频繁的联系，则是始于西汉王朝，特别是汉武帝统治时期，《汉书》卷 96 上《西域传第六十六上》中记载："西域以孝武时始通，本三十六国，其后稍分五十余。"其四域范围："……皆在匈奴之西，乌孙之南，南北有大山，中央有河，……东侧接汉，隔以玉门、阳关，西侧限以葱岭。"大致相当于现今塔里木盆地及周缘这一地区。

公元前 2 世纪左右，西域地区分布着 36 个国家，大者人口有几十万人,小者不过数千人。从地理分布上看,主要分布在三个地区:塔里木盆地南缘为南道诸国,包括楼兰、且末、于阗、莎车等国;塔里木盆地北缘为北道诸国,包括疏勒、龟兹、焉耆、车师等国;准噶尔盆地东部散布着姑师、卑陆、蒲类等一些小国。盆地西部的伊犁河流域,原来居住着塞人。西汉初年,居住在敦煌祁连山一带的月氏人,由于被匈奴所迫,西迁到此处,赶走了塞人,建立了大月氏国。不久,河西地区的乌孙人为了摆脱匈奴人的压迫,向西迁徙,把月氏人赶走,占领了这块土地。西汉初年,匈奴冒顿单于征服西域,设僮仆都尉,向各国征收繁重的赋税,匈奴还以西域作为军事上的据点和经济上的后盾,向西汉王朝发起进攻。西汉初年的版图比秦代版图大为缩小,尤其是在西北地区,而这种局面一直延续到武帝发起对匈奴的战争为止。

政治上的稳定和社会经济的发展,为改善边疆环境提供了良好条件。经过汉初60余年的发展,武帝时期的政治、社会、经济、文化得以巩固、发展,进入繁荣时期,统治者统治管理的目标发生了由内而外的转移,最为重要的一件事情就是消除外侮——匈奴的侵袭。除了使用战争暴力手段之外,就是外交,张骞就是在这种局面下,前后两次出使西域,最终完成了稳定西方的任务。

(一)张骞第一次出使西域

张骞(?~前114),汉中城固(今陕西城固)人。先后两次奉旨出使西域诸国,第二次出使西域打开了汉朝通往西域的道路,使者和商人往来络绎不绝,中西交通出现空前未有的盛况,史称"张骞凿空"。

武帝建元三年(前138),张骞奉命率领100多人,从陇西(今甘肃临洮)出发,西行进入河西走廊。胡人家奴堂邑父,自愿充当张骞的向导和翻译。这一地区自月氏人西迁后,已完全为匈奴人所控制。张骞一行人在这里不幸碰上匈奴的骑兵队,全部被抓获。

军臣单于得知张骞是要出使月氏后,对张骞说:"月氏在吾北,汉何以得往？使吾欲使越，汉肯听我乎？"[60] 为此，张骞一行被扣留和软禁起来。匈奴单于为软化、拉拢张骞，打消其出使月氏的念头，进行了种种威逼利诱，还给张骞娶了匈奴的女子为妻，生了孩子。这些均没有动摇其为汉朝通使月氏的意志和决心。张骞等人在匈奴一直留居了10年之久，后在监视者疏忽之时逃离匈奴，前往大月氏国。

然而此时的西域与其出使时有了很大变化。月氏的敌国乌孙，在匈奴的支持和唆使下西攻月氏。月氏人被迫从伊犁河流域继续西迁，进入咸海附近的妫水地区（今阿富汗北部阿姆河一带）。大月氏征服了大夏之后，在新的土地上另建家园。张骞大概了解到这一情况，决定继续西行。他们经车师后没有向西北伊犁河流域进发，而是折向西南，进入焉耆，再溯塔里木河西行，过库车、疏勒等地，翻越葱岭，直达大宛（今乌兹别克共和国境内）。张骞一行，风餐露宿，备尝艰辛。干粮吃尽了，就靠善射的堂邑父射杀禽兽聊以充饥。不少随从或因饥渴倒毙途中，或葬身黄沙、冰窟，付出了生命代价。

张骞到大宛后，向大宛国王说明了自己出使月氏的目的和沿途种种遭遇，希望大宛能派人护送，并表示今后如能返回汉朝，一定奏明汉皇，送他很多财物，重重酬谢。大宛国王本来早就风闻东方汉朝的富庶，很想与汉朝通使往来，但苦于匈奴的阻碍，未能实现。汉使的意外到来，使他非常高兴。张骞的一席话，更使他动心。于是大宛国王满口答应了张骞的要求，热情款待后，派了向导和译员，将张骞等人送到康居（今哈萨克斯坦东南）。康居王又遣人将他们送至大月氏。

然而这时大月氏因新获国土十分肥沃，物产丰富，加之其距匈奴和乌孙很远，外敌寇扰的危险已大大减少，改变了态度，不愿意再攻打匈奴了。张骞等人在月氏逗留了一年多，但始终未能实现说服月氏人与汉朝联盟，夹击匈奴的目的。在此期间，张骞曾越过妫水南下，抵达大夏的蓝氏城（今阿富汗的汗瓦齐拉巴德）。元朔元年（前128），在动身返国途中，张骞

丝绸之路最早的东方起点：西汉长安城

为避开匈奴改循昆仑山北麓的"南道"，从莎车，经于阗（今和田）、鄯善（今若羌），进入羌人地区，不幸的是张骞等人再次被匈奴骑兵所俘，又被扣留了一年多，于元朔三年（前126）初趁匈奴内乱之机，才带着自己的匈奴族妻子和堂邑父逃回了长安。从武帝建元三年（前138年）出发，至元朔三年（前126年）归汉历时13年，出发时的100多人回来时也仅剩下张骞和堂邑父二人。

张骞第一次对广阔的西域进行了实地的调查研究工作，他不仅亲自访问了位处新疆的各小国和中亚的大宛、康居、大月氏和大夏诸国，而且从这些地方又初步了解到乌孙（伊犁河流域）、奄蔡（里海、咸海以北）、安息（即波斯，今伊朗）、条支（又称大食，今伊拉克一带）、身毒（又名天竺，即印度）等国的许多情况。回长安后，张骞将其见闻向汉武帝作了详细报告，对葱岭以西、中亚、西亚，以至安息、印度诸国的位置、特产、人口、城市、兵力等，都做了说明。张骞一行人虽然没有达到联络大月氏共击匈奴的目的，但沟通了西汉王朝与西域诸国的联系，西汉政府增加了对西域的了解。为了表彰他们的功绩，汉武帝封张骞为太中大夫，封堂邑父为奉使君。

元朔六年（前123），张骞以校尉从大将军[61]卫青攻打匈奴，以"知水草处，军得以不乏"被封为博望侯。元狩二年（前121），张骞以卫尉的身份跟随李广出右北平攻打匈奴，因为没有按期到达，被免为庶人。[62]

（二）张骞第二次出使西域

张骞第一次出使虽然未能联合到大月氏，但了解了西方地理形势、风俗、物产、政治、经济、军事等情况，丰富了汉武帝对蛮夷的认识，从匈奴、越人扩大到具有异国情调的大宛、康居、大夏、大月氏、安息、条支、身毒等，这激起了武帝经营西域和开拓西南的欲望。

经过卫青、霍去病等几次的攻打之后，失去河西走廊后的匈奴向西北退却，依靠西域诸国的人力、物力，继续与西汉对抗。武帝元狩四年（前

第四章 长安——丝绸之路最早的东方起点

119),汉武帝再任张骞为中郎将,率300多名随员,携带金币丝帛等财物数千巨万,牛羊万头,第二次出使西域。此次出行非常顺利,此行的目的也与上次不同,一是希望与匈奴有矛盾的乌孙东归故地,以断匈奴右臂;二是宣扬国威,劝说西域诸国与汉联合,使之成为汉王朝之外臣。张骞到达乌孙时,恰逢乌孙内乱,没有达到劝说乌孙东归的目的。不过,张骞的副使则分别访问了中亚的大宛、康居、大月氏、大夏等国,扩大了西汉王朝的政治影响,增强了相互间的了解。张骞一行偕乌孙使者数十人于元鼎二年(前115)返回长安,促进了二者之间的联系。第二年张骞病逝。

元鼎二年(前115),随张骞至长安的乌孙使者回国后,向其国王报告了汉王朝的强盛,增强了乌孙王昆莫对汉王朝的信任。乌孙王派使者再次来到长安,向武帝求娶汉公主,请求与汉和亲。元封六年(前105),汉武帝把江都王刘建之女细君作为公主嫁给昆莫。刘细君带着皇帝的陪嫁以及服侍随从数百人嫁给了乌孙王昆莫,之后汉王朝又将楚王刘戊之女解忧公主嫁给乌孙王岑陬。这两次和亲,对于巩固汉与乌孙的友好关系,使乌孙成为汉在西方牵制匈奴的一支重要力量,以及发展双方经济、文化交流等,都起到了积极作用。

张骞两次出使西域,促进了中西经济文化交流。此后,汉朝和西域各国经常互派使者,多者数百,少者百余人。促进了双方贸易的发展,形成了商胡贩客,日款于塞下的景象。[63]但是,处于西域东端的楼兰、姑师(后称车师)仍在匈奴的控制之下,他们在匈奴的挑唆下,经常出兵攻杀汉朝使者,劫掠商旅财物,成为汉通往西域的严重障碍。为确保西域通畅,汉将赵破奴、王恢于元封三年(前108)率700轻骑突袭楼兰,后赵破奴又率军数万击破姑师,并在酒泉至玉门关一线设立亭障,作为供应粮草的驿站和防守的哨所。

此后,为了打破匈奴对大宛的控制并获得大宛的汗血马,汉武帝还于太初元年(前104)和太初三年(前102)两次派贰师将军李广利西征大宛,迫使大宛进贡良马几十匹,中马以下牡牝三千余匹。大宛良马称为"天马",而之前称为"天马"的乌孙马改为"西极"。在征服西域同时,武帝在西方设防:敦煌西北筑起宏伟玉门关。设置烽火台、亭障、哨所;在西方将长城延伸至敦煌,在楼兰、渠犁(新疆塔里木河北)和轮台(新疆库车县东)驻兵屯垦,置校尉以军养军,这是汉在西域最早设立的军事和行政机构。公元前60年(宣帝时),西汉朝廷在乌垒城设置西域都护府,首任西域都护郑吉,西域从此开始从匈奴控制转为汉人控制。

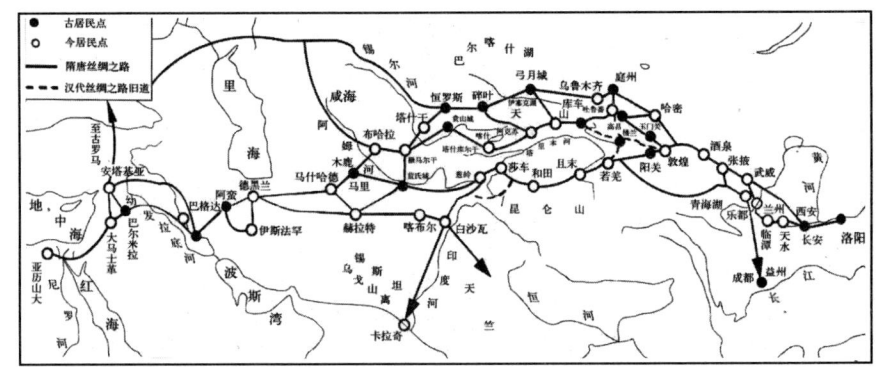

图4-16 "丝绸之路"线路图

(图片来源:西安市文物局编著:《西安大遗址保护》图9,北京:文物出版社,2009年,第20页)

三、长安——丝绸之路最早的东方起点

"丝绸之路"这一名词,由德国地理学家李希霍芬于1877年在《中国》一书中首次提出并加以解释:"从公元前114年到公元127年间,连接中国与河中(指中亚阿姆河与锡尔河之间)以及中国与印度,以丝绸贸易为媒介的西域交通线路"[64],其史料依据是《史记·大宛列传》中张骞对中亚诸国"其地皆无漆丝"的认识。1910年,德国史学家赫尔曼在他的《中国和叙利亚之间的丝绸古道》一书中,依据文献重新对其定义:"我们应该把这个名称的含义延伸到通往遥远西方的叙利亚的道路上。"后者的

第四章　长安——丝绸之路最早的东方起点

新意在于将"丝绸之路"的终点确定到了更西的叙利亚。但是两者都仅仅将"丝绸之路"视为单纯的交通地理概念来讲。随着中外学者对"丝绸之路"研究的不断深入、丝路申遗的成功以及中国"一路一带"经济发展战略的展开,"丝绸之路"的研究备受关注和青睐,吸引了经济贸易领域之外的历史学、环境史、民族学、宗教文化、城市规划、建筑学等领域学者的普遍关注,对丝绸之路的研究自然也会更加深入。

随着中国国内经济活动的繁荣,20世纪八九十年代以来,国内相继有西安、洛阳以及安阳、南阳、临漳、淄博等诸多城市展开了争夺丝绸之路起点的论战,抛开"丝绸之路"起点争夺背后的政治、经济等方面的意义不谈,上文已经对张骞"凿空"的本身含义做了说明。笔者近期看到在敦煌莫高窟第323窟北壁上部西侧有一幅关于西汉张骞出使西域题材的壁画,为丝绸之路以长安起点再添新的证据。据推算该壁画完成于初唐载初前后(689年左右)[65],画面主要有三个情节:汉武帝到甘泉宫拜二金人;汉武帝送别张骞;张骞等人到达大夏国。画面右上角画有殿堂一座,门额上书有"甘泉宫"三字,殿内有二金人,殿外有汉武帝及侍臣面向其礼拜,榜题说明汉武帝时征讨匈奴获其二金人,置于甘泉宫内。画面下方汉武帝骑于马上为张骞送别,画面左上角为张骞一行人穿山越岭前往西域,大夏国的城池位于左上角,城内有寺塔,城外有二比丘作迎候状。[66]

《汉书》卷94上《匈奴传第六十四上》:"元狩二年(前121),汉使骠骑将军去病将万骑出陇西,过焉耆山千余里,得胡首虏八千余级。得休屠王祭天金人。"关于"祭天金人"是什么,班固也未提及,仅颜师古注曰其"金人即佛像"。有些学者从重新考订佛教传入时间和中西种族间的文化交流绵绵不绝的事实来看,则认同"金人即佛像"。[67]但学界从佛教传入中原的时间、佛教出现大肆造像的史实和匈奴文化的角度,否定了"金人即佛像"的观念。[68]王子今先生认为"云阳,有休屠、金人及径路神祠三所"以及武帝在此处的种种祭神行迹,可以得出甘泉可能是匈奴巫文化和汉文化的一个特殊基地的结论。[69]结合前文对甘泉宫的论述以及汉武帝

丝绸之路最早的东方起点：西汉长安城

在甘泉宫的活动来看，张骞第二次出使西域是极有可能从甘泉宫出发的。

图 4-17　敦煌莫高窟第 323 窟北壁上部西侧

（图片来源：《中国石窟·敦煌莫高窟》第三卷，文物出版社、日本平凡出版社，1987 年 8 月，第 64 页）

至于张骞第二次出使西域的地点为何选择在甘泉宫，可从本书第二章对甘泉宫功能和地位的论述中找到一些原因。因此，既然学界认为丝绸之路的开通以张骞第二次出使西域的时间为据，那么敦煌壁画所反映的场景，或许就是真实的史实，那么以甘泉宫为丝绸之路的起点亦当被认可，或至少可以以备一说。当然，毕竟甘泉宫是西汉都城——长安的重要组成部分，以长安为丝绸之路起点的说法并不会导致学术上的误解。

张骞"凿空"西域的伟大盛举不仅开辟了中西文化交流的孔道，还开辟了影响千年的官方交往的"丝绸之路"。公元前 60 年，西汉在乌垒城（今新疆维吾尔自治区轮台县境内）设置了西域都护府，从此今新疆地区便被纳入了汉朝版图。在开发和治理西域上，西汉政府还采取了一些措施，如屯垦戍边、修筑城堡和烽燧亭障，并驻守军队等。汉通西域不仅让西域对西汉的认识发生变化，而且这些变化还折射到西域诸国的政治、经济和社会生活中。在政治上，西域各国在官职的设置上都带有汉民族色

第四章　长安——丝绸之路最早的东方起点

彩,如击胡侯、击胡都尉、击胡军等。在经济上,西汉王朝在西域屯田,主要是为了解决军粮问题,但与此同时还给西域当地带去了先进的生产方式和农业技术,促进当地的经济发展。在社会生活上,据近年来的考古发掘,西域城市、墓葬形制、葬具葬俗等,都反映出其受汉王朝的影响之重。

"正如考古发现所揭示的,中国与西方的交流至少在商周时代已开始。通过丝绸之路或古代海上交通,我们从西方学到了许多有益的东西。比如,在纺织品上织金线,是向罗马艺人学的;制作黄铜的技术,是从波斯工匠那里学会的;佛教及其艺术则得益于印度高僧。另外,历史也留下了许多惨痛的教训。由于汉长安宫廷穷奢极欲地追求西方奢侈品,上有好者,下必甚焉,最终导致汉代上层社会的全面腐败,汉帝国的灭亡自然也就为期不远了。"[70]1979年盗墓人在阿富汗西北边境席巴尔甘东北5千米的黄金之丘发现了一处古代游牧人的墓地,在仅仅发掘的6座墓葬中就出土了相当惊人的随葬品,仅黄金艺术品一项就达2万件。据墓中出土安息银币、罗马金币和西汉昭明镜判断,黄金之丘墓地的年代约在公元前后几十年。研究者普遍认为,黄金之丘墓地的墓主人就是公元前175年从敦煌西迁中亚的大月氏人。[71]

由上述遗物证明,张骞"凿空"西域之前,汉朝与西域各国之间就有了各种往来,只不过经过汉武帝的经营和张骞的联络使原来的民间活动成为官方行为,由路面交通上升为民族交往,"凿空"的意义就在于此。所以,长期以来关于"丝绸之路"开通时间的讨论所忽视的恰恰是文献字面背后的这层意思。《史记》卷123《大宛列传第六十三》中载张骞第二次出使西域,乌孙王与汉加强联系之后,大夏之属"皆颇与其人俱来,于是西北国始通于汉矣"。文献明示是因为有了大夏等各国使者的到来,西北诸国才开始与西汉有了官方往来。现代诸多城市对"丝绸之路起点"的争夺实则没有任何意义,西汉长安城无疑是丝绸之路最早的东方起点。

四、丝路沿线的物质文化交流

丝绸之路上,一方面,烟尘滚滚,战马啸啸;另一方面,商业、经济、文

175

丝绸之路最早的东方起点:西汉长安城

化的和平往来开始频繁,尤其是商业与文化交往,以及使节往来促进了中西交流。丝绸之路有南北两条,敦煌是中心:长安—敦煌—玉门关—车师—焉耆—龟兹—乌孙—大宛—康居;另一条是:长安—敦煌—阳关—鄯善—于阗—莎车—大夏—安息—条支。在线路畅通之时,商旅、政客往来于道,交通有无,促进了物质文化与精神文化的交流。正如林梅村先生在《秦汉大型石雕艺术考》中指出的:"以往的研究中,中国古代艺术被认为缺乏世界其他古文明常见的纪念碑式大型金石雕像。近代金石学家则认为汉代大型石刻如神道柱等,受西方艺术影响。欧美和日本学者或把秦汉大型金石雕像的起源归之于斯基泰艺术、西亚艺术或中亚犍陀罗艺术。"然而就现有资料而言,三种文化因素对中国大型石雕艺术的起源和发展起了重要影响。首先,基于中原本土文化因素;其二,受欧亚草原,尤其是阿尔泰语系游牧人古代艺术的强烈影响;第三,张骞通西域后,中国石刻艺术才开始和中亚希腊化艺术以及西亚波斯艺术进行交流。[72]

(一)中原文化向西传播

西汉时期是中国封建社会农业生产大发展的第一座高峰,丰富的农产品为手工业和商业的发展提供了广阔的前景。

张骞通西域后,中国丝绸织绢大量向西域倾销。汉代的丝织品质料精良,用途广泛,故深受西域诸国喜爱。例如,当时大秦贵族妇女喜穿中国丝绢,安息条支(叙利亚)等国商人以操纵丝绢贸易作为一种重要任务,可知汉朝中国商品已推销至地中海之东北岸及北岸地区。

桑蚕业的发展为丝织品的生产提供了充足的原料,长安城宫内设有东西织室,生产上等绫绢,专为皇室织衣。孝文帝母薄太后在被纳入后宫之前曾在织室劳作过。[73]设在齐国临淄的三服官(三服与生产春、夏、冬装有关而名)是当时丝织业的中心之一。西汉中后期,齐国三服官有奴数千人。陈留服官(河南)以刺绣著名,是重要的丝织品产地之一。上述三个机构,均由少府主管。而一些官宦贵族也不惜高价吸收民间的作坊技巧,如朝廷显贵霍光妻霍显即以高昂的价值召巨鹿人陈宝光来长安住其

第四章 长安——丝绸之路最早的东方起点

家织作,机用一百二十镊,六十日成一匹,匹值万钱。陈宝光能织蒲桃绵、散花绫。再者,1973年湖南长沙马王堆汉墓出土了三个汉墓。一号墓有大量丝织品,无论质地选料还是颜色花纹,已达到了很高水平。有一件"素纱襌衣",身长128厘米,袖长190厘米,薄而轻,重49克,不足一两。有一墓葬出土了贵妇人尸体,另有《德道经》《战国纵横家书》帛书。可见,当时的丝织品是显贵地位和身份的象征。此外,西汉丝织品还通过馈赠方式,大批输往边疆,远至西亚、大秦。丝织品是中国对世界文化的一大贡献,为打开世界市场立下头功。

除丝织品西传外,中国铸铁技术亦沿丝路至大宛、康居、安息等地。《汉书》卷96上《西域传第六十六上》载"安息":"其地无丝漆,不知铸铁器。及汉使亡卒降,教铸作它兵器。得汉黄、白金,辄以为器。"中国的术学也传到了乌苏,乌苏国国王泥靡为狂王时,被刺杀,"汉遣中郎将张遵持医药治狂王,赐金二十斤,采缯"。[74]穿井开渠之灌溉方法相继输入中亚印度。汉武帝太初二年(前103)李广利率兵三万攻大宛,期间穿井引水技术已传至费尔干纳盆地;汉宣帝元康二年(前64)命大将军宋武贤率大军于敦煌白龙堆之间,穿卑鞮侯井(坎儿井)通渠屯田。[107]至此凿井开渠之法,亦于新疆等地广泛流播。

除了物质文化的传播之外,礼仪文化的交流与融合也是显而易见的。武帝时,贰师将军班师回朝时,沿途一些小国听说大宛被打败,就纷纷让他们的子弟跟随将军入贡,朝见天子,并作为质子留在汉朝。其中,从玉门加入大部队的就有一万多人,带回了千余匹马。如此大规模的人员往来势必促进中西文化的交流、传播和融合。又如宣帝时,龟兹王及夫人来朝贺,"王及夫人皆赐印绶。夫人号称公主,赐以车骑旗鼓,歌吹数十人,绮绣杂缯琦珍凡数千万。留且一年,厚赠送之。后数来朝贺,乐汉衣服制度,归其国,治宫室,作徼道周卫,出入传呼,撞鼓楼,如汉家仪"[75]。元封中,遣江都王刘建女细君为公主,和亲乌孙,为昆莫右夫人,"赐乘舆服御物,为备官属宦官侍御数百人,赠送甚盛"。细君公主因语言不通,与乌孙

丝绸之路最早的东方起点:西汉长安城

王昆莫一年见一次,非常愁悲,作《愁悲歌》:"吾家嫁我兮天一方,远托异国兮乌孙王。穹庐为室兮旃为墙,以肉为食兮酪为浆。居常土思兮心内伤,愿为黄鹄兮归故乡。"不仅语言不通,而且风俗不同,尤其是昆莫年老之后,细君还必须嫁给他的儿子。汉朝廷只能要求细君接受当地风俗,并多送礼品到乌孙,远嫁的诸侯王公主与汉公主的礼仪等级是一致的。公主到乌孙后也是"自治宫室",汉代建筑形制也引入西域。

为了适应日益增长的中西文化和商业的交流,汉政府在长安设立大鸿胪[76]专管外交、商务和入境的外国人。大鸿胪[77]还有属官"驿官令丞",即专门从事语言翻译的。汉宣帝元康二年(前64),乌孙国派来三百多人到长安迎接解忧公主,汉"置属官侍御百余上,舍上林(苑)学乌孙言"[78]。长安的商业区出现外国商品,皮毛店中有"狐貂裘千皮,羔羊皮千石";席店中有"旃席千具",布匹店中有"榻布、皮革千石"。外国商人在长安的藁街还有聚居的蛮夷邸。"自建武以来,西域思汉威德,咸乐内属。唯其小邑鄯善、车师,界破匈奴,尚为所拘。而其大国莎车、于阗之属,数遣使于汉,愿请属都护。"[79]

(二)西方文化的东渐

汉长安城是丝绸之路最早的东方起点,汉武帝建元三年(前138),西汉使者、中国历史上第一个中亚探险家张骞的马队从长安城出发,开始向西方未知的历程迈出了脚步。由于他的智慧、胆识和勇气,最终成就了其"凿空"西域的这一伟大壮举。人来人往之间,西域的珍禽异兽,名贵花果也传到长安。"明珠、文甲、通犀、翠羽之珍盈于后宫;蒲梢、龙文、鱼目、汗血之马充于黄门;巨象、师子、猛犬、大雀之群食于外囿。殊方异物,四面而至,……设酒池肉林以飨四夷之客。"[80]长安城的天马多,外国使者众,离宫别馆尽种葡萄、苜蓿(苜蓿是马饲料)。《西京杂记》曰:"秦桃、樝桃、樱桃、缃核桃、霜桃,言霜下可食,金城桃、胡桃,出西域,甘美可食,绮蒂桃、含桃、紫文桃。"《齐民要术》"蒲萄"[81]:汉武帝使张骞至大宛,取蒲萄实,于离宫别馆旁尽种之。西域有蒲萄,蔓延、实并似蔂。

第四章 长安——丝绸之路最早的东方起点

传入中国的植物主要有葡萄、苜蓿、胡麻、石榴、核桃、胡瓜等,日用品有胡床,动物则有著名的大宛汗血马。在工艺方面,西域之玻璃制作,亦自张骞以后传入中国。此外音乐之横吹乐器,如双角号、胡笳等相率传入。其他如琵琶、箜篌、胡琴等乐器亦纷呈于中土,此外胡曲如调兜勒亦于此时传入。至于源自希腊之犍陀罗艺术,亦自大月氏及天竺商旅传入,对西汉建筑雕刻艺术影响至大。

《汉书》卷61《张骞李广利传第三十一》:"大宛诸国发使随汉使来,观汉广大,以大鸟卵及黎轩眩人献于汉,天子大说。"元康二年(前64),"天子自临平乐观,会匈奴使者、外国君长大角抵,设乐而遣之。"[82]

张骞两度出使西域虽未达成联结月氏、乌孙以拒匈奴的初衷,却打开了中国与西域交通的大门,促进了日后东西文化的交流。手工业的发展,推动了商业的繁荣,长安城的富商大贾有田氏、韦氏、杜氏,拥有巨万资产。就连经营马医、卖浆、贩脂、卖腌腊肉、磨刀剑、行商等小行业也有家累千金、钟鸣鼎食的,这些都推动了中西文化的交流。

汉匈战争、汉代长城与张骞"凿空"西域在时间和事件的前后关系上都有非常直接的联系,可以说张骞第一次出使西域是为汉匈战争做准备,其第二次出使西域则是在取得了汉匈战争决定性胜利之后完成的,随着汉代长城的修建促进了西汉与西域之间交通道路的畅通。交通道路的畅通,促进和增强了沿线各族人民物质、文化、商业交流和相互之间的了解,为"丝绸之路"的最终形成奠定了基础。汉长安城作为"丝绸之路"的起点和著名的国际都会,是当时世界上规模最大的城市,与西方的罗马并称于世,见证了自"丝绸之路"开辟至隋统一全国之前,中国与丝绸之路沿线国家和民族之间的经济、文化交流,反映出当时的社会生活、思想意识、文化艺术、经济水平等,汉长安城遗址为世界了解和认知中国古代文化提供了实物资料。

丝绸之路最早的东方起点：西汉长安城

注　释：

[1] 辛德勇：《汉唐期间长安附近的水路交通》，《中国历史地理论丛》，1989年第1辑。

[2] 黄盛璋：《历史地理论集》，北京：人民出版社，1982年，第43页。

[3] 王仲殊：《汉代考古学概说》，北京：中华书局1984年，第5页。

[4] 何清谷：《汉都长安周围的桥梁》，《史念海先生八十寿辰学术文集》，西安：陕西师范大学出版社，1996年，第619页。

[5] 根据文中所引文献以及渭河古桥遗迹，笔者推测长安城外应为石木结合之桥，即在深埋河水之中的木桩之上架石板，所以有人称之为木桥，有人称之为石桥。

[6]《汉书》卷99下《王莽传第六十九下》"地皇三年二月"："霸桥灾，数千人以水沃救，不灭。""甲午之辰，火烧霸桥，从东方西行，至甲午夕，桥尽火灭。""更名霸馆为长存馆，霸桥为长存桥。"《三辅黄图》卷6"桥"："灞桥，在长安东，跨水作桥。汉人送客至此桥，折柳赠别。王莽时灞桥灾，数千人以水沃救不灭，更灞桥为长存桥。"《水经注·渭水》："霸水又北经轵道，在长安东十三里，王莽九庙在其南。汉世有白鹭群飞，自东都门过轵道……水上有桥，谓之灞桥。"说明西汉霸水之上灞桥的存在。不唯如此，由于灞桥还是长安东出函谷关、东北通蒲关、东南通武关的结点，因此成为汉代及其后世话别之处，《类编长安志》："汉人送客，至此赠别，谓之销魂桥。"

[7]《汉书》卷77《盖诸葛刘郑孙毋将何传第四十七》："（王）林卿既去（长陵），北度泾桥，令骑奴还至寺门，拔刀剥其建鼓。"《后汉书》卷80上《文苑列传第七十上·杜笃》载东汉光武帝建武十九年（43）下诏"复函谷关，作大驾宫、六王邸、高车厩于长安。修理东都城门，桥泾渭，往往缮离观，东临霸，西望昆明，北登长平，规龙首，扶未央，觅长平，仪建章"。尽管这时已经到了东汉，但是该工程应当是在西汉泾桥、渭桥基础上所进行的修复。

[8] 汉武帝建元三年（前138）"于此道作桥跨渭水以趋茂陵"。

[9]《史记正义》引《三辅旧事》云："秦于渭南有兴乐宫，渭北有咸阳宫。秦昭王欲通二宫之间，造横桥，长三百八十步。"

[10]《三辅黄图》："饮马桥在宣平门外。"《史记》卷95《樊郦滕灌列传第三十五》索引按引《三辅故事》曰："滕文公墓在饮马桥东，大道南，俗谓之马冢。"

[11]《汉书》卷6《武帝纪第六》。

第四章　长安——丝绸之路最早的东方起点

[12]孙德润、李绥成、马建熙:《渭河三桥初探》,《陕西省考古学会第一届年会论文集》,1983年。

[13]时瑞宝、邓霞:《对陕西咸阳沙河古桥的初步认识》,《文博》,1991年第4期。

[14]段清波、吴春:《西渭桥地望考》,《考古与文物》1990年第6期;吴春、段清波:《西渭桥地望再考》,《考古与文物》,1992年第2期;段清波、周昆叔:《长安附近河道变迁与古文化分布》,《环境考古研究》(第一辑),科学出版社1992年。

[15]曹发展:《渭桥沣桥辨》,载《考古文物研究——纪念西北大学考古专业成立四十周年文集》,西安:三秦出版社,1996年12月。

[16]"在西安古渭河上的秦汉古桥发现之前,秦汉都城的真正交通一直难以呈现。如今,从秦国史角度看,古渭河桥的建设无疑是其由王国走向帝国的重大政治事件,秦始皇统一全国的外交、军事等国务活动都跟这个桥相关,古桥无疑是'帝国之桥'。"《西安古渭河"秦汉古桥"长达880米堪称"丝绸之路第一桥"》,《新华网》2013年3月20日。参见网址:http://news.xinhuanet.com/local/2013-03/20/c_115088800.htm

[17]《汉书》卷5《孝景纪第五》。

[18]《史记》卷11《孝景本纪第十一》。

[19]何清谷:《汉都长安周围的桥梁》,《史念海先生八十寿辰学术文集》,西安:陕西师范大学出版社,1996年。

[20]2001年至2004年,西安市政府实施了浐河综合治理工程,对浐河进行河道清淤、拓宽、堤防填筑等全面改造,将原来有多处弯曲、浐河沙淤积严重的河故道废弃,而在其侧重新开凿了较为平直的新的河道。这里指2004年改造后新形成的浐河。

[21]刘庆柱、李毓芳:《汉长安城》,北京:文物出版社,2003年,第188页。

[22]西安市文物保护考古研究院:《汉长安城沇水古桥遗址发掘报告》,《考古学报》,2012年第3期。

[23]史念海:《河山集》第四集,西安:陕西师范大学出版社,1991年,第159页;《史记》卷110《匈奴列传第五十》。

[24]宝鸡市公路交通史志编写小组:《宝鸡古代道路志》,西安:陕西人民出版社,1988年5月,第118页。

丝绸之路最早的东方起点:西汉长安城

[25]史念海:《河山集》第四集,西安:陕西师范大学出版社,1991年,第180页。

[26]《水经注·渭水》:"秦穆公霸世,更名滋水为霸水,以显霸功。水出蓝田县,蓝田谷所谓多玉者也。西北有铜谷水,东有辋谷水,二水合而西注。又西流入泥水湿下,泥水又西经峣关,北历峣柳城。"

[27]李之勤:《读史方舆纪要》卷56《子午道》条校释,《中国历史地理论丛》,2000年第3期。

[28]李之勤:《历史上的子午道》,《西北大学学报:哲学社会科学报》,1981年第2期。

[29]辛德勇:《西汉至北周时期长安附近的陆路交通》,《中国历史地理论丛》,1988年第3期。

[30]史念海:《河山集》第四集,西安:陕西师范大学出版社,1991年,第161页。

[31]辛德勇:《汉〈杨孟文石门颂〉堂光道新解——兼析傥骆道的开通时间》,《中国历史地理论丛》,1990年第1期。

[32]《后汉书》卷6《孝顺孝冲孝质帝纪第六》。

[33]陕西省考古研究所:《褒斜道石门附近栈道遗迹及题刻的调查》,《文物》,1964年第11期;秦中行、李自智、赵化成:《褒斜栈道调查记》,《考古与文物》,1980年第4期。

[34]王子今:《秦汉交通史稿》(增订版),北京:中国人民大学出版社,2012年,第55页;史念海:《河山集》四集,西安:陕西师范大学出版社,1991年,第180页。

[35]李久昌:《崤函古道交通线路的形成与变迁》,《丝绸之路》,2009年第6期。

[36]《汉书》卷40《张陈王周传第十·周勃》。

[37]辛德勇:《西汉至北周时期长安附近的陆路交通》,《中国历史地理论丛》,1988年第3辑。

[38]《后汉书》卷11《刘玄刘盆子列传第一》。

[39]《史记》卷92《淮阴侯列传第三十二》。

[40]《史记》卷6《秦始皇本纪第六》"三十五年,除道,道九原,抵云阳,堑山堙谷,直通之";《史记》卷88《蒙恬列传经二十八》"始皇欲游天下,道九原,直抵甘泉,乃使蒙恬通道,自九原抵甘泉,堑山堙谷,千八百里,道未就"。

[41]史念海:《秦始皇直道遗迹的探索》,《陕西师大学报》,1975年第3期。

第四章 长安——丝绸之路最早的东方起点

[42]靳之林绘《秦始皇直道路线图》,《光明日报》,1984年8月19日第2版;卜昭文:《靳之林徒步考察秦直道记》,《瞭望周刊》,1984年第43期,第40—41页。

[43]王开:《秦直道新探》,《西北史地》,1987年第2期;贺清海、王开:《毛乌素沙漠中秦汉"直道"遗迹探寻》,《成都大学学报:社科版》,1989第1期。

[44]孙相武:《秦直道调查记》,《文博》,1988年第4期。

[45]姬乃军:《延安境内秦直道考察报告之一》、《延安境内秦直道考察报告之二》,《考古与文物》,1989年第1期、1991年第5期;姬乃军:《陕西志丹县永宁乡发现秦直道行宫遗址》,《考古》,1992年第10期。

[46]马正林:《渭河水运与关中漕渠》,《陕西师大学报:哲学社会科学版》,1983年第4期。

[47]辛德勇:《汉唐期间长安附近的水陆交通》,《中国历史地理论丛》,1988年第1期。

[48]史念海:《中国的运河》,西安:陕西人民出版社,1988年,第79页。

[49]辛德勇:《汉唐期间长安附近的水陆交通》,《中国历史地理论丛》,1988年第1期;杨婷:《关中漕渠与西汉社会》,《秦汉研究》,西安:陕西人民出版社,2010年8月。

[50]黄盛璋:《关于〈水经注〉长安城附近复原的若干问题》,《考古》,1962年第6期。

[51]辛德勇:《西汉时期陕西航运之地理研究》,《历史地理》第21辑,上海:上海人民出版社,2006年5月。

[52]考古人员在西安市灞桥区新筑乡新寺村发现的新寺遗址就是一处汉代建筑遗址。新寺村位于灞河下游东岸,渭河南岸的冲积平原上。这里两面临水,平坦开阔,土壤肥沃,林木葱郁,地理环境十分优越。在新寺村西有一处微微隆起的高地。1988年,在这里发现了3万多平方米的夯土层,总厚度约1米,夯层厚约6厘米。还采集到大量的古建筑构件,有表面饰以绳纹,内饰布纹或菱形方格纹的筒瓦和板瓦。菱形方格纹铺地砖,陶五角形管道,二层台式方形石柱础,云纹瓦当,"长乐未央""天下无敌""满院生辉"瓦当等。其中"长乐未央"瓦当直径达22厘米,是比较少见的。这些都是典型的汉代遗物,可以初步肯定,这块夯土台基是一处汉代建筑基址,被称为"新寺遗址"。有人认为该遗址为汉代霸城县治,已被公布为第三批省级重点文物

丝绸之路最早的东方起点:西汉长安城

保护单位。目前已划入今西安国际港务区内,位于新寺村西侧,港务南路和港务西路十字路口的东南方向。

[53] 呼延思正(记者):《古水坝遗址现身灞河》,《西安晚报》2006年4月9日,参见网址:http://www.xiancn.com/gb/news/2006-04/09/content_839298.htm 该文指出:水坝遗迹位于灞桥区段家村一带灞河下游的东岸,北距灞水入渭口约8公里,南距浐灞交汇处约2公里。此处河谷宽280米左右、深约19米,其南侧180米处即为汉代埽工遗址。一般拦水坝横断河谷,坝体纵轴线与河谷多为垂直关系。然而这处坝体与河道中心轴线并不垂直,而是自东向西斜向上游,与上游河谷形成60度的夹角,与下游形成120度的夹角。坝址河西对岸发现更大的一处工程遗址。该遗址也是以黄色土体为主的人工堆积,土质坚硬,暴露最大宽度约20米,高于水面约3米,长达百米以上。该夯土堆积斜于岸旁,其下游端接近西水岸,上游端距离河西水岸还有一段约30米的距离。坝址上游约250米处,还发现一处类似丁坝的人工筑土。这处筑土结构与坝址相类,位于此处灞河上游的东岸,自河岸向西伸出,微斜向下游,暴露部分宽2—4米、长15米。这一带处在汉长安城之东、汉霸城之西,是汉长安城东出的要道,在此设坝拦阻灞水,应当有一定的目的,且又是斜拦,最大的可能是用以汇水通舟。水坝是为附近的漕渠汇水所设,直接作用是逼水入漕。该处水坝斜向上游,与一般挑水护堤的丁坝方向不同,丁坝多斜向下游或垂直于河谷,以起到特殊作用。而西岸的斜堤,与此坝相应,土质结构也相类,应当是同一时代的工程遗址,具有束水堤的作用,逼水流向东。如果东岸上游之小丁坝是逼水西流,则有可能这三处工程为一组。上游小丁坝将主河道逼向西岸,使主流沿西岸斜堤北流,至东岸坝端水口处北流水下泄。则运河口可能就处于上游小丁坝之下。

[54]《汉书》卷61《张骞李广利传第三十一》:"击破姑师,虏楼兰王。酒泉列亭障至玉门矣。"

[55]《史记》卷110《匈奴列传第五十》。

[56]《史记》卷110《匈奴列传第五十》,《正义》注引《地理志》云:"五原郡稒阳县北出石门鄣,得光禄城,又西北得支就城,又西北得头曼城,又西北得虖河城,又西北得宿虏城。"

[57] 白音查干:《汉长城考察与研究》,《内蒙古师大学报:汉文哲学社会科学版》,1987年第1期。

第四章 长安——丝绸之路最早的东方起点

[58]《汉书》卷96上《西域传第六十六上》:"自贰师将军伐大宛之后,西域震惧,多遣使来贡献。汉使西域者益得职。于是自敦煌西至盐泽,往往起亭,而轮台、渠犁皆有田卒数百人,置使者校尉领护,以给使外国者。"

[59] 何芳川:《古代中西文化交流史话》,北京:商务印书馆,1998年,第14页。

[60]《汉书》卷61《张骞李广利传递三十一》。

[61]《后汉书》卷124《志第二十四·百官一》:"将军,不常置。掌征伐背叛。比公者四:第一大将军,次骠骑将军,次车骑将军,次卫将军。又有前、后、左、右将军。武帝以卫青数征伐有功,以为大将军,欲尊宠之。以古尊官唯有三公,将军始自秦、晋,以为卿号,故置大司马官号以冠之。其后霍光、王凤等皆然。成帝绥和元年,赐大司马印绶,罢将军官。"

[62]《汉书》卷61《张骞李广利传递三十一》。

[63]《史记》卷123《大宛列传第六十三》。

[64] 转引自林梅村:《丝绸之路考古十五讲》,北京:北京大学出版社,2006年,第2页。

[65] 夏鼐等:《中国石窟·敦煌莫高窟》第三卷,北京:文物出版社、东京:日本平凡出版社,1987年,第162页。

[66] 夏鼐等:《中国石窟·敦煌莫高窟》第三卷,北京:文物出版社、东京:日本平凡出版社,1987年8月,第228页;李淞:《陕西古代佛教美术》,西安:陕西人民教育出版社,2002年1月,第3页。

[67] 岑仲勉:《秦代已流行佛教之讨论》,《现代佛教文化丛刊》,大乘文化基金会出版,1980年;丁万录:《匈奴休屠王"祭天金人"研究管窥》,《西北第二民族学院学报》,2005年第4期。

[68] 吕思勉:《吕思勉读史札记》,上海:上海古籍出版社,1982年,第949—952页;林干:《匈奴通史》,北京:人民出版社,1986年,第166页;何满子:《休屠王金人非佛像辨》,《书城》,1994年第9期。

[69] 王子今:《西汉长安的"胡巫"》,《民族研究》,1997年第5期。

[70] 林梅村:《古道西风——考古新发现中西文化交流》,北京:生活·读书·新知三联书店,2000年,"自序"第1—2页。

[71] 林梅村:《古道西风——考古新发现中西文化交流》,北京:生活·读书·新

丝绸之路最早的东方起点:西汉长安城

知三联书店,2000年3月,第5页。

[72]林梅村:《古道西风——考古新发现中西文化交流》,北京:生活·读书·新知三联书店,2000年3月,"自序"第2—3页,正文第165页。

[73]《史记》卷49《外戚世家第十九》:"汉使曹参等击虏魏王豹,以其国为郡,而薄姬输织室。豹已死,汉王入织室,见薄姬有色,诏内后宫,岁余不得幸。"

[74]《汉书》卷96下《西域传第六十六下》。

[75]《史记》卷123《大宛列传第六十三》载:"贰师闻宛城中新得汉人知穿井,而其内食尚多。"

[76]《汉书》卷96下《西域传第六十六下》。

[77]《后汉书》卷125《志第二十五·百官二》:"大鸿胪,卿一人,中二千石,本注曰:掌诸侯及四方归义蛮夷。及拜诸侯、诸侯嗣子及四方夷狄封者,台下鸿胪召拜之。右属大鸿胪。本注曰:承秦有典属国,别主四方夷狄朝贡侍子,成帝时省并大鸿胪。"《汉书》卷99下《王莽传第六十九下》:"始建国元年(9年)正月,以故大鸿胪府为定安公第。"《汉书》卷96下《西域传第六十六下》载宣帝时萧望之曾任大鸿胪。

[78]《汉书》卷96下《西域传第六十六下》。

[79]《汉书》卷96下《西域传第六十六下》。

[80]《汉书》卷96下《西域传第六十六下》。

[81]"蒲萄",即葡萄,古代也写作"蒲桃""蒲陶"。

[82]《汉书》卷96下《西域传第六十六下》。

第五章　京师腹地功能分区

汉元年(前202),在娄敬、张良等谋臣的建议之下,西汉定都于秦旧都所在地关中平原上。西汉一代京师所在地先后由内史、左右内史以及三辅治理,到西汉末年这一区域形成了各不相同的文化区,如都城西、南的上林禁地,城东、北的墓葬区,稍远的西北方向有雍地、甘泉一带祭祀天地、诸神的神燠之区,东北则是汉代灌区等,关中平原地区的政治、经济、文化等人文景观发生了较大的变化。

第一节　礼制空间及其变化

"天地者,生之本也;先祖者,类之本也;君师者,治之本也。故礼,上事天,下事地,尊先祖而隆君师,是礼之三本也。"其目的就是为了明辨贵贱、尊卑、家世等,是建构各种秩序的根本。[1]《洪范》八政,其三曰祀。祀者,所以昭孝事祖,通神明也。中国古代建筑文化除以"礼"来制约各类建筑形制以外,同时还有一系列由"礼"的要求而产生的建筑。帝王、官吏和民间祭祀天地、日月、名人、祖先的庙、坛、寺等均属于这类礼制建筑。由于祭祀活动在古代社会生活中的重要地位,因此坛庙建筑也是反映古代建筑艺术及其技艺的重要方式之一。到西汉中后期,长安城周边的礼制建筑日益完备,尤以南郊的郊祀、社稷、宗庙、明堂、辟雍、太学、灵台最为集中。《周礼·考工记》都城规划意义上的"左祖右社"建筑初露端倪，由此亦可知《考工记》的成书年代不会早于西汉晚期。

一、郊祀天地

《汉书》卷25下《郊祀志第十五下》曰："帝王之事莫大乎承天之序，承天之序莫重于郊祀，故圣王尽心极虑以建其制。祭天于南郊，就阳之义也；瘗地于北郊，即阴之象也。天之于天子也，因其所都而各飨焉。"由此可知，郊祀礼仪是关乎帝王继承大统、构建天下秩序的大事，这从历代礼天祭地的活动中亦可见一斑。

西汉初年郊祀内容基本上沿袭秦代，高祖二年（前205）立黑帝祠，名曰北畤[2]，是汉初对秦代郊祀内容的一个补充。秦代三年一郊祀，皇帝不亲自奉祀，仅于帝都咸阳拜祀。秦代郊祀地点以雍地为主，即所谓秦以"雍四畤上帝为尊。"汉承秦制，汉代诸帝多有到雍地祭祀的记载："高祖时五来，文帝二十六来，武帝七十五来，宣帝二十五年，元帝初元元年以来亦二十来，此阳气旧祠也。"[3]汉代高祖除祭祀五帝之外，其他祠祀和秦代一样，包括祭祀官、仪礼等都是秦代已有的[4]，并要求对"上帝之祭及山川诸神当祠者，各以其时礼祠之如故"。

汉文帝时对郊祀祭品有所增加，文帝十四年（前166）下诏"有司增雍五畤路车各一乘，驾被具；西畤、畦畤寓车各一乘，寓马四匹，驾被具"；并于当年夏四月，文帝亲自到雍郊见五畤，这也是西汉帝王第一次亲自祭祀五畤。同年，文帝又在渭河北岸建渭阳五帝庙[5]。第二年夏四月，文帝亲拜霸渭之会，以郊见渭阳五帝。其后文帝又立五帝坛[6]。但是，文帝于后元元年之后"怠于改正、服、鬼神之事"，渭阳、长门两处五帝庙也仅由祠官管理和按时祭拜，文帝自己不再亲往了。焦南峰先生认为汉文帝时期的"渭阳五帝庙"于景帝时被改建为阳陵陵庙——德阳庙。[7]

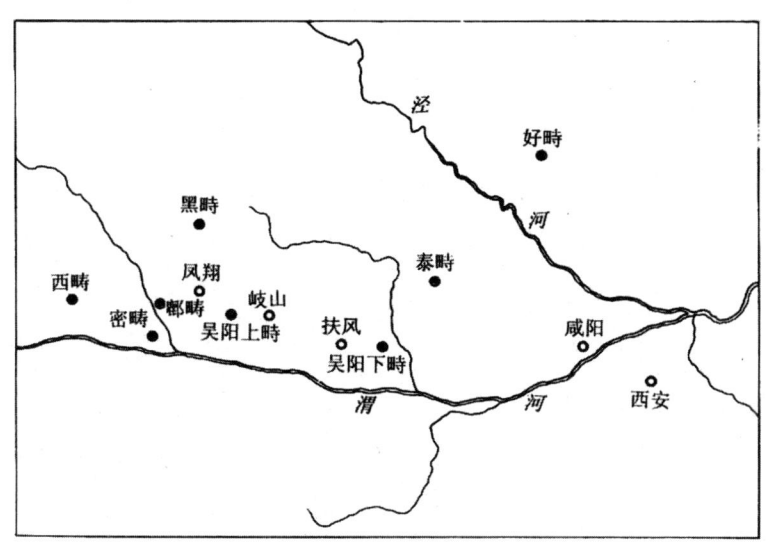

图 5-1 秦汉时期关中诸畤分布示意图

(图片来源:姜波:《汉唐都城礼制建筑研究》图 2,北京:文物出版社,2003 年)

汉武帝初即位时,曾亲自到雍地祭祀上帝,但在元鼎四年(前 113)十一月于河东汾阴脽上设立后土祠、元鼎五年(前 112)十一月设泰畤于甘泉之后,才确定了郊祀之礼,"祠太一于甘泉,就乾位也;祭后土于汾阴,泽中方丘也。以正月上辛用事甘泉圜丘,使童男女七十人俱歌,昏祠至明。夜常有神光如流星止集于祠坛,天子自竹宫而望拜,百官侍祠者数百人皆肃然动心焉。"[8]由此,甘泉宫的地位更为特殊。

西汉后期,祭祀天地的地点在甘泉、汾阴与长安城南北郊之间多有反复,其主要原因在于元帝好儒,大臣们以古论今,加之成帝及其之后帝王均无子嗣所出等原因,造成了西汉末年郊祀地点的反复变动。如成帝建始元年(前 32),徙甘泉泰畤、河东后土于长安南北郊;永始元年(前 16)三月,皇太后因无有皇孙之故,又恢复了甘泉、河东之祠;绥和二年(前 7),最终因为没有获得天地之庇佑,又于长安南、北郊祭祀天地;而哀帝建平三年(前 4)又恢复了在甘泉、汾阴祭祀天地。平帝元始五年(5),又于长安南、北郊祭祀天地。"三十余年间,天地之祠五徙焉。"[9]而后王莽居摄元年(6)正月"祀上帝于南郊"。[10]这一现象表明郊祀天地之地逐渐由神隩之区的雍地、甘泉向都城近郊迁移的趋势,人力不再完全受制于天神地祇而能有所改变,是人们对自然认识能力提高的体现。

由上文史料可知,汉长安城南圜丘应建于成帝建始元年初迁郊祭天地之时,汉长安城圜丘位于唐长安城居德坊东南隅,唐时基址仍高,位于今丰庆路与西二环交汇的东北部但不知为何《后汉书》却说东汉圜丘依元始五年之制建于洛阳城南 7 里。或许是因为元始之后圜丘再无变更地点的缘故吧。借助《后汉书》记载可知西汉末年圜丘的形制为:"为圆坛八陛,中又为重坛,天地位其上,皆南乡,西上。其外坛上为五帝位。其外为壝,重营皆紫,以像紫宫;有四通道以为门。八陛,五帝陛郭,中营四门,外营四门,皆背营内乡。中营四门,门封神四,外营四门,门封神四,营即壝也。封,封土筑也。背中营神,五星也,背外营神,二十八宿外官星",[11]与隋唐长安城南的圜丘形制相同。西汉长安城南北郊地点的最终确定也为之后历代都城所沿袭,而今北京明清时期的天坛、地坛就是最好的证明。

与迁徙郊祀地点同时,汉平帝元始五年还将原来位于雍地的其他诸神祠分类迁至汉长安城及城内未位(未位指西南偏南,未是地支之一),"分群神以类相从为五部,兆天地之别神:中央帝黄灵后土畤及日庙、北辰、北斗、填星、中宿中宫于长安城之未地兆;东方帝太昊青灵勾芒畤及雷公、风伯庙、岁星、东宿东宫于东郊兆;南方炎帝赤灵祝融畤及荧惑星、南宿南宫于南郊兆;西方帝少皞白灵蓐收畤及太白星、西宿西宫于西郊兆;北方帝颛顼黑灵玄冥畤及月庙、雨师庙、辰星、北宿北宫于北郊兆"。[12]自此,都城近郊诸庙北畤时的设立渐成定制,隋唐长安城四郊设置与此相类。这里需要特别说明的是,中央黄灵后土畤等应在未央宫中,可能与宣帝所立四祠相距不远。

郊祀天地和诸神祠由都城远郊到近郊的空间位置转移以及西汉宗庙由都城内迁至帝陵附近的位置变化,表明了汉代政治、社会和文化思想领域的巨大变化,而导致这一空间变化的原因则更为复杂。

二、西汉宗庙

在中国古代,宗庙不仅是举行祖先祭祀的场所,而且也是王朝世袭统治的象征。由于国家宗庙与郊祀、社稷一样,在国家祀典中占有重要地位,宗庙的设置受到国家的统治思想、政治与经济等现实因素的制约与影响。

(一)高庙即宗庙

目前从现有文献来看高祖之庙(简称高庙)即是宗庙。汉初为笼络功臣之心,高祖八年(前199)始论功定封,与一百四十三位诸侯就有封爵之誓、丹书白马之盟,作十八侯之位次。高后二年(前186)又诏丞相陈平"尽差列侯之功,录弟下竟,臧诸宗庙,副在有司"。《汉书》卷3《高后纪第三》则明言把这份评定列侯功臣位次的报告"藏于高庙"[13],说明了宗庙与高庙的一体性。汉初有宗庙不仅是祭祀祖先的地方,也是存放重要文件的地方。正因为如此,至汉宣帝时才有机会"开庙藏,览旧籍",[14]到民间寻访高祖功臣之后绍封诸侯,以继绝世。

西汉宗庙的建造或早于长乐宫,或早于未央宫,因为根据《礼记·曲礼》载:"君子将营宫室,宗庙为先,厩库次之,居室为后。"《墨子·明鬼》云:"昔者虞夏商周三代之圣王,其始建国营都,必择国之正坛,治以为宗庙。"《三辅黄图》:"宗,尊也,庙,貌也。所以仿佛先人尊貌也。"因而,高祖之庙不仅见于高祖去世之后,其在世时亦有使用。《汉书》卷22《礼乐志第二》载:"高祖时,叔孙通因秦乐制宗庙乐。大祝迎神于庙门,奏《嘉至》,犹古降神之乐也。皇帝入庙门,奏《永至》,以为行步之节,犹古《采荠》《肆夏》也。乾豆上,奏《登歌》,独上歌,不以管弦乱人声,欲在位者遍闻之,犹古《清庙》之歌也。《登歌》再终,下奏《休成》之乐,美神明既飨也。皇帝就酒东厢,坐定,奏《永安》之乐,美礼已成也。又有《房中祠乐》,高祖唐山夫人所作也。"说明高祖时宗庙不仅已经建成,而且投入使用。高庙与他庙的舞蹈之名也有所区别,上引文献亦载"高庙奏《武德》《文始》《五行》之舞;孝文庙奏《昭德》《文始》《四时》《五行》之舞;孝武庙奏《盛德》《文始》《四时》《五行》之舞"。

高祖庙是汉代最为重要的宗庙,庙宇规模大,设施齐全。由上段引文可知高庙有庙门、东厢以及供乐人演奏、歌舞的庭院。高庙空间宽大,《西汉会要》卷22《宗庙》引《汉旧仪》云:"高祖(庙)盖地六顷三十亩四步,祠内立九旗,堂下撞千石钟十枚,声闻百里。"高庙中又有龟室,是帝王发兵行将之前判断吉凶的地方。[15]西汉长安城内出土有"高庙万世"瓦,当为高庙之物。正因为高庙兼有宗庙的性质,西汉一切重要事情都要在高庙中举行。从文帝始,皇帝即位首先拜谒高庙,皇帝的加冠礼在高庙举行[16];册封诸侯王,必于祖庙之中颁布册命[17];皇帝改名字也得"奉太牢告祠高庙"[18];死后亦得以祭祀于高庙[19];王莽时以汉高庙为文祖庙;王莽篡位登基也是诈以高庙中的金匮图册(内容是"高帝承天命,以国传新皇帝");新皇帝王莽登基,还要到高庙中承受天命。[20]

王莽地皇元年(20)闰七月,因梦见长乐宫内的五个铜人站起来了,很不高兴,又觉得汉高庙总显神灵,于是"遣虎贲武士入高庙,拔剑四面提击,斧坏户牖,桃汤赭鞭鞭洒屋壁,令轻车校尉居其中,又令中军北垒居高寝"。[21]所以,东汉光武帝到长安城后,看到宗庙、宫阙已变成了废墟,就把都城设在了洛阳,并取十庙合于高庙,作十二室。设太常卿一人,别治长安,主知高庙事。除东汉设太常卿管理长安高庙事务之外,还设有高守令管理宗庙[22],西汉时管理高庙事务的职官有高庙仆射[23]、高庙寝郎[24]等。

（二）宗庙祭祀活动

宗庙四时祭祀，列侯八月献酎金助祭。诸侯王及列侯，岁时诣京师，侍祠助祭。《西京杂记》卷上云："汉制宗庙八月饮酎，用九酝太牢，皇帝侍祠。以正月旦作酒，八月成，名曰酎，一曰九酝，一名醇酎。"《汉仪》载："诸侯王岁以户口酎黄金于汉庙，皇帝临受献金，金不如斤两，色恶，王削县，侯免国。"注云："因八月尝酎，会诸侯庙中，出金助祭，谓之酎金。酎，正月旦作酒，八月成，三重酿醇酒也，味厚，故以荐宗庙。金，黄金也，不如法作夺爵。"指汉武帝元鼎五年（前112），武帝时因列侯所献酎金成色不好一次夺爵者达百余人。

西汉宗庙中除了四时祭祀之外，还有月游衣冠活动。其大致程序是：西汉皇帝在祭祀先帝前，要将其"衣冠"等从寝园中"请出"，送到庙中祭奠；礼仪结束后，又要将"衣冠"等送还寝园，这个仪式叫"月游衣冠"[25]。为了"月游衣冠"，由寝园至宗庙有专用的道路，这条道路在西汉早期称"宗庙道"，汉武帝前后称"衣冠道"，尔后或称"游道"。"衣冠道"首先出现于汉长安城中，自汉惠帝在渭北长陵建"原庙"，汉陵中也出现了"衣冠道"，到西汉中期的汉昭帝平陵仍然设有"游道"[26]，汉成帝以后"衣冠道"制度的实施可能开始松懈，甚至被弃而不用，游衣冠之制至元帝乃罢。"衣冠道"的日常维护、管理由"掌宗庙礼仪"的太常负责，出了问题朝廷会追究太常的责任，直至免职。[27]西汉早中期，"衣冠道"作为宗庙礼仪的组成部分，执行得比较彻底，即使是皇帝也不能"乘宗庙道上行"；到西汉晚期，随着西汉王朝的衰败，包括"衣冠道"在内的礼乐崩坏也是历史的必然。[28]

"西汉祖宗庙异处，不序昭穆。"[29]元帝时贡禹说"汉家宗庙祭祀多不应古礼"，之后韦玄成议罢郡国庙，"自太上皇、孝惠诸园寝庙皆罢"，"后元帝寝疾，梦神灵谴罢诸庙祠，上遂复焉。后或罢或复，至哀、平不定。"西汉元成之际对宗庙祭祀摇摆不定的主要原因在于这一时期统治者对古代庙制的不同理解,更重要的是不论是帝王的五庙之制还是七庙之制均与当时的政治有所关联,至于王莽新朝建立之后所采用的九庙之制也与此一脉相承,最终改变了秦汉以来宗庙分地而立的形式,而与周天子庙制形成一定的连续性。

(三)太庙与高庙

太庙,是古代皇帝的宗庙。太庙在夏朝时称为"世室",殷商时称为"重屋",周称为"明堂",秦汉时起始称"太庙"。从上文西汉宗庙部分看,太庙应该是供奉皇帝先祖的地方。

西汉太庙何时建造而成的并不是很清晰,因其在西汉末年常常与明堂相连用,也有人认为二者本为一体[30]。且《汉书》卷99中《王莽传第六十九中》始建国元年初"其庙当作者,以天下初定,且祫祭于明堂太庙"。该书同卷下亦载王莽天凤六年(19)春,"初献《新乐》于明堂太庙"。地皇元年(20)七月,王莽因遭"大风毁王路堂"之灾,乃下书曰:"予受命遭阳九之厄,百六之会,府帑空虚,百姓匮乏,宗庙未修,且祫祭于明堂太庙,夙夜永念,非敢宁息。"这里的明堂太庙连用,当指平帝元始中王莽辅政期间所建的南郊明堂。在西汉元成之际的宗庙改革中,太庙、太祖庙与高庙有一定的关连。

据《史记·秦始皇本纪》载,秦二世皇帝元年(前209)曾下诏"增始皇寝庙牺牲及山川百祀之礼",且令"群臣议尊始皇庙"。当时群臣基于周礼"天子七庙,诸侯五,大夫三,虽万世世不轶毁"的制度,认为根据天子礼仪,以始皇庙为极庙,为帝者祖庙,共置七庙。所以,秦始皇庙(极庙)应是秦朝的祖宗庙。西汉宗庙的设置没有固定的数目为限,每个皇帝过世后都各有其庙,很多皇帝生前就为自己预先造好了宗庙。汉长安城中高庙之外最早的宗庙建筑是汉高祖十年(前197)八月所建的太上皇庙,其后是惠帝庙,汉文帝顾城庙在长安城东南郊。自文帝以后,西汉皇帝不再在长安城附近筑庙,均于陵旁立庙。西汉太上皇庙(在长乐宫北,香室街南)、高祖庙(安门内、未央宫东)、惠帝庙(安门内)均建在长安城内,并非同处而建。而至西汉元帝时贡禹等再议庙制,定天子七庙之时所确立的太庙极有可能就是以高庙兼有的。然据上文《文帝纪》所言,各帝王尽管建有各自的庙,但是很有可能其在高庙亦设有牌位,如此才可以说得以供养于高庙中。

刘秀建武十八年(42),试图对汉宗庙祭祀制度进行改革,恢复周天子七庙之制,由于无法妥善解决其直系祖先与西汉诸帝在祭祀礼仪上的矛盾,最终未能完成。最后以"宗庙处所未定"为借口,采取了"且祫祭高庙"的权宜之策[31],由此也说明光武帝刘秀并未承习西汉皇帝在位期间为自己立庙的习俗。至汉明帝继位后以光武帝为世祖,立庙于洛阳。明帝驾崩之后,依建武制度遗诏"无起寝庙,藏主于光烈皇后更衣别室"。[32]东汉祫祭高庙的权宜之计或与仿前代圜丘之制一样来源于前汉元始五年的禘祫之制,《后汉书》卷35《张曹郑列传第二十五·张纯传》:"元始五年,诸王公列侯庙会,始为禘祭。三年一祫,五年一禘。禘祭以夏四月,夏者阳气在上,阴气在下,故正尊卑之义也。祫祭以冬十月,冬者五谷成孰,物备礼成,故合聚饮食也。"

二、南郊礼制建筑基址

(一)南郊礼制建筑

西汉长安城南郊除祭天圜丘、社稷等礼制建筑而外,应还有武帝时所建之太学、三雍宫[33],以及平帝元始四年(4)所建的明堂、辟雍。西汉社稷设立于汉初,汉高祖二年(前205)二月癸未"令民除秦社稷,立汉社稷"。据《汉书·郊祀志下》王莽所言,当时"已有官社,未立官稷"。所以,汉平帝元始三年(3)夏,安汉公王莽奏"立官稷",并"以夏禹配食官社,后稷配食官稷。稷种榖树。徐州牧岁贡五色土各一斗。"此后,王莽篡汉之后,于新朝天凤元年(14)正月"图起宗庙、社稷、郊兆"。但不知是否完工。

太学,"教化之本原"。汉武帝时采纳董仲舒"天人三策",于京师长安设立太学,"置明师,以养天下之士"[34]。然此时太学规模较小,只有几个五经博士和50个博士弟子员;昭帝时增加到100余人;宣帝时增加到200人;成帝时期,太学得到大规模发展,最后扩充至3000人,平帝元始四年(4)王莽对太学校舍进行了扩建。

明堂,古代帝王宣明政教的地方;辟雍,宣教化的场所。汉武帝即位伊始就"议古立明堂城南",后因窦太后的阻拦使之"诸所兴为皆废"。学者多认为该明堂并未建成,但也有持怀疑态度者,如《长安志·郊丘》[35]、《三辅黄图》[36]。至元始四年,安汉公(王莽)奏立明堂、辟雍,[37]且于五年(5)正月"祫祭明堂,诸侯王二十八人,列侯百二十人,宗室子九百余人,征助祭",西汉末年,明堂、辟雍同时在南郊建成。

灵台,汉始曰"清台",本为候者观阴阳天文之变,更名曰"灵台"。郭延生《述征记》曰:"长安宫南有灵台,高十五仞,上有浑仪,张衡所制。……题云太初四年造。"何清谷先生据韦述《两京新记》认为:"汉灵台遗址在唐长安城修真坊内。"[38]

(二)南郊礼制建筑遗址

中国科学院考古研究所从1958年10月到1960年12月底对汉长安城南郊的建筑采取重点发掘、局部接露、普遍钻探相结合的办法,从而发现了一部分遗址,并根据方位依次命名为东组建筑群(大土门遗址)、中组建筑群(F1—F12)、西组建筑群(F13—F14)。[39]

东组建筑群遗址位于今西安市莲湖区大土门以北,由三部分组成(如图5—3):中心建筑,围墙、四门及配房建筑和圆水沟。中心建筑(呈亚字形,正南北方向)为其中心,在一个圆形夯土台上。中心建筑的四周为一个方形的院落,它的四角各建有曲尺形的配房,各配房四面的中间又有东、西、南、北四门建筑。配房的外侧又有围墙与四门连接,整个构成一个方形建筑体,位于方形夯土台上。在围墙的四周,又有一环形的大水沟,在水沟的四边正对四门处又有呈长方形环绕的小水沟。[40]

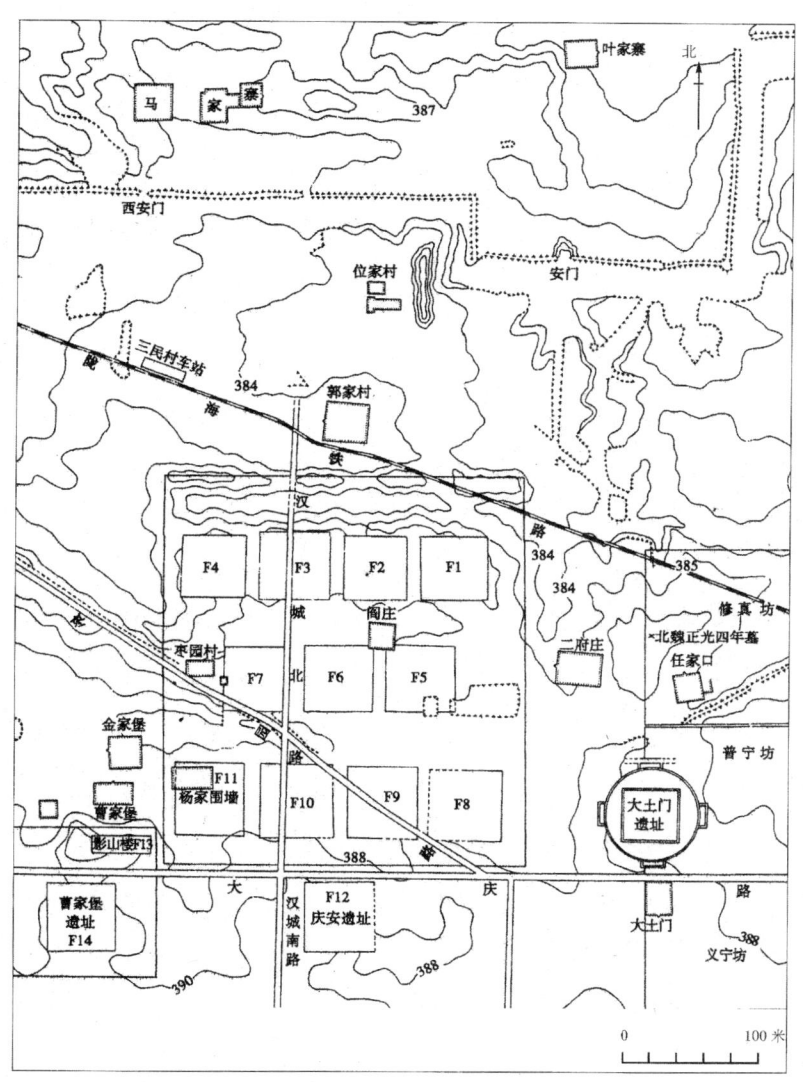

图5-3 汉长安城地形及其已发掘礼制建筑

(图片来源:中国社会科学院考古研究所:《西汉礼制建筑遗址》,北京:文物出版社,第6页)

对该组建筑物的性质自勘探、发掘以来就争论不休。1957年,刘致平最先提出该组建筑有可能是明堂或辟雍的观点[41],1959年时,刘先生针对许道龄此建筑群为明堂的说法依然坚持原来的认识,不过又说其或可能是辟雍,或者是辟雍、明堂及太社的一体建筑[42];此后唐金裕[43]、黄展岳[44]、王仲殊[45]、姜波[46]提出了其为辟雍的观点;王世仁[47]、刘庆柱和李毓芳[48]、刘瑞[49]提出该建筑当为元始明堂(元始辟雍),同时还兼具太庙的功能;王恩田[50]认为是辟雍、圜丘一体的建筑;张一兵则认为该建筑群是太学遗址[51]。由此关于该建筑的定名与性质,多数学者认为属于平帝元始四年王莽奏建的明堂辟雍遗址,而明堂与辟雍究竟是一体的,还是分开的两类建筑,仍有争议此外,至于该建筑遗址是否叠加了太社、太庙的功能,或者仅仅是太学遗址,依然需进一步论证。

中组建筑群位于大土门建筑遗址的西北、汉长安城南墙以南一千米处,处于安门以南沿线西侧,西安门以南沿线东侧一带,由12座单体建筑组成。该建筑群外边有平面呈方形的围墙,围墙每边长1400米。每一座建筑遗址都是由一个中心建筑、一道正方形围墙、四个门阙以及围墙内四隅各一的曲尺形配房组成,均为呈"回"字形的建筑结构。F1至第F11建筑分三排平列,北排、南排各4座,方位南北相对;中排3座,交错于北排、南排之间。在直对遗址中心建筑的大围墙上都置一座门阙,四周围墙上共有14座门阙。南边大围墙的正中,又有一建筑遗址,被称为分F12遗址。其平面布局、建筑形式与上述11座建筑遗址相仿,但中心建筑边长约100米,比11座建筑遗址的中心建筑约大一倍,中心建筑内的四堂构筑形式与上述11座遗址的四堂也稍有不同。[52]

关于这组建筑的性质,学界有不同的认识,即"王莽九庙"[53]"汉宗庙(明堂)"[54]"F12为明堂"[55]"地皇祖庙"[56]。本文认为此建筑群当为王莽所建的汉宗庙,原因在于据《水经注》记载王莽九庙在织道南、汉长安城东十三里处,而不应在长安城南,所以该遗址应是王莽为汉室修建的宗庙建筑。

西组建筑群由 F13 和 F14 组成。其中 F13 遗址位于 F1 至 F11 遗址的大围墙外的西南边,东距 F12 遗址约 600 米。遗址的台基中部正北直对汉长安城内未央宫前殿遗址。主体是一座横长方形的夯土台基。经钻探,东西残长 240 米,南北宽约 60—70 米,高出周围地面 5—10 米。F13 建筑遗址平面呈"回"字形,有内外两层围墙。外围墙的东北部,绕过 F13 遗址台基。内围墙与 F12 遗址的围墙东西并列,处在同一平行线上。

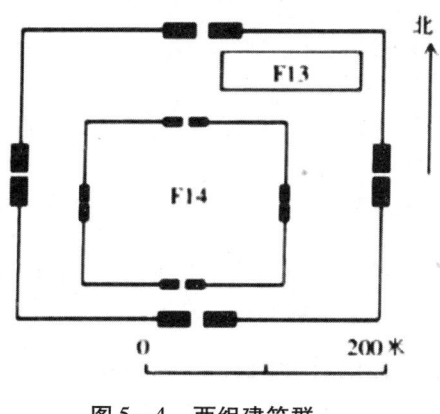

图 5-4 西组建筑群

(图片来源:刘瑞:《汉长安城南郊西汉社稷建筑初探》,《咸阳师范学院学报》2007 年第 1 期)

学界对该遗址共有四种观点,即"明堂"[57]"第十三号遗址为官社,第十四号遗址为官稷"[58]"第十三号遗址为汉初社稷,第十四号遗址为王莽新增社稷"[59]"第十三号遗址为宫殿,第十四号遗址为官社和官稷"[60]。相较而言人们多认为 F14 是官稷遗址,对 F13 的判断则分歧较大。不过根据文献可知汉高祖废除秦社稷建立了汉太社、太稷,而后修建了官社,王莽时期才建有官稷。但在已有的研究中并没有解释汉高祖建立的太社与太稷的去向,刘瑞与黄展岳先生都认为 F13 建筑为秦遗迹。

第二节　城南——上林禁苑

秦汉时期在我国园林发展史上处于由囿向苑转变发展的阶段。古代的囿虽然已经初具园林艺术的某些特征,但它基本上是以自然环境为主,一般只是稍加人工成分的造园意境,其构思还是较为初级的。秦汉时期的苑(尤其是上林苑),除了继承古代囿的传统特点外,还设有大量的园林建筑,形成了苑中有苑,苑中有宫,苑中有观(馆)的格调。无论从内容、形式,还是从构思立意、造园手法、技术、材料等方面,都达到了一个新的水平,并真正具有了我国园林艺术的性质。

一、上林苑

上林苑是一组巨大的宫廷御苑群,位于长安城西南,秦代时即已存在,经汉武帝建元三年(前138)大肆扩充和改建后,有离宫别馆数十处,周长达100多千米。苑内有训练水军的昆明池、种植蔬菜的温室、铸钱场所"上林三官"等。东汉时,上林苑被废弃。唐代曾三次修葺,唐安乐公主因为得不到昆明池而修建了定昆池。

(一)空间范围

秦代上林苑,大体在今西安户县地区,这里川原秀丽,河流纵横,风景优美,是皇家游玩打猎的理想地区。秦惠文王在上林苑修建阿城,秦昭王将其辟为王室苑囿,秦始皇在上林苑中修建了规模极大的阿房宫。《三辅故事》说,秦始皇在上林苑修了146所离宫别馆。秦朝末年,上林苑毁于战火。

汉上林苑是在秦上林苑基础上修建的皇家园林,于秦末汉初时荒废。汉高祖二年(前205)开放秦苑,允许百姓开垦耕种。汉武帝建元三年

(前138)收为宫苑,亦名上林苑,进行大规模扩建。扩建后的上林苑,东南至宜春、鼎湖(均为宫名,在今蓝田县焦岱镇)、昆吾(今蓝田县东北),南至御宿(今长安县南)及至终南山,西南至长杨、五柞(今周至县东南),向北跨过渭河,西绕黄山宫(今兴平县马嵬镇北),濒渭水向东,北至池阳。上林苑周围筑有苑垣,长达400余里,开有12道苑门,苑门与宫门一样。苑划分为36个小区域的苑囿,各由宫观、池沼、园林与自然景色组成为不同特色的皇家园囿,其中在昆明池附近发现有昆明台、豫章观、白杨观、细柳观、宣曲宫等遗址。

(二)宫观、苑池

《关中记》载上林苑中有十二宫、三十五观、三十六苑。上林苑中有大型宫城建章宫,还有一些各有用途的宫、观建筑,如演奏音乐和唱曲的宣曲宫、鼓簧宫[63];观看赛狗、赛马和观赏鱼鸟的犬台宫、走狗观、走马观、鱼鸟观;饲养和观赏大象、白鹿的观象观、白鹿观;引种西域葡萄的葡萄宫和养南方奇花异木如菖蒲、山姜、桂、龙眼、荔枝、槟榔、橄榄、柑桔之类的扶荔宫;角抵表演场所平乐观;储藏四海夷狄器服珍宝的奇华宫[64];养蚕的茧观;还有承光宫、储元宫、阳禄观、阳德观、鼎郊观、三爵观等。上林苑宫观70余座,建筑形式各异,并由甬道、复道连成一个统一的整体,如此众多的宫观均由水衡都尉管理。[65]

汉文帝后六年(前158)冬,以河内太守周亚夫为将军驻军的细柳地区就在昆明池南[66],此处建有细柳观。《史记·司马相如列传》:"下棠梨,息宜春,西驰宣曲,濯鹢牛首,登龙台,掩细柳,观士大夫之勤略,钧獠者之所得获。"[67]又据《三辅黄图》卷2载"甘泉苑,建元作,石阙封峦,鸤鹊观于苑垣内,宫南有昆明池,南有棠梨宫。宣曲宫,在昆明池西,孝宣帝晓音律,常于此度曲,因以为名"。《三辅黄图》卷5:"豫章观,武帝造,在昆明池中,亦曰昆明观,一说曰上林苑中有昆明池观,盖武帝所置。白杨观在昆明池东。"可知城南上林苑内又有甘泉苑,苑垣内有鸤鹊观。其南是昆明池,昆明池内有豫章观(亦曰昆明池观),池东有白羊观,池南有棠梨宫、细柳观,池西有宣曲宫,昆明池北有滈池,池西丰水西北有龙台观。

三十六苑中有供游憩的宜春苑,供皇帝止宿的御宿苑,为太子设置招待宾客的思贤苑、博望苑[68]等。由上文引《三辅黄图》卷2可知:建元间汉长安城南上林苑另作甘泉苑,苑内亦有宫观,如鸬鹚观。上林苑中苑中苑、宫苑一体性质突出。

西汉上林苑因在秦上林苑基础上扩建而成,苑中秦代旧宫也多被西汉沿用。[69]如秦芷阳宫,修建于秦穆公时期,当时称为霸宫;秦昭王时改名为芷阳宫,它是从武关西入秦都咸阳的必经之地,也是秦始皇的父母、祖父母的陵园所在地。该遗址出土了四枚秦半两钱及一个半两钱铜范,十多枚动物纹、植物纹、云纹瓦当,"长乐未央""长生无极"等文字瓦当及"延寿万年"虎纹砖等建筑材料,说明秦芷阳宫不仅是一处战国秦宫殿建筑,还设有铸币官署,至西汉时继续沿用。[70]秦宜春宫,在长安城东南,杜县东,近下杜。秦宜春宫当在大雁塔东南的曲江一带,秦二世胡亥墓即在这里"葬二世宜春苑中"。当年司马相如陪汉武帝游玩打猎路过此地时,曾作《哀秦二世赋》:"登陂池之长阪兮,坌入曾宫之嵯峨,临曲江之隑州兮,望南山之参差。"可以看出,此宫当时高低错落,属高台楼阁建筑,气势壮观。长杨宫,秦昭王时修建。《三辅黄图》载:"长杨宫在今周至县东三十里,本秦旧宫,至汉修饰之以备行幸。宫中有垂杨数亩,因为宫名。门曰射熊馆,秦汉游猎之所。"长杨宫位于周至终南镇东南3000米的竹园头村,村南有地名疙瘩顶,原有高达3米的大型夯土台基,大量秦汉宫殿建筑材料,有云纹瓦当、绳纹板瓦等。[71]

此外,上林苑中还有许多池沼,昆明池、镐池、牛首诸池等。《史记集解》注"丰邑"曰:"丰在京兆鄠县东,有灵台。镐在上林昆明北,有滈池,去丰二十五里。皆在长安南数十里。"[72]说明上林苑中不仅有昆明池,还有滈池。滈池在昆明池北。由于周武王定都于镐,所以被认为是滈池君,即滈池的水神[73]。昆明池有石鲸鱼。张衡《西京赋》云："鲸鱼失流而蹉跎。"李善注引《三辅旧事》："清渊北有鲸鱼，刻石为之，长三丈。"杜甫《秋兴诗》："昆明池水汉时功，武帝旌旗在眼中，织女机丝虚月夜，石鲸鳞甲动秋风。"其他见于记载的有祀池、麋池、蒯池、积草池、东陂池、当路池、太一池、郎池等诸多池沼，分布于上林苑各处，杂处于宫观之间。武帝时上林十池监管理苑中的池沼。

(三) 上林苑动植物繁多

上林苑中不唯宫观林立、苑池相间，动植物种类亦较为繁多。

苑内植有各种奇花异树，《三辅黄图》："（汉武）帝初修上林苑，群臣远方，各献名果异卉三千余种植其中。"《西京杂记》卷1列有汉上林苑中部分名果异树的详细目录。上林苑果木有：梨十、枣七、栗四、桃十、李十五、柰三、查三、椑三、棠四、梅七、杏二、桐三、林檎十株、枇杷十株、橙十株、安石榴一株、棎十株。司马相如《上林赋》记载了"橘、橙、枇杷、柿、杨梅、樱桃、葡萄"等十多种果木。《艺文类聚》卷86"梨"引《三秦记》作："汉武帝园，一名樊川，一名御宿，有大梨，如五升瓶，落地即破。其主取者，以布囊盛之，名'含消梨'。"

《三辅黄图》云："扶荔宫，在上林苑中。汉武帝元鼎六年，破南越起扶荔宫。以植所得奇草异木：菖蒲百本；山姜十本，甘蕉十二本；留求子十本；桂百本；密香、指甲花百本；龙眼、荔枝、槟榔、橄榄、千岁子、柑橘皆百余本。"张骞通西域以后，更多域外果蔬被大量引入上林苑之中，如上文提到的苜蓿、葡萄等。

上林苑中还应该有大面积的柘树种植。《三辅黄图》引《汉书阙疏》云："'上林苑有茧馆。'盖蚕茧之所也。"[74]茧馆供给皇室，《汉旧仪》云："皇后春桑，皆衣青，手采桑，以缫三盆茧，示群臣妾从，春桑生而皇后亲桑，於苑中蚕室，养蚕千箔以上，群臣妾从桑还，献茧於馆。……凡蚕丝絮，织室以作祭服。祭服者，冕服也。天地宗庙群神五时之服。皇帝得以作缕缝衣,皇后得以作巾絮而已。"皇后亲蚕应该不只是劝课桑农的表率仪式,而是被服生产的需要。[75]且能够供养千箔以上的蚕的食物也需要大量种养柘树。上林苑有柘馆,就是因种植大量柘树得名,柘树的树叶是蚕的饲料,柘木又是印染黄色使用的原料。产自茧馆的被服原料当是在此进行染色等深加工的。

  上林苑中还有大量的柳树。昭帝时,上林苑中有"大柳树断仆地,一朝起立,生枝叶,有虫食其叶,成文字,曰'公孙病已立'",[76]该文字被认为是宣帝登基的前兆。但是上林苑中的大柳树当是经过较长时间生长所致,因为柳树生长比我们常见的梧桐树慢得多。

  上林苑中还应有耐水湿、耐腐朽、胀缩性小、抗压以及抗弯曲强度大等特点的树种,如侧柏、栎木、楠木和漆树。根据西北农林科技大学对沇水古桥遗址木材的鉴定,认为沇水古桥遗址出土木材树种与咸阳沙河古桥出土的木材树种、兵马俑的棚木材树种基本相同,鉴定出的4种树种在关中地区自古有栽培,甚至在秦汉上林苑也有栽培。[77]《西京杂记》卷1"枏四株";《两京赋》有"木则枞栝棕枏,梓木或梗枫"。"枏"与"楠"字相同,《山海经·南山经》:"虖勺之山,其上多梓枏。"郭璞注:"枏,大木,叶似桑,今作楠。"《山海经·西山经》记载:"上多松柏,下多栎檀。"《诗经·大雅·皇矣》《小雅·天保》《小雅·頍弁》诸篇均有关于"柏"的记载;《两都赋》载上林苑植柏;《汉书·外戚传》提到卫思后葬"城南桐柏园"。《史记·司马相如列传》称"沙棠栎櫧"。《西京杂记》载"漆,古今同名,始载于《诗经》"。《秦风·车邻》有"山有漆,隰有栗"。这四种树木不仅在关中甚至在汉上林苑有栽培,而且由于这四种树木的木材耐腐和水湿,西汉时期的人们有意识地选择它们作桥桩用。[78]

  当然上林苑中以植物命名的离宫别馆也有不少,昆明池东有白杨观、南有细柳观。又如葡萄宫,就得名于宫旁广植的葡萄。另有长杨宫[79]、五柞宫[80]和青梧观,[81]皆因宫观内种植的树种而得名。

第五章　京师腹地功能分区

此外,苑中还豢养着许多珍禽异兽,以供天子和贵臣们观赏与射猎。《汉旧仪》:"(上林)苑中养百兽,取禽兽无数实其中。禽鹿尝祭祠祀,宾客用鹿千枚,麋兔无数。伙飞具缯缴。"苑中有虎圈、兽圈等,是帝王频繁行幸之地。文帝登上林苑虎圈,因虎圈啬夫"从旁代尉对上所问禽兽簿甚悉",于是"乃诏释之拜啬夫为上林令";元帝"尝幸上林,后宫冯贵人从临兽圈。猛兽惊出,贵人前当之,元帝嘉美其义,赐钱五万"。[82]其他一些以动物为主角的娱乐活动也很流行,甚至令皇帝流连忘返。成帝"常从为微行出游,北至甘泉,南至长杨、五柞,斗鸡走马长安中,积数年"。[83]苑中还有赛马活动,武帝"常从游戏北宫,驰逐平乐,观鸡鞠之会,角狗马之足,上大欢乐之"。[84]

上林苑中动物种类繁多,苑中的一些宫观就和动物有关。鹿是上林苑中养殖数量较多的动物[85],苑中三处宫观都以鹿命名,《长安志》卷4《宫室》载:"上林苑中有众鹿馆、鹿馆和白鹿观"。上文提到的虎圈、兽圈也即虎圈观、兽圈观。除此之外,汉赋中还载有观赏舞象的观象观,张衡《西京赋》云:"白象行孕,重鼻轔囷。"[86]犬台宫中有走狗观,黄阳宫有观赏玉鸟的属玉观,长杨宫中有射熊馆,都是以动物命名的宫观。《汉书》载:"初,充召见犬台宫。"[87]甘露二年(前52)宣帝"行幸黄阳宫属玉观"。[88]永光五年(前39),"冬,上幸长杨射熊馆,布车骑,大猎"。[89]白鹿塬上的薄太后墓中还发现了大熊猫的遗骨,证明汉上林苑中是有大熊猫活动的。[90]

上林苑空间范围广大,宫观数量、奇花异草和动植物种类繁多,据《汉旧仪》载上林苑还担负有其他功能。上文提到的昆明池、镐池、牛首诸池当中蓄养鱼鳖较多,首先用于祭祀,剩余部分交给太官使用;苑中豢养的百兽是为了帝王秋冬季的狩猎,而每次捕获的猎物,禽鹿、凫雁等用于尝祭祠祀,或者祭祀置酒;[91]上林苑中还可以聚敛财富以补军费开支。武帝时,使上林苑中官奴婢,徙置苑中养鹿。因收抚鹿矢,人日五钱,到元帝

205

时累积七十亿万钱,以补给军费击西域。由此可知,上林苑作为皇家园囿不仅有休闲娱乐、改善环境之功能,还能产生实物经济效益,解决祭祀用品等。

正是由于上林苑空间范围广、宫观楼阁繁多、功能复杂等,所以管理起来非常艰难。武帝元鼎二年(前115),以水衡都尉掌上林苑,置令、丞、左右尉。上林苑令主管苑中禽兽,以及其中的民居,还负有捕拿苑中禽兽送给太官的任务。[92]上林诏狱主治苑中禽兽馆事,属水衡。[93]与此同时,上林苑周围有院墙,墙开有十二门,有步兵校尉驻兵,普通百姓不得任意出入。即便是皇家贵戚要想进入上林苑也需要皇帝的批准,"江都王入朝,有诏得从入猎上林中"。[94]作为皇家禁苑,苑中资源不容盗取,否则即会获罪。[95]

上林苑中宫苑林立,规模宏伟,宫室众多,还有皇帝的羽林军驻守,普通百姓应难以涉足。然而2013年4月,西安市文物保护考古研究院在此发现的35座古墓中,有14座是汉代平民墓,这些墓葬的主人很有可能是生活在汉代皇家园林上林苑的居民。在14座汉墓中,墓葬形制有竖穴土坑墓、竖穴墓道土洞墓和斜坡墓道洞室墓三类,葬具均为单棺,葬式为仰身或侧身直肢葬。在这些墓葬中,出土了200余件器物(不含铜钱),质地可分为陶、铜、铁、玉石。其中以陶器数量最多,有仿铜陶礼器,也有陶罐、陶缶、陶仓、陶灶等日常生活明器,其中保存较好的带有红黑彩绘的陶鼎,比较珍贵。"由于没有被盗,这次器物大多都是成组出现,还有一座汉代陶窑保存较好,这对研究当时人们的生活习俗具有重要价值,比如当时用什么样的东西吃饭、做饭,什么器物比较珍贵等。"[96]

第五章 京师腹地功能分区

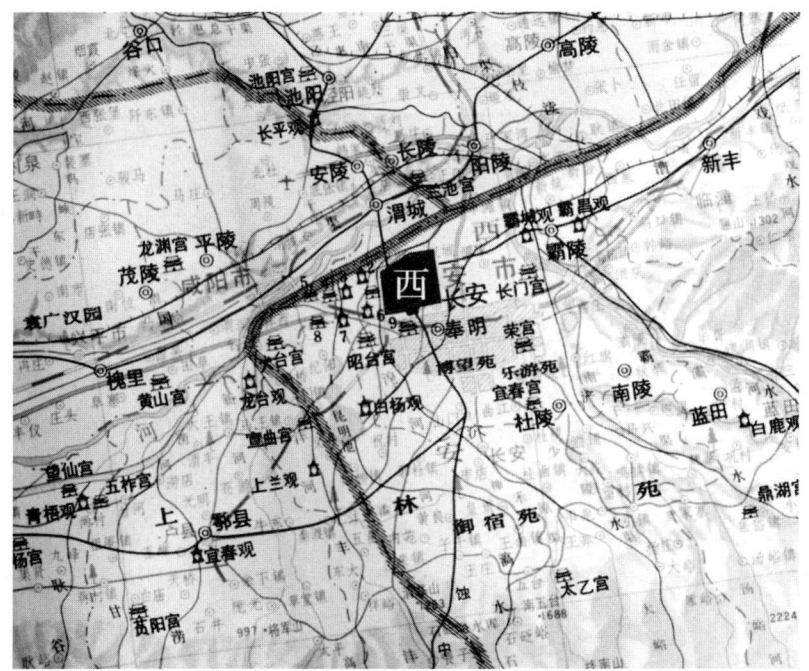

图 5-5 上林苑、昆明池及其周边环境

（图片来源：史念海主编：《西安历史地图集》，西安：西安地图出版社，1996年，第59页）

上林苑既有优美的自然景物，又有华美的宫室组群分布其中，是包罗多种多样生活内容的园林主体，是秦汉时期建筑宫苑的典型。

二、昆明池

昆明池是中国历史上第一大人工湖。汉武帝元狩三年（前120），为训练水军，在上林苑内开凿了昆明池。目前其遗迹是一片洼地，面积10余平方千米。池中有一高地是当时的岛屿，应为豫章馆之所在。东西两岸有牵牛、织女石像，高3米多，至今保存完好。池畔还有多处建筑物的基址，可能是宣曲宫、白杨宫、细柳宫等的遗址。

207

丝绸之路最早的东方起点：西汉长安城

（一）昆明池兴修及其功能

汉武帝元狩三年（前120）春，朝廷使用陇西、北地、上郡的部分戍卒以及一些犯法的官吏，修凿昆明池。[97]此前张骞第一次从西域回来之后告诉汉武帝，说他在大夏国看到了蜀布邛竹杖，是由蜀地商人经过身毒国带到的，汉武帝因而派人到身毒国（印度）去求市竹，却受阻于昆明国，于是汉武帝准备征伐昆明国。因昆明国内有滇池，方圆三百里，武汉帝为取得战争的胜利，利用汉长安城西南低洼之地，开凿一池，以练习水仗，称为昆明池。后来（元鼎元年，前116年），东南越地也有意与汉朝廷展开水战，汉武帝对昆明池又进行大力修治[98]。修治后的昆明池宫观环列，成为汉武帝的休闲娱乐场所。

其实关于昆明池开凿的原因有多种说法：其一"习水战"之目的，证据建于上段引文，如《史记》卷30《平准书第八》记载："故吏皆适令伐棘上林，作昆明池"；其二，与漕运及灌溉有关系，黄盛璋先生曾指出：京畿地区漕渠"水源乃是昆明池，渠上承昆明池东口"，所以漕渠又称昆明故渠。汉武帝所以要凿昆明池把南山诸水都集中到这里，其目的之一就是为解决漕渠水源。[99]另外其亦有灌溉作用，武帝元光中（前134—前128），郑当时建议"引渭穿渠起长安，并南山下，至河三百里。径易漕，度可令三月罢；而渠下民田万余顷，又可得以溉田。"[100]其三，作为都城长安的水库。[101]其四，作为调节上林苑中主要池苑。

昆明池的功能或许有一个不断变化的过程，最初为习水战而凿，中期有休闲娱乐的功能，后期则发挥了水产养殖功能，出产之物不仅供给祭祀之用，还能在市场售卖。《三辅故事》曰："武帝作昆明池，学水战法。帝崩，昭帝小，不能征讨，于池中养鱼，以给诸陵祠，余给长安市，市鱼乃贱。"又《三辅黄图》引《庙记》云："池中作豫章大船，可载万人，上起宫室，因欲游戏，养鱼以给诸陵祭祀，余付长安厨。"《汉旧仪》载："上林苑中昆明池、镐池、牟首诸池，取鱼鳖给祠祀，用鱼鳖千枚，以余给太官。"都城长安厨的用鱼大多来自昆明池，除此之外，西汉各陵的祭祀用鱼也由昆明池提供。

故这里才有昆明池"钓鱼"之说,[102] 由此昆明池成为皇室用鱼的重要生产基地。当然,昆明池的观赏及调节都城长安用水的功能也不容小觑。

昆明池水利工程包括供水渠、石闼堰、泄水渠以及四周护堤等多项设施。昆明池位于汉长安城西南地势较高的地方,其水源来自洨水。石闼堰起调节水位作用,据《雍录》载:"武帝作石闼堰,堰交水为池。昆明(池)基高,故其下流尚可壅激为都城之用,于是并城三派,城内外皆赖之。"石闼堰位于今长安区堰头村,其功用一是抬高水位,改变交水流向,使交水主要水量壅遏北流注入昆明池;二是使交水下游有排泄之道,多余水量经昆明池后西流注入沣河,避免汛期泛滥。交水经石闼堰北行过西乾河、三角村、孙家湾西至渠里,北穿细柳塬至石匣口村入昆明池,形成南界今匣子口村,北至常家庄南,东接孟家寨、万村,西抵张村和马营寨,面积约 10 平方千米的人工湖。以昆明池为总蓄水库,与揭水陂及城内沧池、藕池、太液池等分蓄水库串接,组成蓄水调节系统。

昆明池的泄水系统包括若干渠道:一为昆明渠,亦名漕渠,自昆明池东引水向东北流,经河池陂(今河池寨)与泬水会合,流经汉长安城南、城东,至清明门外与明渠会合东向,此渠是汉长安城东、城南的供水渠道,汉长安城明堂辟雍的水源即来自昆明渠。二为明渠,亦名泬水枝津,系引泬水入城的渠道,泬水西北流经今下杜、鱼化寨直趋汉长安城西,自章城门经飞渠(类似渡槽或架空管道)引水入城,东向流经未央宫汇入沧池,再由沧池下流循殿北经石渠阁、天禄阁出未央宫,流经桂宫、北宫、长乐宫北后自城东清明门出城,分为二水:一支东流与昆明渠汇合,一支排泄为王渠水源,此渠是未央宫、桂宫、北宫、长乐宫的供水渠道。三为泬水主流,自章城门外沿城北流,经凤阙(今未央区双凤村)东分为二支,一支东北流仍沿西城墙北上,至城墙西北角折向东北流,沿北城墙向东又分为两小支,一小支汇入藕池,另一小支向东注入渭河;另一支折入建章宫区内,经渐台东与太液池汇合后向北注入渭河,此渠为建章宫的供水渠道。四为揭水陂水,引自昆明池北口,经揭水陂(今未央区三桥镇至阿房宫遗址间)向北分为两支:一支称揭水陂水,东北流注入沈水补充其水量;一支仍称昆明池水,北流经建章宫东,至凤阙南注入沈水,此渠也为建章宫供水渠道。五为王渠,引自明渠,在城东南覆盎门外绕城墙北流,经清明门北流注入渭河。

《汉书》卷27中之上《五行志第七中之上》载元帝时童谣曰:"井水溢,灭灶烟,灌玉堂,流金门。"到汉成帝建始二年(前31)三月戊子,北宫中的井泉稍微有上涨,后来井水溢出来向南流去。井水,阴也;灶烟,阳也;玉堂、金门,至尊之居,象阴盛而灭阳,窃有宫室之应也。王莽生于汉元帝初元四年(前45),至汉成帝封侯,为三公辅政,因以篡位。这里以天象喻人事,似有一些牵强附会的含义,但若以此材料来说昆明池蓄水影响了长安城地下水位并不充分。不过,西汉时期,昆明池对长安城市用水、休闲娱乐、水产养殖、调储周边环境等方面起到了较为重要的作用。

(二)昆明池空间范围

汉昆明池,在长安西南,周回四十里。[103]《三辅旧事》曰:"昆明池三百三十二顷,中有戈船各数十,楼船百艘,船上建戈矛,四角悉垂幡旄葆麾,盖照烛涯涘。"图曰:"上林苑有昆明池,周匝四十里。"《嘉庆长安县志》卷14,引王森文在长安斗门镇北见残碑,记昆明池界址云:"北极丰镐村,南极石匣,东极园柳坡,西极斗门。"即今石匣口村以北,东界孟家寨、万村的西边,西界张村、马营寨、白家庄之东,北界在上泉北村和南丰镐村之间的土堤南侧。

昆明池在汉代修建了两次,基本奠定了西汉昆明池的规模。第一次是武帝元狩三年(前120),第二次是武帝元鼎元年(前116)。西汉以后,昆明池继续使用,后秦末年(415)关中大旱,昆明池曾一度枯竭[104]。北魏太武帝时,曾对昆明池进行了一次修浚[105]。后来到了唐朝,曾先后三次修浚昆明池。由于唐代以后未再修浚过昆明池,所以现在的昆明池遗址应该是唐昆明池的遗址。

经钻探:昆明池遗址恰在汉长安城西南约8.5千米处的斗门镇、细柳镇一带,大体位于斗门镇、石匣口村、万村和南丰村之间,遗址内有普渡、花园、西白家庄、南白家庄、北常家庄、常家庄、西常家庄、镐京乡、小白店、梦驾庄、常家滩、太平庄、马营寨、齐家曹村、新堡子、杨家庄、袁旗寨、谷雨庄、五星村、北寨子、南寨子、下店等 20 多个村庄,遗址周边有南沣村、大白店、万村、蒲阳村、石匣口、堰下张村、斗门镇、上泉北村、落水村共 9 个村镇。[106] 池岸周长约 17.6 千米,池内面积约 16.6 平方千米,略大于史籍的记载,其原因一方面可能是古今在测量精度上存在着误差,另一方面是因为唐代在重修时,将有些地方的池岸(如南池岸)扩大了,致使其规模较汉代有所增大。在昆明池岸边发现了大量的加固池岸用的鹅卵石,也都是唐代扩建时所用。

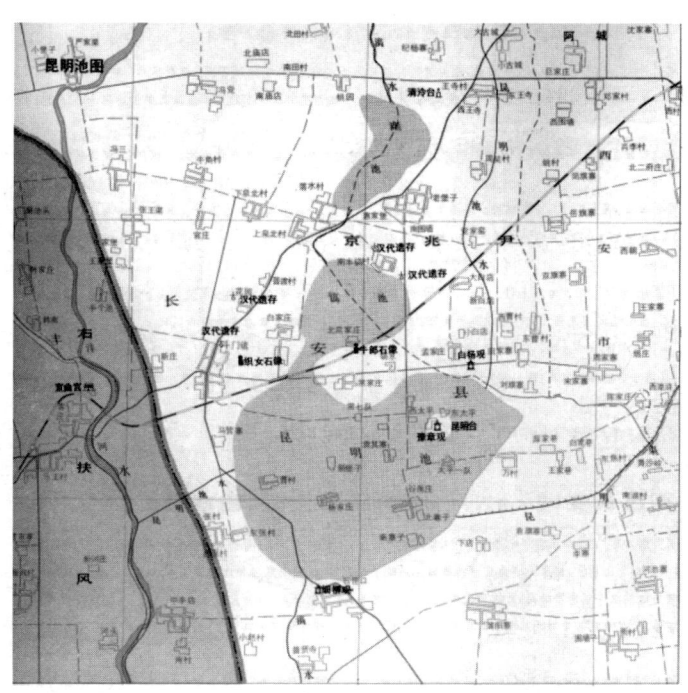

图 5-6　汉昆明池

(图片来源:史念海主编:《西安历史地图集》,西安:西安地图出版社,1996 年,第 58 页)

(三)昆明池遗址与遗迹

经考古发掘,昆明池东岸有进水渠两条,池西岸和北岸有出水渠四条,池内高地四处。南岸和东岸建筑遗址三处,北部有遗址一处。西岸位于上泉北村、斗门镇,沿西南—东北走向条状高岭(鄡坞岭)以东,北接斡龙岭;南岸位于浦阳村与石匣口村一线;东岸位于大白店、万村、下店一线,北始大白店村东部,向南经梦驾庄东至万村西;北岸位于上泉北村、沣镐村、大白店村一线,沿东南—西北带状高地走向(东西长2千米,即斡龙岭)。昆明池沿岸有四观、一宫、一台。豫章观和昆明台遗址,位于万村西北1千米处,白杨观遗址位于梦驾村东南,镐京观遗址位于沣镐村北岸,细柳观遗址位于昆明池南岸石匣口一带,宣曲宫遗址位于昆明池西岸沣京遗址内。

《三辅旧事》记载昆明池中有戈船数十艘,楼船一百艘,船上立戈矛,船的四角都垂挂着幡旄葆麾。池中建有豫章台,还有石刻的石鲸。石鲸的长度为三丈,一遇雷雨,石鲸常发出叫声,鳍尾皆动。汉代祭这个石鲸以求雨,往往灵验。《三秦记》记载说,昆明池中有灵沼,名为神池,尧帝治水时曾于此停泊船只。池水与白鹿塬相通。白鹿塬有人钓鱼,鱼拉断钓线连钩一同带着逃走了。汉武帝梦里梦见这条鱼求他把钩摘下去,第二天在池上游玩时看见一条大鱼嘴上挂着钩连着线,就去钩和线,把大鱼放走了。过了三天,武帝又在池上游玩,在池边得到了一对明珠,武帝说这是那条鱼报恩来了吧。[107]《庙记》中亦载着昆明池中建豫章大船,可载万人,又于池畔建宫室。池中养鱼,供祭祀诸陵之用,剩下的给长安人食用。甘泉苑宫南面有昆明池,池中有波殿,以桂为殿,风一吹,自己就放香气,又说池中有龙首船,常使宫女在池中泛舟,张凤盖,建华旗,作乐曲,杂以鼓吹奏乐,皇帝亲临豫定观看泛舟,听音乐。《西京赋》说,汉武帝开池的时候挖到了黑土,问东方朔,东方朔回复说西域的胡人知道这是什么,于是询问胡人,胡人回答说这是劫烧后的余灰。

昆明池及其周边保存下来的遗存主要有上文提到的石鲸鱼和牛郎织女石刻。《中国文物地图集·陕西分册》载:"石鲸原在长安县斗门镇马营村西,断为鲸体鲸尾两截。鲸体通体浑圆,头部雕有鲸眼,长五米,最大径 0.96 米。鲸尾呈半弯状,鳞纹依稀,长 1.1 米,最大径 0.4 米,刀法简捷,造型风格粗犷。在昆明池西岸马营寨村有一块巨石,相传为昆明池的石鲸的尾部。"

图 5-7　石鲸鱼尾部(现存西岸马营寨村)

在昆明池东岸、西岸各有一座石像,即牵牛、织女二石像,东岸为牵牛,后人称为石爷,西岸为织女,后人称为石婆。牛郎织女故事传说自昆明池修建后流传至今,现申报为国家非物质文化遗产。《关辅古语》曰:"昆明池中有二石人,立牵牛、织女于池之东西,以象天河。"张衡《西京赋》曰:"昆明灵沼,黑水玄沚,牵牛立其右,织女居其左。"《西都赋》云:"集乎豫章之宇,临乎昆明之池,左牵牛而右织女,似云汉之无涯。"又《长安志》云:"石婆神庙并在长安县西南三十五里昆明池右。"现距西安坡西约二十华里斗门镇东南,有一所小庙,俗称石爷庙。庙之东三里在北常家庄附近田间另有一所小庙,俗称石婆庙。两庙中各有石像一个,皆在汉代昆明池遗址范围内。石爷即牵牛像,高约 230 厘米;石婆即织女像,高约 290 厘米。[108]

(四)牛郎织女传说遗迹

两千多年前的牛郎织女石像至今仍矗立在汉昆明池的两岸。汉代的昆明池到唐代时得以扩展,至宋时则废弃。元化宋敏求《类编长安志》载:"汉昆明池,在长安县(今西安市)西南三十里,丰邑乡鹳鹊庄。昆明

丝绸之路最早的东方起点：西汉长安城

池今为陆地,有织女石,身长丈余,土埋至膝,竖发,戟手怒目,土人屋而祭之,号为石婆神庙。"唐人童翰卿的《昆明池织女石》曰:"一片昆明池,千秋织女名。见人虚脉脉,临水更盈盈。苔用青衣色,波为促杼声。岸云连鬓湿,沙月对眉生。有脸连同笑,无心鸟不惊。还如朝镜里,形影两分明。"由此可知织女庙之出现于宋元之际,而人们也将牵牛、织女称之为"石爷"和"石婆"。据当地居民讲,新中国成立后牛郎织女像曾短暂停留于碑林博物馆(1978年),随后迁往户县草堂寺,至1986年迁回旧址。

图 5-8　石婆庙

图 5-9　石婆像(织女)

用现在地名来说，牛郎（石爷庙）位于西安市长安区斗门镇棉花厂院内，织女（石婆庙）位于斗门镇常家庄村北田地中，二者相距两千米。织女庙，当地人叫"石婆庙"，又名"织女寺"。一进石婆庙的大门，院落中立石碑一块，上书："陕西第一批重点文物保护单位牛郎织女石刻，陕西省西安市人民政府1956年8月6日立"。其碑阴刻有："汉武帝元狩三年（公元前120年），为训练水师，在长安斗门镇一带，开凿了昆明池，池中刻置石鲸，两岸刻置牛郎、织女，以象征天河。两千多年的变迁，昆明池早已变为良田，但屹立在斗门镇街东的牛郎和镇东六里常家庄村北的织女石刻，却准确的标明了昆明池东西两岸。"沧海桑田，当年烟波飘渺的昆明池，早已化为良田，石像站立于此已经2127年了。织女石像，高约2.90米，位于大殿中央，今人按照传统服式，已给她穿上了华丽的衣服。石像前的香烛排成一线，表明人们祭拜时敬仰之心。两边的墙壁上的分别彩绘了牛郎织女的"凡间恩爱""鹊桥相会"等经典传说故事情节。

相对于石婆庙，石爷庙显得比较寒酸、冷清。石爷庙在斗门镇棉花厂院内，一座面积约5平方米的小庙中，高达2.30米的牛郎石像憨憨地立在小屋内，尽管和织女石像一样，今人给他穿上了华丽的衣服，但从石像前香火的繁盛程度来看，表明这里来人较少。笔者于2007年七夕前夕有意去考察了石婆庙石爷庙等地，石爷庙很显然要比石婆庙冷清得多，两种不同境遇是否与石婆（织女）在我国传统的七夕文化内涵中的地位有关呢？

图 5-10　石爷庙、石爷像（牛郎）

丝绸之路最早的东方起点：西汉长安城

　　据 2007 年 8 月 19 日《西安新闻网—西安晚报》报道：8 月 18 日，位于长安区斗门街办的"石婆庙"四周人山人海，热闹非凡，以"让爱永驻人间"为主题的首届长安七夕文化节开幕，有 77 对情侣鹊桥相会、民间艺人赛巧等活动。七夕乞巧活动在汉代已有，千百年来在民间广为流传。昨天，众多民间艺人相约在此，一字排开竞展技艺。69 岁的老艺人张雪萍的剪纸作品不仅有传统的生肖、福寿，五个活泼可爱的福娃更让人爱不释手。民间艺人季小娟创作的木雕花色泽鲜艳，灵动自然。其他民间艺人现场表演的面塑、刺绣、木雕花、手工制作的布老虎等也是各具特色。在赛巧活动一旁，七对男女书画家正在画案前忙着泼墨挥毫，墨香四溢。更多的人则拥向"石婆庙"，在这里举行的民间传统七夕祈福活动异常热闹。

　　我国是历史悠久的文明古国，拥有丰富多彩的文化遗产。非物质文化遗产是文化遗产的重要组成部分，是我国历史的见证和中华文化的重要载体，蕴含着中华民族特有的精神价值、思维方式、想象力和文化意识，体现着中华民族的生命力和创造力。保护和利用好非物质文化遗产，对于继承和发扬民族优秀文化传统、增进民族团结和维护国家统一、增强民族自信心和凝聚力、促进社会主义精神文明建设都具有重要而深远的意义。由此，对我国四大爱情故事之一的牛郎织女传说发源地的探索无疑具有极为重要的现实意义。斗转星移，光阴已逝，历经两千余年的风吹日晒，石像依然矗立在当年汉武帝指定的地方，尽管昆明观鱼的事情时有发生，昆明劫灰却早已随着岁月流逝而了无痕迹。那么，留给后人的则是人类对美好生活的憧憬和追求，看今朝牛郎织女携手共创和谐明天。

第三节 西汉帝陵

秦汉时期的人们普遍存在着"事死如事生"的观念,希望死后能够延续生前的荣光,帝王陵墓与其在世生活的都城空间有着千丝万缕的联系。因此,西汉帝王陵墓应该成为西汉都城研究的一个重要内容。

西汉自高祖刘邦称帝至王莽篡汉前,共有11位皇帝。这11位帝王的陵墓均位于汉长安城附近,其中高祖长陵、惠帝安陵、景帝阳陵、武帝茂陵、昭帝平陵、元帝渭陵、成帝延陵、哀帝义陵和平帝康陵九座墓坐落在渭河北岸的咸阳塬上;文帝霸陵和宣帝杜陵,则分别分布在长安城东南的白鹿塬与少陵塬(杜东塬)上。王子云在20世纪40年代初考察时认为"西汉各帝王的山陵(秦汉时代帝王坟墓筑成方尖锥形大土冢,称为'山陵')都分布在渭河北岸的咸阳塬上,面临渭水,确是陕西关中地理形势最好的地方。"[109]

渭北帝陵的排列曾有过一些不同的说法,据《水经注》"成国渠"载:"又东迳汉武帝茂陵南,陵之西北一里,即李夫人冢,冢形三成,世谓之英陵。……故渠又东迳姜塬北,渠北有汉昭帝陵,东南去长安七十里。……又东迳成帝延陵南,陵之东北五里,即平帝康陵坂也。故渠又东迳渭陵南,又东迳哀帝义陵南,又东迳惠帝安陵南……又东迳长陵南,故渠又东迳汉丞相周勃冢南……又东南迳汉景帝阳陵南,又东南注于渭……"由此可知,渭北帝陵区由西向东依次为:武帝茂陵、昭帝平陵、成帝延陵、平帝康陵、元帝渭陵、哀帝义陵、惠帝安陵、高祖长陵、景帝阳陵,这也得到学术界的认可。[110]但仍有学者对于西汉后四陵的位置提出不一样的看法,王建新结合历史文献、考古资料和历史背景,重新排列出中间四陵的顺序为

丝绸之路最早的东方起点：西汉长安城

成帝延陵、元帝渭陵、哀帝义陵、平帝康陵。[115]

20世纪70年代末到80年代初，在对西汉十一陵进行了全面、系统地考古调查和勘测的基础上，基本确认了咸阳塬西汉九陵的名位及排列顺序，纠正了历史文献中的多处错误记载。[111]20世纪80年代之后，陕西省考古研究院开始了对杜陵、阳陵、茂陵进行大规模地勘察、钻探和发掘，大致掌握和了解了西汉帝陵的形制结构和布局特点。茂陵、长陵和杜陵以及其他八座陵墓先后于1961年、1988年和2001年被国务院公布为国家级文物保护单位。

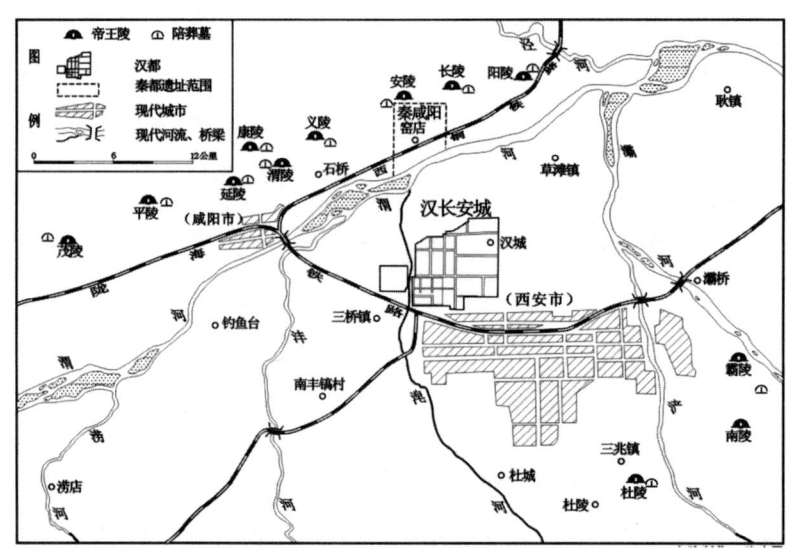

图5-11　西汉帝王陵分布图

（图片来源：何清谷：《三辅黄图校释》图二十一，北京：中华书局，第444页。孙建国制作）

一、渭北诸陵

依据与汉长安城位置的关系，可以将西汉帝陵分为两大区域，即渭北

218

陵区与东南陵区。每座帝陵的布局大致都是由陵墓、陵园、寝庙、陵邑、陪葬墓组成的。

长陵是西汉王朝开创者汉高祖刘邦的陵墓,位于陕西省咸阳市渭城区窑店镇。西南距咸阳市区15千米,南距西安市区14千米。高祖长陵又称"长山",目前已经发现了帝陵、后陵、陵邑、陪葬墓园及大量的建筑遗址。高后与高祖合葬长陵。[112]帝后陵墓在一个陵园中,帝陵在西,后陵在东。帝陵形状呈覆斗形,封土底部东西长153米,南北长135米;顶部东西长55米,南北长35米,封土高32.8米。陵底部南、西、北三面有灌渠。吕后陵在帝陵东偏南约280米,封土形状、规模与帝陵相类似。

长陵邑在长陵以北,现今保存着南、北、西三面城墙,各开一门,南北二门相对,西门辟于西城垣中央,门道有夯土遗址。内有官署、市场和里居等。长陵周围出土有五角形水管道和"长乐未央""长生无极""长陵东当"等文字瓦当。另有"皇后之玺"印章以及众多陶人陶马。在西汉诸陵中,长陵陪葬墓数量最多,现仍保留的封土堆有63个,均在长陵以东。陪葬墓墓冢布局多为南北方阵排列,成组分布。与帝陵封土相比,陪葬墓封土要小得多。其形状大略有覆斗形、圆锥形和山形三种。在发掘的过程中,陪葬墓附近不断出土出各种陶俑,还有一些汉代建筑遗址。[113]

安陵是西汉第二位皇帝惠帝刘盈的陵墓,在高祖长陵的西南。位于咸阳市渭城区,五陵塬上,地势西北高东南低,原面开阔,地势平坦。

阳陵是西汉第四位皇帝景帝刘启的陵墓,位于咸阳市渭城区正阳镇张家湾村北塬上,地跨咸阳渭城区、泾阳县和西安高陵区。北濒泾河,南临渭河。西边是高祖长陵,二者相距6千米。

丝绸之路最早的东方起点:西汉长安城

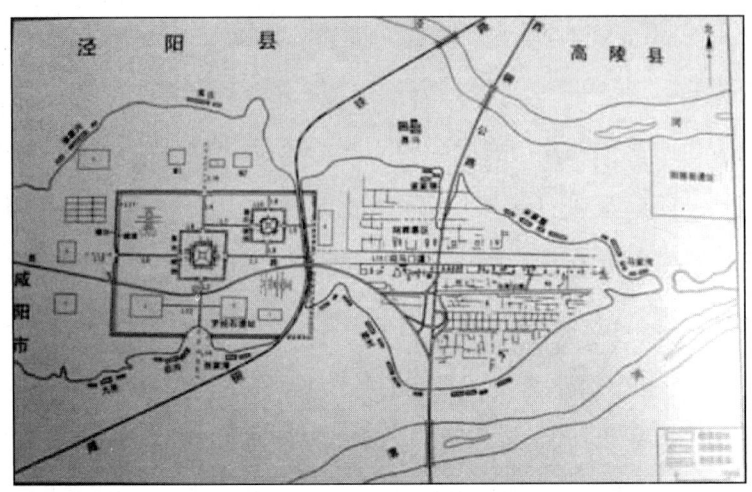

图 5-12 阳陵陵区遗迹平面图

(图片来源:陕西省文物局、西安文物保护修复中心:《陕西帝陵档案》,西安:陕西出版集团·三秦出版社,2010年,第66页)

茂陵是西汉第五位皇帝汉武帝刘彻的陵墓,位于陕西省兴平市南位镇策村,东南距咸阳市区15千米,西距兴平市区12千米。

平陵是西汉第六位帝王刘佛陵的陵墓。刘佛陵是武帝与钩弋夫人的儿子,8岁即位,21岁去世。昭陵位于咸阳市秦都区双照镇大王村南,南距咸阳市不足8千米,西南距汉武帝茂陵约5千米,东距汉成帝延陵约6千米,在汉长安城未央宫前殿遗址以西22千米。平陵内帝陵与后陵东南—西北排列,帝陵在东边。帝陵封土为覆斗形,二层台式。

渭陵是汉元帝刘奭的陵墓。刘奭(前74—前33)是汉宣帝之子,许皇后所生,27岁即位。元帝"柔仁好儒""号令温雅""宽弘尽下","征用儒生,委之以政",任用贡禹、薛广德、韦玄成、匡衡为相。渭陵位于咸阳市渭城区周陵镇新庄村南,距咸阳国际机场1.5千米,南距咸阳市区3千米。元帝渭陵之名源于渭城,《汉书》卷9《元帝纪第九》载:永光四年(前40)汉元帝"以渭城寿陵亭部塬上为初陵"。

延陵是汉成帝刘骜的陵墓。刘骜为汉元帝之子,19岁时即位,在位27年(前33—前7)。延陵位于咸阳市渭城区,渭北黄土台塬二级台地上,地势平坦,其南侧有一条东西向的引渭高干渠通过。

义陵是汉哀帝刘欣的陵墓。刘欣为汉元帝庶孙,定陶恭王之子。绥和元年(前8)被立为皇太子,第二年即位,元寿二年(前1)去世,葬于义陵。哀帝义陵位于咸阳市周陵镇南贺村南约500米处,在渭陵东、安陵西。康陵是汉平帝刘衎的陵墓。刘衎为汉元帝庶孙,中山孝王之子。因哀帝无子,9岁时被王莽拥立为帝,大权被王莽攫取,在位5年被王莽鸩杀。康陵是西汉十一陵中位置最北的一座,位于咸阳市渭城区周陵镇大寨村东。

二、渭南诸陵

霸陵是西汉第三位皇帝文帝刘恒的陵墓。刘恒是高祖刘邦薄姬所生的儿子,惠帝刘盈的弟弟。霸陵位于今西安市灞桥区毛窑湾村东南,霸水西岸,因霸水而为名。霸陵"因其山,不起坟"[114],所以地面没有封土,也未发现到霸陵陵园遗迹。在霸陵东南2100米,平地起冢,形如覆斗的陵墓为窦皇后陵。在霸陵之南有薄太后的南陵。霸陵是西汉帝陵中唯一一个因山为陵的陵墓(河南永城梁孝王墓也是依山为陵,或以此为据)。

杜陵是汉宣帝刘询的陵墓。刘询为汉武帝曾孙,戾太子刘据之孙。承昭帝之后。前74—前49年在位,为政赏罚分明,创造了一个比较安定的社会局面,称为"中兴"时期。杜陵位于今西安市雁塔区曲江乡三兆村南鸿固塬北端。据文献记载,因宣帝喜游此处,所以选陵于此。杜陵寝园和陵庙对研究汉代宫廷制度、帝王生活、陪葬习俗、建筑风格及汉代祭祀都具有重大价值。

西汉帝陵寝园的特征大致应有:帝、后寝园分置,大多分别位于帝、后陵的南侧;四周有夯土垣墙;平面为长方形;由若干座院落或建筑组成,结构较复杂。

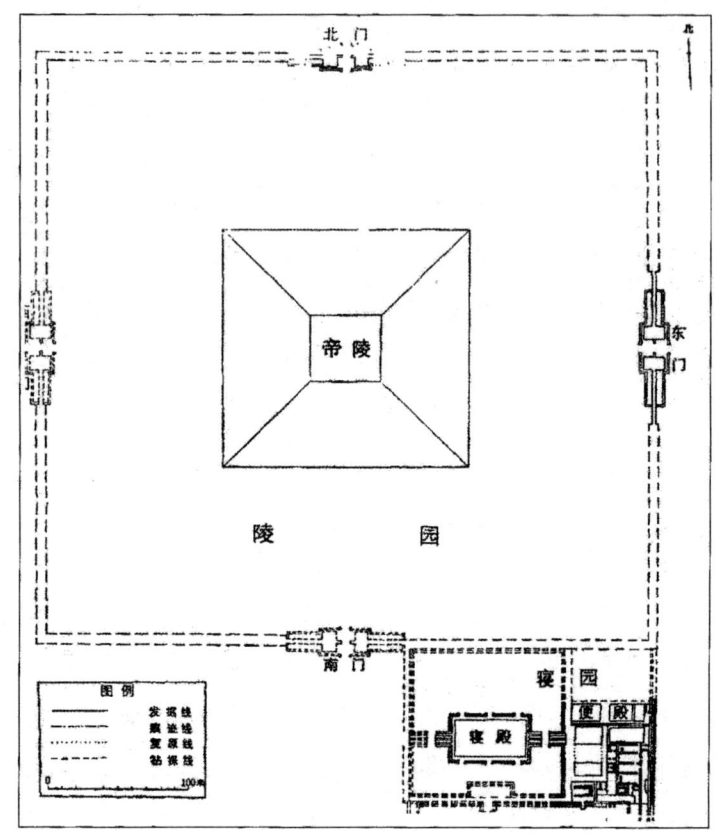

图 5-13 杜陵陵园与寝园关系图

（图片来源：中国社会科学院考古研究所：《汉杜陵陵园遗址》图 3，北京：科学出版社，1993 年 7 月，第 7 页）

三、西汉帝陵相关问题

（一）帝陵空间布局

20 世纪 70 年代之后，考古人员对帝陵分布规律展开了讨论，即帝陵选址是否存在昭穆制度的问题，出现了两种极为相反的观点。

1980 年杜葆仁先生首次提出西汉帝陵存在昭穆制度的观点[115]，杨宽等先生随后于1982年撰文表示支持这一认识,同时指出:"西汉长陵、安陵和阳陵,是按《周礼·春官·冢人》载'先王之葬居中,以昭穆为左右'的制度安排的,而到了武帝被打破了。"[116]马正林先生1987年提出了除了霸陵和杜陵外,其他九陵基本上都符合昭穆之序的观点。[117]同年,刘庆柱、李毓芳先生论述了除王莽篡权破坏了昭穆制度之外,哀帝前帝陵排列是一直保持着这种制度的。[118]2001年沈睿文以"五音姓利学说"论证了帝陵是存在昭穆制度的。[119]

时瑞宝先生1987年撰文指出西汉帝陵昭穆排序是个牵强的结论[120],随后叶文宪、雷依群、焦南峰、马永赢、黄展岳和刘瑞等先生支持此认识,并给出了一些有力的佐证[121],笔者亦赞同这一观点,主要依据有:第一,西汉帝陵的主墓道是朝东的,所以帝陵朝向也应为东向,再看渭北九陵的走向是东北—西南的走势,因而与"左昭右穆"不符。第二,按《汉书》记载,西汉帝陵是皇帝自行选定的,那么文帝和宣帝不在渭北陵区也是无昭穆制度导致的。第三,《周礼》《史记》《汉书》所说的西汉昭穆都是指在宗庙祭祀中的,不涉及墓葬。第四,太上皇不参与昭穆制度的排列。以渭北陵区东北处的早期帝陵来看,按照昭穆制度,应该是惠帝在东,景帝在西才符合定义。第五,汉代宗庙制度在后期才确立,那么墓葬制度是不会超前出现的。《史记》卷53《萧相国世家第二十三》:"为法令约束,立宗庙社稷宫室县邑。"这是西汉最早提及建宗庙的,而其制度是叔孙通首创。《汉书》卷43《叔孙通传第十三》:"高帝崩,孝惠即位,……徙通为奉常,定宗庙仪法。"高后禁令议论宗庙制度后,直到元帝才诏议此事。《汉书》卷73《韦贤传第四十三·韦玄成》:"……今宗庙异处,昭穆不序,宜入就太祖庙而序昭穆之礼……"所以在汉初没有严格的宗庙制度,墓葬中的昭穆制度也不会出现地那么早,因此西汉早期就按着昭穆制来安置帝陵的说法就不能成立。

(二)帝、后陵位置关系

西汉帝、后陵的相对位置也一直备受争议。有人认为一般都是通用"帝西后东"的模式,凡后陵在帝陵之西的都有其特殊缘由。[122]有人则认为"帝西后东"绝非西汉帝后合葬之通制。2001年,咸阳市文物考古研究所对平陵的调查也否认了"帝西后东"看法。报告中指出目前可以确定属于"帝东后西"之制的有惠帝安陵、武帝茂陵、昭帝平陵、元帝渭陵,其后陵均位于帝陵的西北方;可以确定属于"帝西后东"之制的有文帝霸陵、景帝阳陵、宣帝杜陵、哀帝义陵。高祖长陵、成帝延陵、平帝康陵还有一定的争议。刘卫鹏、岳起根据考古钻探调查发现,东侧陵墓附近的陪葬坑较为聚集,加之东边陵墓的东墓道正对着陵园东门,西边却没有,所以界定为东边为帝陵,西边为后陵。[123]

笔者就此问题曾咨询过中国考古研究所阿房宫考古队的刘瑞队长,他认为目前判定帝后陵的前提是以后陵小、帝陵大,然史实是否就是如此,不得而知。所以,上述讨论仍为一家之言,很显然都有一定的局限性。

(三)陵园

一般认为,秦汉帝陵均实行两重陵园制度,亦有学者指出秦、西汉时期普遍存在着三重陵园制,阳陵的三重陵园制度应是西汉时期各帝陵共同执行的陵园制度,只是在阳陵之前的长陵、安陵、霸陵采取的是简易化的三重陵园制度。[124]刘庆柱先生较早根据文献记载分析,得出西汉帝陵陵园应该至少是按双重城垣设计的。并提出高祖和吕后同一座陵园,安陵也仿制长陵,从文帝之后,西汉帝、后就开始各自单设陵园。[125]

西汉前期,帝后共用一个陵园,形状多为长方形,阳陵之后,帝后陵园各自分置,且陵园都筑有夯墙,每面墙中央都开有门阙。陵园内或附近有寝和便殿,在离陵较远的地方或长安城内立庙,以便"日祭于寝,月祭于庙,时祭于便殿"。[126]帝、后异陵的陵园平面基本呈方形,陵园四面中部开门并且修建门阙,陵墓位于陵园的中部,寝园位于陵园外西北或者东南部,陪葬坑区位于陵园外面。[127]

(四)寝殿、便殿、陵庙

西汉帝陵寝园中帝、后寝园分置,大多分别位于帝、后陵的南侧,四周有夯土垣墙,平面为长方形,由若干座院落或建筑组成,结构较复杂。

汉代陵墓旁的"寝"[128]是祭祀死者的场所,当时有"日祭于寝"的礼仪制度。西汉的寝园源自于秦代的寝殿,陵园与寝园是不同的概念。西汉初期,帝陵的寝园位置可能沿袭秦代制度。《后汉书·礼仪志》记载,"始皇出寝,起于墓侧,汉因而弗改"。一般认为帝陵坐西朝东,陵墓北面应属其"侧",所以帝陵北部的大型建筑遗址应为其寝殿基址,且早期大多建在陵园里。从汉景帝阳陵开始,寝殿移到陵园外,一般在帝陵东南。

西汉帝陵寝殿之中包括寝殿和便殿。[129]寝殿不仅是寝园中的主体建筑,还是帝陵的正殿,而且仿照天子的大朝之殿而筑。[130]据杜陵考古发掘资料显示,杜陵寝殿台基规模(不包括东、西门)长 55.15 米,与"天子之堂广九雉"的规模(周代九雉约等于 53.76 米)相当。

便殿相对于正殿而言,是寝殿中的别殿,位于寝殿附近。《汉书·韦贤传》颜师古注:"便殿者,寝侧之别殿耳。"西汉帝陵中不仅皇帝陵有包括寝殿和便殿的寝园建筑物,与皇帝合葬的皇后陵园中亦有相同的寝园建筑。昭灵后、武哀王、昭哀后、孝文太后、孝昭太后、卫思后、戾太子、戾后也各有寝园。便殿与寝殿的功能有所不同,主要用来休息闲宴[131]、保存皇帝生前用器衣物[132]或进行一些祭祀活动等,它应该是由小型殿堂、储藏室、居室和庭院等多种建筑物组成的建筑群。便殿一年祭祀4次,即所谓的"时祭于便殿""便殿,岁四祠。"

陵庙是从宗庙发展而来的,是封建中央集权统治的产物。《汉书·韦贤传》:"京师自高祖下至宣帝,与太上皇、悼皇考各自据陵旁立庙。"西汉帝陵与其陵庙的距离一般不远,有的就同在一处。陵庙和宗庙一样,周围营筑墙垣,所以陵庙又称"庙园"。庙园四面辟门,称司马门,门外或有双阙。因"月祭于庙"及其他祭祀活动,一年之中于陵庙祭祀25次。西汉帝陵陵旁立庙的制度始于惠帝时,其为汉高祖修建原庙而开启。从文帝开始皇帝生前就为自己建庙,但文帝霸陵的陵庙并非其生前所建的"顾成庙",而是景帝元年(前156)建立的。[133]

(五)陵邑

西汉帝陵陵邑的设置主要作用体现在:一为奉山陵,二为强干弱枝加强中央集权。陵邑一般在帝陵的东侧或北侧,汉元帝时罢置陵邑。

汉代帝陵及其附属的园、寝、庙规模很大,元帝以前,每起一陵,就要在陵侧置县,役使县民供奉园陵,叫作"陵县",亦称"陵邑",为供奉陵园而置。西汉一代共有9个陵邑:高帝长陵邑、惠帝安陵邑、文帝灞陵邑、景帝阳陵邑、(文帝母)薄太后南陵邑、武帝茂陵邑、(昭帝母)赵婕妤云陵邑、昭帝平陵邑、宣帝杜陵邑;两个准陵邑,分别是高帝为其父太上皇陵所置万年县和宣帝为其父史皇孙陵所置之奉明县。

图5-14 站在云陵顶向南望 (2015级硕士生李毕力格拍摄)

西汉陵邑基本位于陵墓的北部或东北部,除杜陵邑受地理限制,位于杜陵的西北外;长陵邑、安陵邑均位于陵园的北部,陵邑和陵园连成一体,陵园的北墙即陵邑的南墙;阳陵邑开始,陵邑和陵园分离。[134]元帝之后,陵邑制度就取消了。就实质而言,陵邑制度的兴废反映了西汉中期社会、政治形势的发展变化。

(六)陪葬墓

西汉帝陵陪葬墓的规模是历史上最大的,陪葬墓的大小依据死者身份而定。陪葬墓一般分布在帝陵的东或东北处,排列在东司马道的南北两侧。陪葬墓墓冢的形状大致有覆斗形、锥形和山形三种。据考古发掘资料反映陪葬墓附近也有各种建筑基址存在,且大型的陪葬墓周围还有附葬墓。

刘庆柱、李毓芳先生认为,西汉帝陵陪葬墓大多分布在帝陵东边,抑或北边。而且帝陵东边的陪葬墓在东司马道的南北两侧,南侧的陪葬数量多,从中推断出,这种排列是仿制百官大臣朝仪皇帝时的列位。[135]说明西汉帝陵是仿汉长安城而建的。《周书·庾信传》载:"践长乐之神皋,望宣平之贵里。"宣平门位于汉长安城东面北面第一个门,位于汉长安城东北部,所以陪葬墓的安排受此影响。[136]亦有观点认为西汉帝陵东边陪葬墓的排列是因其所在的地形而定的,长陵、安陵、霸陵东司马道南北侧并非都有陪葬墓;阳陵、茂陵因东部地势开阔,所以南北都有;平陵、杜陵则是北部居多;延陵陪葬墓却多在其西边;义陵在其东南边都存在。[137]

关于西汉帝陵陪葬者身份的探究,刘庆柱先生认为西汉早期多是开国功臣、皇亲国戚,而晚期外戚、妃嫔则居多。[138]之后,有研究表明西汉帝陵陪葬墓区的设置继承秦制并有所发展,且在规划整个陵园时早就预先设计并规划好的。陪葬墓墓主身份与其距帝陵陵园和司马道的远近、墓园与墓葬形制等诸多方面上都存在着等级差异,陪葬墓园同时也兼具家族墓地的性质。[139]

注　释：

[1]《史记》卷23《礼书第一》："故王者天太祖,诸侯不敢怀,大夫士有常宗,所以辨贵贱。贵贱治,得之本也。郊畤乎天子,社至乎诸侯,函及士大夫,所以辨尊者事尊,卑者事卑,宜钜者钜,宜小者小。故有天下者事七世,有一国者事五世,有五乘之地者事三世,有三乘之地者事二世,有特牲而食者不得立宗庙,所以辨积厚者流泽广,积薄者流泽狭也。"

[2]《汉书》卷25上《郊祀志第十五上》(二年)高祖曰："吾知之矣,乃待我而具五也。"乃立黑帝祠,名曰北畤。有司进祠,上不亲往。

[3]《汉书》卷25下《郊祀志第五下》。

[4]《汉书》卷25上《郊祀志第五上》："悉召故秦祀官,复置太祝、太宰,如其故仪礼。"

[5]《汉书》卷25上《郊祀志第五上》"渭阳五帝庙"："同宇,帝一殿,面五门,各如其帝色。祠所用及仪亦如雍五畤。""五帝庙临渭,其北穿蒲池沟水。"

[6]《汉书》卷25上《郊祀志第五上》："(文帝十五年)文帝出长门,若见五人于道北,遂因其直立五帝坛,祠以五牢。"

[7]焦南峰：《宗庙道、游道、衣冠道——西汉帝陵道路再探》,《文物》,2010年第1期。

[8]《汉书》卷22《礼乐志第二》,又《史记》卷24《乐书第二》载祭太一于圜丘。

[9]《汉书》卷25下《郊祀志第五下》。

[10]《汉书》卷99上《王莽传第六十九上》："居摄元年正月,莽祀上帝于南郊,迎春于东郊,行大射礼于明堂,养三老五更,成礼而去。"

[11]《后汉书》志第七《祭祀上》。

[12]《汉书》卷25下《郊祀志第五下》。

[13]《汉书》卷16《高惠高后文功臣表第四》。

[14]《汉书》卷16《高惠高后文功臣表第四》。

[15]《史记》卷128《龟策列传第六十八》。

[16]汉书》卷7《昭帝纪第七》。

[17]《汉书》卷6《武帝纪第六》武帝元狩六年夏四月乙巳："立皇子闳为齐王,旦为燕王,胥为广陵王,初作诰。"

[18]《汉书》卷12《平帝纪第十二》。

[19]《史记》卷4《文帝纪第四》文帝后元七年夏崩于未央宫,遗诏曰:"朕获保宗庙,以眇眇之身托于天下君王之上,二十有余年矣。……今乃幸以天年得复供养于高庙,朕之不明与嘉之,其奚哀念之有!"

[20]《汉书》卷99 中《王莽传第六十九中》。

[21]《汉书》卷99 下《王莽传第六十九下》。

[22]《后汉书》志第二十五《百官志》:"高守令一人,六百石,掌守庙。"

[23]《汉书》卷99 上《王莽传第六十九上》。

[24]《汉书》卷66《公孙刘田王杨蔡陈郑传第三十六》。

[25]《史记》卷99《刘敬叔孙通列传》:"陛下何自筑复道高寝,衣冠月出游高庙?高庙,汉太祖,奈何令后世子孙乘宗庙道上行哉?"

[26]《汉书》卷81《匡张孔马传第五十一》:"禹年老,自治冢茔,起祠室,好平陵肥牛亭部处地,又近延陵,奏请求之,上以赐禹,诏令平陵徙亭它所。曲阳侯根闻而争之:'此地当平陵寝庙衣冠所出游道,禹为师傅,不遵谦让,至求衣冠所游之道,又徙坏旧亭,重非所宜。'以肥牛亭地赐禹。"《资治通鉴》卷32《汉纪第二十四》:"特进、安昌侯张禹请平陵肥牛亭地;曲阳侯根争,以为此地当平陵寝庙,衣冠所出游道,宜更赐禹他地。上不从,卒以赐禹。"

[27]《汉书》卷16《高惠高后文功臣表第四》:"孝文九年,侯臧嗣,四十五年,元朔三年,坐为太常衣冠道桥坏不得度,免。"《汉书》卷19 上《百官公卿表第七上》:"蓼侯孔臧为太常,三年坐南陵桥坏衣冠道绝免。"

[28]焦南峰:《宗庙道、游道、衣冠道——西汉帝陵道路再探》,《文物》,2010年第1期。

[29]《汉书》卷73《韦贤传第四十三》。

[30][后晋]刘昫:《旧唐书·礼仪志二》:"明堂,天子布政之宫也。盖所以顺天气,统万物,动发于两仪,德被于四海者也。……明堂,天子太庙,所以宗祀其祖,以配上帝。……虽有五名,而以明堂为主。汉代通儒,咸以明堂、太庙为一。汉左中郎将蔡邕立议,亦以为然。取其宗祀,则谓之清庙;取其正室,则谓之太室;取其向阳,则为之明堂;取其建学,则谓之太学;取其圜水,则谓之辟雍;异名而同实,古之制也。"(870 页。)

[31]《后汉书》卷35《张曹郑列传第二十五》:"是时宗庙未备,自元帝以上,祭于洛阳高庙,成帝以下,祠于长安高庙,其南顿四世,随所在而祭焉。"

[32]《后汉书》卷2《显宗孝明帝纪第二》。

[33]《汉书》卷53《景十三王传第二十三》:"河间献王来朝,献雅乐,武帝对之三雍宫。"应劭注云:"三雍者,辟雍、灵台、明堂也。雍者,和也,言天地君臣民人皆和。"学界此三雍宫是否于武帝时建成仍有怀疑。

[34]《汉书》卷56《董仲舒传第二十六》。

[35]《长安志》卷3《郊丘》记载:"灵台、明堂,武帝造,在长安城南。平帝元始四年,王莽奏复修明堂、辟雍。"

[36] 何清谷校注:《三辅黄图》:"好像立明堂城南已行,但未成而辍,已有部分堂屋而被称作三雍官,前注三雍官,即辟雍、明堂、灵台。"西安:三秦出版社,2006年,第352页。

[37]《汉书》卷99上《王莽传上第六十九上》亦载:"是岁,莽奏起明堂、辟雍、灵台,为学者筑舍万区,作市、常满仓,制度甚盛。"

[38] 何清谷校注:《三辅黄图》,西安:三秦出版社,2006年1月,第330页。

[39] 中国社会科学院考古研究所:《西汉礼制建筑遗址》,北京:文物出版社,2003年,第3页。

[40] 中国社会科学院考古研究所《西汉礼制建筑遗址》,北京:文物出版社,2003年。

[41] 刘致平:《西安西北郊古代建筑遗址勘察初记》,《文物参考资料》,1957年第3期。

[42] 许道龄、刘致平:《关于西安西郊发现的汉代建筑遗址是明堂或辟雍的讨论》(两篇),《考古》,1959年第4期。

[43] 唐金裕:《西安西郊汉代建筑遗址发掘报告》,《考古学报》,1959年第2期。

[44] 黄展岳:《汉长安城南郊礼制建筑的位置及其有关问题》,《考古》,1960年第9期;中国社会科学院考古研究所:《西汉礼制建筑遗址》,文物出版社,2003年,第225—232页。

[45] 王仲殊:《汉代考古学概说》,北京:中华书局,1984年,第14页。

[46] 姜波:《汉唐都城礼制建筑研究》,北京:文物出版社,2003年,第58、65—67页。

[47] 王士仁:《汉长安城南郊礼制建筑(大土门遗址)原状的推测》,《考古》,1963年第9期。

[48] 刘庆柱、李毓芳:《汉长安城》,北京:文物出版社,2003年,第139—140页。

[49] 刘瑞:《汉长安城的朝向、轴线和南郊礼制建筑》,北京:中国社会科学出版社,2011年,第90—121页。

[50] 王恩田:《"王莽九庙"再议》,《汉长安城遗址研究》,北京:科学出版社,2006年,第386—388页。原刊于《考古与文物》,1992年第4期,第96—106页。

[51] 张一兵:《明堂制度源流考》,北京:人民出版社,2007年,第122—124页。

[52] 中国社会科学院考古研究所:《西汉礼制建筑遗址》,北京:文物出版社,2003年,第7页。

第五章 京师腹地功能分区

[53]黄展岳:《汉长安城南郊礼制建筑的位置及其有关问题》,《考古》1960年第9期,第58页;黄展岳:《关于王莽九庙的问题——汉长安城南郊一组建筑遗址的定名》,《考古》,1989年第3期。

[54]王恩田:《"王莽九庙"再议》,《考古与文物》,1992年第4期,第96—106页。

[55]姜波:《汉唐都城礼制建筑研究》,北京:文物出版社,2003年版,第67页。

[56]刘瑞:《汉长安城的朝向、轴线与南郊礼制建筑》,北京:中国社会科学出版社,2011年,第133—230页。

[57]黄展岳:《关于王莽九庙的问题—汉长安城南郊一组建筑遗址的定名》,《考古》,1989年第3期,第267页。

[58]王恩田:《"王莽九庙"再议》,《汉长安城遗址研究》,北京:科学出版社,2003年,第385—386页。原刊于《考古与文物》,1992年第4期。

[59]中国社会科学院考古研究所:《西汉礼制建筑遗址》,北京:文物出版社,2003年,第224—225页。

[60]刘瑞:《汉长安城的朝向、轴线与南郊礼制建筑》,北京:中国社会科学出版社,2011年,第235—251页。

[61]《汉书》卷65《东方朔传第三十五》。

[62]胡谦盈:《汉昆明池及其有关遗址踏查记》,《考古与文物》,1980年创刊号。

[63]《三辅黄图》卷3:"鼓簧宫周匝一百三十步,在建章宫西北。"

[64]《三辅黄图》卷3:"奇华殿,在建章宫旁,四海夷狄,器服珍宝,火浣布、切玉刀、巨象、大雀、狮子、苑马,充塞其中。"

[65]《后汉书》志第二十六《百官三》:"孝武帝初置水衡都尉,秩比二千石,别主上林苑有离官燕休之处,世祖省之,并其职与少府。"

[66]《史记》卷10《孝文本纪第十》注引《集解》。

[67]《集解》《汉书音义》曰:"宣曲,宫名,在昆明池西。牛首,池名,在上林苑西头。"张揖"龙台"曰:"观名也,在丰水西北,近渭。"郭璞注"细柳"曰:"观名也,在昆明池南也。"

[68]《水经注》曰:"昆明池故渠之右有博望苑","昆明池故渠东有明堂及辟雍"。

[69]徐卫民:《秦汉都城研究》,西安:三秦出版社,2012年1月。

[70]张海云:《芷阳遗址调查简报》,《文博》,1985年第3期。

[71]何清谷:《关中秦十官觅踪》,《陕西师大学报》,1988年第2期。

[72]《史记》卷4《周本纪第四》。

[73]《史记》卷6《秦始皇本纪第六》三十六年,"秋……'为吾遗滈池君'"《集

丝绸之路最早的东方起点:西汉长安城

解》注引服虔曰:"水神也。"张晏曰:"武王居镐,镐池君则武王也。武王伐商,故神云始皇荒淫若纣矣,今亦可伐也。"

[74] 何清谷校释:《三辅黄图》卷6《杂录》,北京:中华书局,2005年,第384页。

[75] 孙星衍等辑,周天游点校:《汉官六种·汉旧仪》,北京:中华书局,1990年,第77页。

[76] 《汉书》卷27中之下《五行志第七中之下》、卷75《眭两夏侯京翼李传第四十五·眭弘传》。

[77] 冯德君、赵泾峰、王自力:《陕西三桥汉代木桥遗址出土木材研究》,《西北林学院学报》,2008年第6期。

[78] 西安市文物保护考古研究院:《汉长安城厨城门古桥遗址发掘报告》,《考古学报》,2012年第3期。附王树芝、王增林:《汉长安城厨城门木桥桥桩木材鉴定》。

[79] 何清谷校释:《三辅黄图》:"长杨宫,在今周至县东南三十里,本秦旧宫,至汉修饰之以备行幸。宫中有垂杨数亩,因为宫名。"北京:中华书局,2005年,第37页。

[80] 何清谷校释:《三辅黄图》:"五柞宫,汉之离宫也,在扶风周至。宫中有五柞树,因以为名。五柞皆连抱,上枝覆阴数亩。"北京:中华书局,2005年,第211页。

[81] 何清谷校释:《三辅黄图》:"青梧观,在五柞宫之西。观亦有三梧桐树,下有石麒麟二枚,其刊胁文字,是秦始皇骊山墓上物也。"北京:中华书局,2005年,第330页。

[82] 《汉书》卷86《何武王嘉师丹传第五十》。

[83] 《汉书》卷59《张汤传第二十九》。

[84] 《汉书》卷65《东方朔传第三十五》。

[85] [东汉]许宏撰,[清]孙星衍辑:《汉官六种·汉旧仪》:"武帝时,使上林苑中官奴婢及天下贫民财不满五千,徙置苑中养鹿。"

[86] [梁]萧统编,[唐]李善注:《文选》,第76页。

[87] 《汉书》卷45《江充传第十五》。

[88] 《汉书》卷8《宣帝纪第八》。

[89] 《汉书》卷9《元帝纪第九》。

[90] 王学理:《汉南陵从葬坑的初步清理》,《文物》,1981年第11期。

[91] [东汉]许宏撰,[清]孙星衍辑:《汉官六种·汉旧仪》:"禽鹿尝祭祠祀,宾客用鹿千枚,麕兔无数。""以射凫雁,应给祭祀置酒,每射收得万头以上,给太官。"

[92] 《后汉书》卷126《志第二十六·百官三》。

[93] [东汉]许宏撰,[清]孙星衍辑:《汉官六种·汉旧仪补遗卷上》。

[94] 《史记》卷125《佞幸列传第六十五》。

第五章　京师腹地功能分区

[95]《汉书》卷16《高惠高后文功臣表第四》载:元鼎四年(前113),张拾"坐入上林谋盗鹿,搏拼,完为城旦"。

[96]参见网址:http://news.hsw.cn/system/2013/04/27/051656142.shtml

[97]《汉书》卷6《武帝纪第六》如淳曰:"《食货志》以旧吏弄法,故谪使穿池,更发有赀者为吏也。"臣瓒曰:"《西南夷传》有越巂、昆明国,有滇池,方三百里。汉使求身毒国,而为昆明所闭。令欲伐之,故作昆明象之,以习水战,在长安西南,周回四十里。"师古曰:"谪吏,吏有罪者,罚而役之。滇音颠。"

[98]《汉书》卷24下《食货志第四下》:"是时粤欲与汉用船战逐,乃大修昆明池,列馆环之。治楼船,高十余丈,旗织加其上,甚壮。"

[99]黄盛璋:《关于水经注长安城附近复原的若干问题,兼论水经注的研究方法》,《考古》,1961年第6期。

[100]《史记》卷29《河渠书第七》。

[101]陈业新:《灾害与两汉社会研究》:"两汉旱魃之灾共计112次,旱灾年份占两汉总年数的26%以上,也就是说,两汉时期平均不到四年就要发生一次旱灾。"武帝元狩三年长安城大旱,同年开挖昆明池或与城市用水不足有关。上海:上海人民出版社,2004年,第11页。

[102]刘庆柱辑注:《关中记》"上林苑",西安:三秦出版社,2006年,第89页。

[103]《汉书》卷6《武帝纪第六》臣瓒注:"昆明池在长安西南,周回四十里。"

[104]《十六国春秋》卷58,又见《资治通鉴》卷117。

[105]《魏书》卷4《帝纪第四下》载:北魏太武帝太平真君元年(440)二月,令长安五千人修浚昆明池,太武帝拓跋焘游幸昆明池。

[106]刘振东、张建锋:《西安市汉唐昆明池遗址的钻探与试掘简报》,《考古》,2006年第10期。

[107]《三秦记》曰:"昆明池中有灵沼,名神池,云尧时治水,尝停船于此地。通白鹿原,原人钓鱼,纶绝而去。梦于武帝,求去其钩。三日戏于池上,见大鱼衔索,帝曰:岂不谷昨所梦耶!乃取钩放之。间三日,帝复游池,池滨得明珠一双。帝曰:岂昔鱼之报耶?"《初学记》卷7"昆明池条":(昆明池)人钓鱼,纶绝而去,梦於武帝求去其钓。明日帝戏于池,见鱼衔索,帝取其钩放之,间三日复游,池滨得明珠一双,帝曰:"岂非昔鱼之报耶?"

[108]顾铁符:《西安附近所见的西汉石雕艺术》,《文物参考资料》,1955年第11期。

[109]王子云:《从长安到雅典——中外美术考古游记》(上册),长沙:岳麓书社,2005年,第22页。

[110]杜葆仁,《西汉诸陵位置考》,《考古与文物》,1980年第1期。

[111] 焦南峰:《西汉帝陵考古发掘研究的历史及收获》,《西部考古》,2006 年第 1 期。

[112]《集解》引《关中记》曰:"高祖陵在西,吕后陵在东。汉帝后同茔,则为合葬,不合陵也。诸陵皆如此。"

[113] 石兴邦等:《长陵建制及有关问题——汉刘邦长陵勘察记存》,《考古与文物》,1984 年第 2 期;刘庆柱、李毓芳:《西汉诸陵调查与研究》,《文物资料丛刊》,第六辑,北京:文物出版社,1982 年。

[114]《汉书》卷 36《楚元王传第六·附刘向传》:"夫死者无终极,而国家有废兴,故释之之言,为无穷计也。孝文寤焉,遂薄葬,不起山坟。"

[115] 杜葆仁,《西汉诸陵位置考》,《考古与文物》,1980 年第 1 期。

[116] 杨宽、刘根良、太田有子等:《秦汉陵墓考察》,《复旦大学学报》,1982 年第 6 期。

[117] 马正林,《咸阳原与西汉诸陵》,《人文杂志》,1987 年第 2 期。

[118] 刘庆柱、李毓芳:《西汉十一陵》,西安:陕西人民出版社,1987 年,第 49 页;李毓芳:《西汉帝陵分布的考察——兼谈西汉帝陵的昭穆制度》,《考古与文物》,1989 年第 3 期。

[119] 沈睿文:《西汉帝陵陵地秩序》,《文博》,2001 年第 3 期。

[120] 时瑞宝:《西汉帝陵与昭穆之序》,《中原文物》,1987 年第 1 期。

[121] 叶文宪:《西汉帝陵的朝向分布及相关问题》,《文博》,1988 年第 4 期;雷依群:《论西汉帝陵制度的几个问题》,《考古与文物》,1998 年第 6 期;焦南峰、马永赢:《西汉帝陵无昭穆制度论》,《文博》,1999 年第 5 期;焦南峰、马永赢:《西汉帝陵无昭穆制度论》,《文博》,1999 年第 5 期;刘瑞:《昭穆制度与西汉帝陵排序》,《西部考古》,2008 年第 3 辑。

[122] 徐苹芳:《中国秦汉魏晋南北朝时代的陵园和茔域》,《考古》,1981 年第 6 期,第 522 页;沈睿文:《西汉帝陵陵地秩序》,《文博》,2001 年第 3 期,第 20 页。

[123] 刘卫鹏、岳起:《由平陵建制谈西汉帝陵制度的几个问题》,《考古与文物》,2007 年第 5 期,第 6,7 页。

[124] 刘瑞:《秦、西汉帝陵的内、中、外三重陵园制度初探》,《中国文物报》,2007 年 5 月 18 日,第 007 版。

[125] 刘庆柱、李毓芳:《西汉十一陵》,西安:陕西人民出版社,1987 年,第 57 页。

[126]《汉书》卷 73《韦贤传第四十三》。

[127] 咸阳市文物考古研究所:《西汉帝陵钻探调查报告》,北京:文物出版社,2010 年,第 182—183 页。

[128]《后汉书》志第九《祭祀志下》:"汉诸陵皆有园寝。"

[129]《汉书》卷73《韦贤传第四十三》:"又园中各有寝、便殿。"

[130]《汉书》卷73《韦贤传第四十三》颜师古注:"寝者,陵上正殿,若平生露寝矣。"

[131]《汉书》卷6《武帝纪第六》颜师古注:"凡言便殿、便室、便坐者,皆非正大之处,所以就便安也。……便殿为休息闲宴之处耳。"

[132]《汉书》卷99下《王莽传第六十九下》"地皇元年七月":"杜陵便殿乘舆虎文衣废臧在室匣中者出,自树立外堂上,良久乃委地。"《后汉书》志第六《礼仪志下》"容根车游载容衣。司徒至便殿,……尚衣奉衣,以次奉器衣物,藏于便殿。"

[133]中国社会科学院考古研究所:《汉杜陵陵园遗址》,北京:科学出版社,1993年,第106页。

[134]咸阳市文物考古研究所:《西汉帝陵钻探调查报告》,北京:文物出版社,2010年,第212页。

[135]刘庆柱、李毓芳:《西汉十一陵》,西安:陕西人民出版社,1987年,第210—211页。

[136]刘庆柱、李毓芳:《关于西汉帝陵形制诸问题探讨》,《考古与文物》,1985年第5期。

[137]咸阳市文物考古研究所:《西汉帝陵钻探调查报告》,西安:文物出版社,2010年,第207—208页。

[138]刘庆柱、李毓芳:《西汉十一陵》,西安:陕西人民出版社,1987年,第68页。

[139]曹龙:《西汉帝陵陪葬制度初探》,《考古与文物》,2012年第5期。

第六章　世界文化遗产——西汉长安城

第一节　西汉之后的长安城

自汉高祖五年(前202)后九月,刘邦开始在渭河以南、秦兴乐宫的基础上重修宫殿;汉惠帝修筑城墙、建西市;汉武帝对长安城进行了大规模扩建,增建北宫、新建桂宫和明光宫,在城南开太学,在城西扩充了秦朝的上林苑,开凿昆明池,修建建章宫等;平帝元始三年(3)夏,立官稷于官社之后;平帝元始四年(4),在长安城南修建明堂、辟雍等。

西汉平帝元始五年(5)冬十二月,汉平帝死于未央宫中,王莽居摄朝政,称居摄元年(6)。严格意义上来说王莽居摄期间应当是西汉时期,原因就在于:其一,王莽并没有举行改朝换代的仪式,他还是在"以奉顺皇天之心,辅翼汉室,保安孝平皇帝之幼嗣,遂寄托之义,隆治平之化"的名义下,代行刘汉皇帝之职,平决朝事;其二,他以"臣节"之礼朝见太皇太后、帝皇后;其三,于居摄元年(6)三月,立宣帝玄孙婴为皇太子,号曰孺子;其四,太后于五月诏见他时,称他为"假皇帝";其五,他此时依然住在以楚王邸改就的安汉公里第之中,无论其名称和配备有多么高贵和齐全[1],其宅第都还不能称为"宫",也未能入主未央宫中。种种迹象表明,至居摄三年(8)十一月甲子,改元为初始元年一个月后,当他把皇太子刘婴从未央宫迁入以大鸿胪府改造成的安定公第之时,表明西汉政权彻底结束

第六章 世界文化遗产——西汉长安城

了。王莽改元、迁太子、即帝位、改都城长安为常安等事件[2],表明西汉政权的终结,然汉新政权是通过禅让方式过渡的,都城建设不仅未受到破坏,还得到了继续发展。

一、新莽时期的常安城

王莽建立的新朝(9—23)相继使用了始建国、天凤、地皇三个年号,都城沿用西汉都城长安城,但改名常安,以未央宫为大朝正殿。其在位期间对常安城的建设主要是城南礼制建筑的兴建,其间另有更改建筑名称和改变建筑使用者现象。如始建国元年(9)正月,改明光宫为定安馆,定安太后(孝平皇后)居之,并改定安太后为"黄皇室主",以绝于汉;以故大鸿胪府为定安公第、以汉高庙为文祖庙、起八风台于未央宫;地皇元年(20),坏彻城西苑中建章、承光、包阳、犬台、储元宫及平乐、当路、阳禄馆,凡十余所,取其材瓦,以起九庙,至地皇三年(22)正月,九庙盖构成,纳神主;地皇二年(21)正月,王莽将其妻葬在元帝渭陵长寿园之西,谥曰"孝睦皇后",令永侍文母(王政君),名陵曰"亿年"。之后,又将其子孙葬入武帝和昭帝的寝庙中。他还在都城南郊按儒家传统礼制观念和汉代流行的阴阳五行学说兴建了辟雍、灵台、泰一和九庙等礼制建筑。

总之,新朝常安城通过:1)改变某些建筑物的用途功能而来,如明光宫、建章宫、高庙、帝陵;2)建造王朝象征意义建筑家庙——九庙;3)建造礼制建筑、改变祭天位置等实现了从西汉长安城的转变,凸显新朝政治的开始。

经过200余年的建设和发展,西汉长安城成为中国有史以来出现的最早和规模最大的首都和城市,城区范围大出郡县级城市数倍或数十倍,也是当时世界上最大的城市。汉长安城平地拔起,创立了中国都城的新规制,无论规模、布局、建筑、经济、文化和人口等,都是中国历史上空前未有的,把中国都城和城市建设推向了新的高峰。当然,在西汉末的战事中又惨遭破坏,大量的遗物、遗迹又给人们创造了无限遐想的空间。

二、王莽之后的长安城

王莽末年,更始帝大军进驻长安城时除未央宫之外其他宫室保存完好。更始元年(23)汉军攻入长安后曾火烧未央宫,"未央宫烧,攻莽三日",王莽"避火宣室前殿,火辄随之"[3]。王莽被杀时,长安城中仅未央宫殿被焚烧,其余宫馆一无所毁[4],因此更始帝入长安后就住进了长乐宫。更始三年(25),帝"徙居长信宫"。而后进入长安的赤眉军对长安城进行了大肆破坏,不仅在长安城内烧杀抢掠,而且发掘宗庙陵园,造成数十万人的伤亡,饿殍满地,长安成为废墟。[5]《后汉书·光武帝》亦载建武二年(26)春正月,"赤眉焚西京宫室,发掘园陵,寇掠关中"。

东汉时期,光武帝等对长安城多有修建。据《后汉书》记载,东汉先后有十一位皇帝曾到过长安祭祖,仅光武帝刘秀就有五次巡幸长安,拜谒祖陵,并多次修缮长安城。光武帝建武五年(29),秋七月丁丑,下诏修复西京园陵;六年(30),"夏四月丙子,幸长安,始谒高庙,遂有事十一陵";十年(34)春正月,修理长安高庙;秋八月己亥,帝"幸长安,祠高庙,遂有事十一陵";十一年(35),"秋七月,次长安";十八年(42)三月壬午,"祠高庙,遂有事十一陵"。"历冯翊界,进幸蒲坂,祠后土"。"行至长安,经营宫室";第二年下诏"复函谷关,作大驾宫、六王邸、高车厩于长安。修理东都城门,桥泾渭,往往缮离观,东临霸,西望昆明,北登长平,规龙首,扶未央,觅长平,仪建章"[6];十九年(43)春正月庚子,追尊孝宣皇帝为"中宗"。始祠昭帝、元帝于太庙,成帝、哀帝、平帝于长安,修西京宫室;二十二年(46)春闰月丙戌,帝"幸长安,祠高庙,遂有事十一陵";中元元年(56)四月,"行幸长安","戊子,祀长陵"。[7]

继光武帝之后,明帝、章帝、和帝也都曾行幸长安,祭祖寻宗。顺帝永和二年(137)冬十月甲申,"行幸长安,所过鳏寡孤独贫不能自存者,赐粟人五斛。庚子,幸未央宫,会三辅郡守都尉及官属,劳赐作乐。[8]"桓帝延熹二年(159),"冬十月壬申,行幸长安。乙酉,幸未央宫。"[9]至汉献帝初平元年(190),"三月乙巳,车驾入长安,幸未央宫"[10],再都长安,当时长安城内应至少还保存有高庙、京兆府舍。[11]

东汉末年,长安城又遭多次战争的摧残,更加破败。"及卓诛死,李傕、郭汜自相攻伐,于长安城中以为战地","放火烧宫殿、官府,居人悉尽"[12]。"自傕、汜相攻,天子东归后,长安城空四十余日,强者四散,羸者相食,二三年间,关中无复人迹"[13]。长安城经过战火洗礼彻底衰败不堪了。三国时期,长安为曹魏政权所控制,成为地方性的都会,文献中极少有关于原有宫殿的记载。西晋末年永嘉(311)之乱后(四月),秦王司马邺即位,即晋愍帝,在位四年,都长安城,但此时的长安城当较为残破,"户不盈百"[14]尽管是夸大之词,但已表明了其残破程度之深。晋愍帝所居大殿为未央宫太极殿[15],前有龙尾道[16]。

刘曜前赵(319—328)都长安时,立大学于长乐宫东,立小学于未央宫后[17]。后赵建武十一年(345),石虎以石苞镇长安,因发雍、洛、秦、并州十六万人营建长安未央宫[18]。石虎死于太宁元年,即永和五年(349)[19],前秦苻健进入长安城。苻健皇始四年(354)桓温进攻长安,苻健据守长安小城[20],此小城,应即是未央宫城,即皇帝位于太极前殿。苻健的宫殿见于记载的不多,太极前殿之外还有东宫、东掖门和端门[21]。后来后秦姚兴时也有太极前殿[22],当系承袭前秦的旧规。苻健之后,苻坚曾置听讼观于未央宫之南[23]。当时虽称太极前殿,但并未更改未央宫的名称。[24]

北魏太武帝时,长安城内另筑一小城,延和二年(423)正月"以乐安王范为假节,加侍中、都督秦雍泾梁益五州诸军事,为大将军、仪同三司,镇长安。六月,诏乐安王范发秦雍兵一万人,筑小城于长安城内。"[25]根据史念海先生研究,此小城与西魏文帝大统四年(538)长安城中的子城是一城。[26]西魏历年短促,二十年间所筑的宫殿,也只有圆极[27]、宣光、清徽[28]、瑶华[29]、乾安[30]数处。其间再未涉及小城和子城。在清徽殿前

丝绸之路最早的东方起点:西汉长安城

有魏文帝所造的二奇器,一为二仙人共持一钵的仙人欹器,一为二荷同处一盘的水芝欹器;二者之间有人,谓之三才之象。器形似觥而方,满则平,溢则倾。大统五年,又建成太庙,四时祭祀。然太庙不知位居何处。

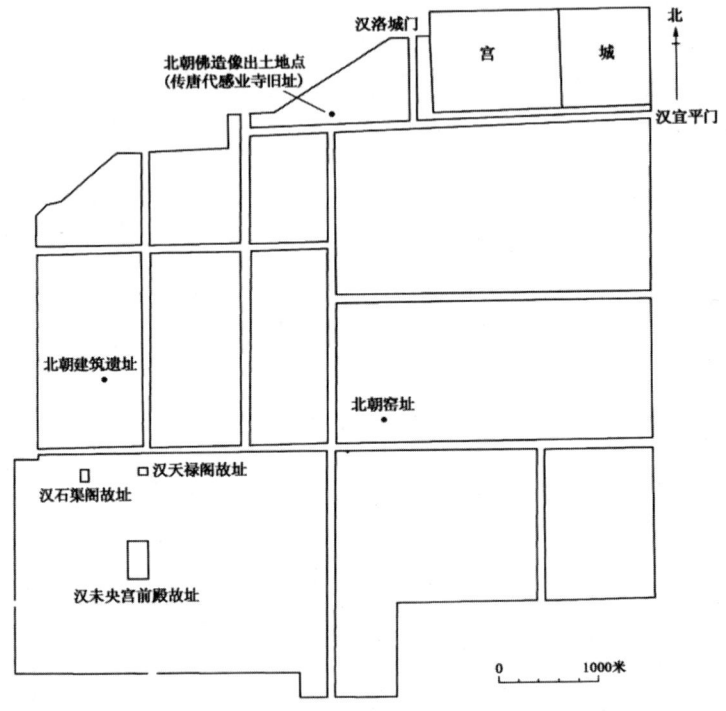

图6-1 十六国、北朝时期长安城平面图

(图片来源:西安市文物局等编著:《汉长安城遗址保护》图50,北京:文物出版社,2012年,第75页)

北周时,长安城中又有了皇城。《唐六典》卷2《户部尚书》载:"后周地官府置宫门中士一人,下士一人。掌皇城五门之禁令。"北周帝王朔望视朝、处理政务、会见群臣于露寝(亦称路寝)、路门[31]。《周书》卷7《帝纪七》载周宣帝大象元年(579)"春正月,受朝于露门";十二月,"以灾异屡见,帝御路寝,见百官"。史念海先生指出既然露寝和露门是北周王室处理政务、接见百官的地方,就应是建筑在皇城之内,因此皇城的建筑在西魏时就早已有了,并非北周初建王室时才开始建筑的。[32]

图 6-2　汉长安城遗址内出土北周石佛像

(图片来源:西安市文物局等编著:《汉长安城遗址保护》彩版图三二、三三,北京:文物出版社,2012 年)

北周的皇城有五门,应门[33]、路门之外,东有崇阳门[34]、西有肃章门[35]、北有玄武门[36]。北周皇城之外还有东宫[37],后改为正阳宫[38]、左大丞相府[39]、丞相府[40]。史念海先生考证苻健时的长安小城,北魏时乐安王范所筑的长安小城以及西魏初年赵青雀据以为乱的长安子城都是在未央宫的旧址上。[41]

丝绸之路最早的东方起点：西汉长安城

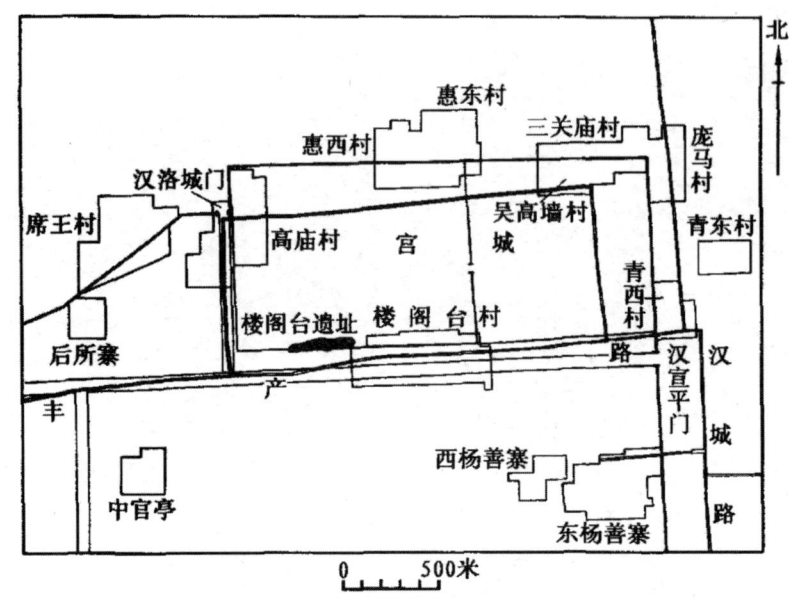

图 6-3 十六国至北朝时期长安城宫城遗址位置图

（图片来源：中国社会科学院考古研究所汉长安城工作队：《西安市十六国至北朝时期长安城宫城遗址的钻探与试掘》图1，《考古》2008年9期）

隋初仅有两年都于西汉长安城中，关于隋初长安城的记载较少，但仍能略知隋文帝迁都原因之种种[42]。唐初未央宫保存尚好，《雍录·杂抄》载唐太宗贞观七年（633）"帝从太上皇置酒故汉未央宫，帝奉觞上寿曰'昔汉高祖亦从太上皇置酒此宫，妄自矜大，臣所不取也。'"另有苻坚太庙[43]、通道观[44]、万善尼寺[45]、妙象寺[46]等。唐禁苑北面监"以领汉故城，谓之旧宅监"[47]。《长安志》载唐时，汉城内还有成宜宫、明水阁、崇晖殿、北昌国亭、南昌国亭等许多建筑。唐武宗至苑内游猎，看到曾经显赫数代的未央宫仅存殿舍249间，大为感叹，便诏令修葺，作正殿曰通光殿，东曰诏芳亭，西曰凝思亭，并立端门，命翰林学士裴素撰记。这次在未央宫上重建的3座建筑，其形制有点类似于唐大明宫正朝的含元殿和其左右的栖凤、翔鸾双阁。[48]随着唐王朝的衰亡，政治中心东移，未央宫也沦

242

第六章 世界文化遗产——西汉长安城

为废墟。

据诸家统计,西汉长安城自西汉灭亡之后,共有11个王朝和政权在此建都:新、汉更始帝刘玄、赤眉帝刘盆子、东汉献帝、西晋愍帝、前赵、前秦、后秦、西魏、北周、隋初,隋大兴城建成之后西汉长安城被划入禁苑。

1933年,民国政府西京筹备委员会在天禄阁遗址设立天禄阁小学,方便就近管理汉长安城遗址并收集整理遗址内出土的文物。1956年8月6日,汉长安城遗址被陕西省人民委员会公布为"陕西省名胜古迹第一批重点文物保护单位"。1961年3月4日,汉长安城遗址被国务院公布为"全国重点保护单位",并公布保护范围。2011年10月1日,由团结湖改名而来的汉城湖景区正式对外开放。2014年6月22日,第38届世界遗产大会在卡塔尔首都继续进行,中国、哈萨克斯坦、吉尔吉斯斯坦三国联合申请的"长安—天山廊道路网"项目成功入选世界文化遗产名录,汉长安城未央宫遗址、张骞墓成为世界文化遗产的组成部分。

第二节 汉长安城及未央宫遗址

一、汉长安城遗址价值认识

第一,汉长安城是中国古代第一个建制完整的统一帝国的都城,在世界城市建设史上产生了巨大的影响。汉长安城和主要宫殿未央宫是中国古代杰出的城市和宫殿建筑的代表,是人类创造精神的杰作。

西汉王朝在秦代的基础上巩固和发展了统一的中央集权制。在我国封建社会初期,西汉是一个疆域广大、经济发展、文化发达的强盛王朝。当时的长安是全国政治和文化中心,也是全国最大的城市。秦代都城咸阳因秦朝短促,未及规划建设,因此,汉长安是封建统一时期第一个大都城。汉王朝建立后,经过200多年的建设与完善,将汉长安城建成了中国古代第一个建制完整、功能齐备的统一帝国的都城。汉长安城也是当时

丝绸之路最早的东方起点：西汉长安城

世界上规模最大的城市，在世界城市建设史上影响重大。汉长安城作为土木结构建筑传统的代表，集中体现了统一帝国的都城在政治、军事、经济、思想文化等方面统治的需求，成为古代帝国都城建设的典范，对中国传统的城市营造产生了极其深远的影响。

汉长安城遗址规模宏大，遗迹丰富，大部分遗迹保存较好，在中国乃至世界都城史上都是少见的。遗址总面积约为34平方千米，其中约三分之二的面积为宫殿区，当年之繁盛可见一斑。更为可贵的是，隋建大兴城后，汉长安城被废弃列入禁苑，以后沦为农田。新中国成立以来的保护措施使汉长安城避免了大规模城市建设给遗址造成的破坏，因而整个都城的基本格局、大量的宫殿等建筑遗迹得以较好的保存，这在现存的都城遗址中是不多见的，无疑是一份极其珍贵的历史文化遗产。

未央宫平面呈方形，四面各辟一宫门，四座宫门分别与宫城内的主干道路相连接，通至大朝正殿—前殿。未央宫前殿南北两侧各有一条东西向干道，北侧干道与东、西宫门相连，南侧干道与章城门相连。未央宫前殿东侧有一条南北向干道，连接南、北宫门，此干道北经北宫门与直城门大街相接，北对横门大街；向南经南宫门通至西安门。

未央宫的两条横贯宫城的东西干路，将未央宫分成南、中、北三部分。南部西边为沧池；中部以居中的前殿为主体建筑；北部是皇宫中的后宫区，分布有椒房殿和掖庭等建筑。后宫区以北为文化设施区——天禄阁、石渠阁。北部为少府官署和中央官署建筑。未央宫的布局反映出宫城之内总体设计是以宫殿建筑群为中心，大朝正殿——前殿建筑位置居中、居前，其他宫殿和官署位于前殿之后和两侧的布局形式。

未央宫规划布局反映了中国古代都城建设规划中的"择中"思想，未央宫的大朝正殿—前殿的位置居中，形成了未央宫中轴对称的建筑布局。这种"择中"规划思想一直为我国古代宫城建设规划所沿用。因此，未央宫的规划布局是中国古代都城和宫殿建筑规划设计的典范。

第二，自张骞通西域后，汉长安城成为丝绸之路最早的东方起点和著名的国际都会,与西方的罗马并称为当时世界上最宏大、最繁荣的历史名城。它见证了自西汉建立至隋统一全国之间,中国与丝绸之路沿线国家和民族的经济、文化交流史。

汉长安城是丝绸之路正式开通时的东方起点。汉武帝时张骞两次从汉长安城出发,出使西域,开通了沟通古代东西方经济、文化交流的"丝绸之路",汉长安城成为古代"丝绸之路"的起点。同时,汉长安城作为汉朝时全国的政治统治中心、经济管理中心、军事指挥中心、文化礼仪活动中心,西方物种传入中国后经过汉长安城传播到全国各地,大大丰富了古代中国人民的经济、文化生活,在古代东西方经济、文化交流方面产生了重大的历史作用。

汉长安城本身及城址内外发现的希腊文铅币、灰陶骆驼、佛教造像等文物,见证了丝绸之路上贸易、文化交流的盛况。近年,汉长安城外西域贵族墓地的发现举世瞩目,墓地出土的具有鲜明中亚文化色彩的石椁、石榻雕饰、粟特文题刻和东罗马金币,真实地再现了北朝时期丝路的商贸、文化交流及在华西域人的社会生活,为今人追溯丝绸之路的发展提供了新的资料。

第三,汉长安城遗址的历史发展变化所反映的社会形态,宫城与亚宫城的政治作用,城门建制、市场闾里、手工业作坊等遗址空间布局形制与结构所反映的社会功能、都市经济与社会管理机制等都体现了那个时代的历史特征。

西汉长安城内宫殿区占据了整个城市约三分之二的空间,本身就突出了皇室、贵族的特权。多宫制是中国古代都城发展史上的一个重要阶段,在随后的东汉都城洛阳发展为南北二宫制,并逐渐向单一宫城方向发展。此外,汉长安城内的长乐宫、未央宫被称之为东、西宫,尽管它们分别是皇太后、帝王的常居之地,但从西汉一代政权斗争的历史发展中可知居于东宫的皇太后享有极高的权力,在一些重要事情上依然具有相当的实权。如较为突出的有汉初的吕太后、窦太后及西汉末年的王政君太后,这

丝绸之路最早的东方起点：西汉长安城

也反映了西汉时期上层政治活动特点及城市空间特征。

文献记载，汉长安城的城门各有三个门道。班固《西都赋》："披三条之广路，立十二之门。"张衡《西京赋》："观其城郭之制，则旁开三门，叁涂夷庭，方轨十二。"《三辅决录》："长安城面三门，四面十二门，皆通达九逵，以相经纬，衢路平正，可并列车轨十二。门三涂洞辟，隐以金椎，周以林木；左右出入，为往来之径；行者升降，有上下之别。"另根据发掘，长安城的城门门道宽各8米左右，三涂计24米，除去中间立柱所占地方恰好可使12辆车通过。所以，长安城城门的考古发掘证明了古代文献记载的正确性。

由于汉长安城的发掘，周代"王城"制度也可以得到一定的了解。周王城是中国历史上最初的一个制度完备的都邑，汉长安城则是继周王城之后的另一个全国性的规模最大的都城。两者在制度上应该有类似之处。周王城的城门、街道的制度和汉长安城的极为相似。更确切地说，汉长安城的城门和街道的制度是承袭周王城的。如王城街道是"经涂九轨"。郑玄注："经纬谓涂也，经纬之涂皆容方九轨。"然而，汉长安城规模远较周王城为大，街道可容十二个车轨。

另外，根据霸城门、西安门、直城门和宣平门的发掘资料，可知汉长安城的各个城门在门道与门道的间隔上有两种不同的形制，可能也只有两种不同的形制。一种如西安门和霸城门，门道之间相隔14米左右，城门遗址约52米；一种如直城门和宣平门，门道之间间隔4米稍强，城门基址约32米。门道与门道的间隔愈大，整个城门也就愈显得雄伟。唐代长安城正门——明德门和大明宫丹凤门均为5个门道的建制，这极有可能是借鉴了汉长安城城门的建制，应当是出于等级差别的考虑。

商业市场、手工作坊以及民居闾里主要分布于城市的北部，居于都城南部高台之上的统治者可以居高临下进行监控，以维护都城和社会的安定。其不仅表现在直观的地理地势的差别上，还体现在各阶层之间的社会政治、经济地位的等级差异上。这正是封建社会初期，统治者与普通老百姓之间的经济与社会管理机制的本质特征。

第四,汉长安城选址科学,建设布局完整、功能齐备,其营建过程反映了我国古代建设规划思想和理论的实践与创新,具有极高的科学性和艺术性,是世界建筑史上的杰出范例。

汉长安城的选址,"因天时,就地利",充分考虑了政治、军事、经济、环境等多方面的因素,具有较高的科学性。汉长安城位于八百里秦川的中央,山环水绕、原野开阔、气候宜人、交通方便,是关中地区自然条件最为优越的区域。西汉王朝定都长安,为汉长安城的建设与发展奠定了重要的自然环境基础,成就了我国历史上强盛的汉王朝的伟业。西汉王朝建立之初,对内需要有效地制服各地公开的和潜在的割据势力,对外需要有力地抵御北方强大的匈奴等游牧民族的入侵。关中地区具有关河之险,有利于军事上的攻守,同时还有着发达的经济与方便的水陆交通,在内制豪强、外御强敌方面,都具有有利的条件。

汉长安城的营建是一个动态的过程,其规划"览秦制、跨周法",继承并超越了秦代都城的设计。汉长安城内主要宫殿未央宫和长乐宫位于南部,作为工商业区的东市和西市位于城内西北部,形成"面朝后市"的格局;城墙四面各开三门,形成"旁三门"的形式;城内大街有"八街九陌",各分三道,类似"国中九经九纬,经涂九轨"的格局;城墙内侧有环城道路,是为"环涂";南郊礼制建筑群中宗庙在东、社稷在西,可称"左祖右社"。这样的布局形式,与《周礼·考工记》记述的都城规划思想基本相通。此外,汉长安城营建规划还与我国古代阴阳五行、天文术数的思想有关,体现了皇权至上、天人合一的传统理念。

长安城的营建过程是先修宫殿,后修城墙,城内有三分之二的面积被宫殿区所占。长乐宫和未央宫是城内两处面积最大的宫殿区,位于城内南部,长乐宫在东,未央宫在西;长乐宫以北有明光宫,未央宫以北有北宫和桂宫;城外还有建章宫、上林苑和多处离宫别馆,均属皇家独占的功能区域。特别是高大雄伟的未央宫前殿,成为全城的制高点,集中体现了皇权至上的思想。

长安城设有中央政府和京师地方的各类官署机构,并有武库、太仓等功能机构,承载了庞大的官僚系统,满足了中央集权的君主专制统治的需求,对后代的都城建设影响深远。

长安城内宅邸区主要分布于未央宫北侧和东侧的"北阙甲第""东阙甲第"以及城内东北部的闾里区,适应了在城内设置官僚统治机构的需求,反映了西汉等级社会的历史状况。

长安城内的"东西九市"主要是为皇室服务的官营手工业作坊区,商业功能并不明显。但它们分别设置于汉长安城周围。各帝陵陵邑主要经营工商业,形成了围绕中心城市的卫星城,并有效地补充了汉长安城本身商业经济功能不足的缺陷。

此外,汉长安城庞大的礼制建筑区、完备的给排水系统、通达的道路交通系统、坚固的防御系统,满足了统一帝国的都城在政治、军事、经济、思想文化等方面统治的需求,成为古代帝国都城建设的典范。

秦始皇在咸阳城东边修建兰池,并修建了兰池宫。汉朝初年萧何营筑未央宫时继承这一做法,并把沧池修建于当时的皇宫之未央宫的西南部,距前殿仅有290米,水池面积约19.6平方米,沧池中筑起土山渐台。未央宫的这一设计,开启了以后历代宫城之中修池筑台的先河,也是园林池苑式宫城设计的雏形。

第五,汉长安城与西汉时期中国古代民族之间的交流、融合,以及汉民族、汉文化的形成历史直接关联。它反映出当时的社会生活、思想意识、文化艺术、经济水平等,对了解、认识中国古代文明有着重要意义。

汉族是多元一体的中华民族的主体民族,西汉时期是汉族与汉文化形成和发展的时期。作为西汉王朝的政治统治、经济管理和文化礼仪活动中心,汉长安城在汉文化形成与发展的过程中,具有不可替代的重要历史地位,是汉民族文化形成过程中的中心。

第六章　世界文化遗产——西汉长安城

长安城不仅是中国古代西汉王朝,前206—23年时的都城,还作为后代政权王朝的都城沿用了近360年,是中国古代建都朝代最多的城市之一。在此建都的王朝之中,不仅有汉族,也有氐、羌、鲜卑等少数民族。汉长安城本身的历史,就见证了这一时期中国古代民族的交流、融合。

长安城遗址是世界了解中国古代文化的实物资料。汉长安城遗址本身不仅是中国传统文化长期积淀、升华的产物,而且与中国古代的哲学思想、宗教观念、政治制度、经济发展水平,以及文化艺术、建筑技术等诸多方面都有着密不可分的联系。从汉长安城遗址中,可反映出当时的社会生活、思想意识、文化艺术、经济水平等。它对了解、认识中国古代文明有着重要意义。

二、汉长安城遗址比较分析

(一)汉长安城与世界其他著名城市相比较

汉长安城是西汉时期全国政治、经济和文化中心,汉王朝和古罗马是当时欧亚大陆东西方最大的两个帝国。东方的汉长安城与西方的古罗马城是当时并称于世的两大城市,但汉长安城的面积是古罗马城的3倍,是当时世界上规模最大的城市;与古代罗马、印度及东亚地区的皇宫相比,古罗马君士坦丁堡宫城建筑面积约为60多万平方米,其面积仅为未央宫面积的八分之一。而古印度孔雀王朝华氏城中的宫城规模也远远小于未央宫。因此,未央宫应是当时世界上规模最大的宫殿建筑群。作为文化的载体,汉长安城和古罗马城两座城市的布局和建筑在空间上相当形象地勾勒出了各自国家的经济、文化发展水平及其政治格局,一方代表着皇权至上的政治文化,另一方代表着注重人性的艺术文化。在世界城市建设史上,汉长安城作为土木结构建筑传统的代表,古罗马城作为石结构建筑传统的代表,分别对古代东方的城市营造和古代欧洲的城市建设产生了极其深远的影响。

(二) 未央宫前殿与中国后代及世界同类宫殿相比较

战国末期至秦代(公元前3世纪晚期),秦在都城咸阳以南的渭河南岸新建规模宏大的阿房宫。其中阿房宫前殿是中国古代规划建设的规模最大的宫殿建筑,现存基址南北长约1200米,东西宽约450米;但直至秦灭亡,阿房宫和前殿均未建成。西汉王朝建立后,在汉长安城营建的未央宫是皇帝处理日常事务的主要宫殿区。其中未央宫前殿是大朝正殿,是未央宫内最主要的宫殿,现存基址南北大约400米,东西宽约200米,最高处15米。与中国后代的同类宫殿相比,未央宫前殿的规模是唐长安城大明宫含元殿的7倍、明清北京故宫太和殿的7倍,是中国古代已建成并经长期使用的规模最大的宫殿建筑。在东亚地区的古代宫殿建筑中,日本奈良平城宫大极殿、韩国首尔景福宫勤政殿等同类宫殿的规模,也远远无法与未央宫前殿相比。因此,未央宫前殿是中国古代规模最大的宫殿建筑,也是古代东方规模最大的宫殿建筑,是代表人类创造精神的杰作。

(三) 汉长安城与中国历代都城规划相比较

未央宫的布局设计体现了中国古代的"择中"思想,这种中轴对称的建筑布局思想,对曹魏都城邺城、北魏都城洛阳城、唐长安城、明清北京城等都城和宫殿建筑的布局都产生了深刻的影响,逐渐形成了中轴对称、皇宫居中、宫殿和都城轴线重合的具有中国特色的古代都城和宫殿建筑布局的传统。

作为大朝正殿的未央宫前殿,建在汉长安城内地势最高的地方,以凸显其显赫地位。汉魏洛阳城的太极殿、唐长安城大明宫含元殿及明清北京太和殿均是城市中最高的地方,延续了用高度显示其"至尊地位"的设计思想。

园林池苑式宫殿的规划设计思想,在未央宫营造时得到了体现,宫城内修筑了沧池并垒筑渐台。汉武帝时修建的建章宫内有太液池,筑有以海中神山"蓬莱""方丈""瀛洲""壶梁"等命名的渐台,形成了典型的园林池苑式宫殿。后代的唐长安城大明宫和明清北京城的圆明园、颐和园也都是典型的园林池苑式宫殿,未央宫园林池苑式宫殿的规划设计思想对中国古代宫殿的规划设计影响至深。

与中国现存的宫殿台基类土遗址相比,夯土高台建筑是我国古代建筑传统,高台是为了体现皇权至上的思想,同时也是为了凸显建筑之重要和宏伟高大。

汉代建筑台基、墙壁、城墙等大都是用夯土夯筑的。为了加固,在土中加水平方向的木骨,称为"纴木"。这种做法自汉长安城和未央宫开始,南北朝、唐、宋继续沿用,最晚到清代还在使用。

萧何"非壮丽无以重威"的思想,是对孔子"君子不重则不威"思想的继承和发展,并在未央宫建筑的设计中得到了具体体现和运用。而汉武帝在未央宫做出的"罢黜百家,独尊儒术"的重大决策,从根本上确立了儒家思想在中国古代思想文化中的核心地位,对中国古代乃至东亚地区古代文明及文化的发展产生了深刻影响。

三、汉长安城遗址的真实性、完整性

经过近50年的考古发掘工作,汉长安城遗址的范围、主要的宫殿建筑等遗存已得以证实。该遗址与周边环境密切相连,是完整的整体。随着时代变迁,即便在各种因素的影响下,汉长安城遗址仍得到了保护,许多保护工程项目得到了实施。

(一)真实性

1. 外形和设计

西汉王朝在秦代的基础上巩固和发展了统一的中央集权制。在我国封建社会初期,西汉是一个疆域广大、经济发展、文化发达的强盛王朝。当时的长安是全国政治和文化中心,也是全国最大的城市。汉长安是封建统一时期第一个大都城。汉王朝建立后,经过200多年的建设与完善,

丝绸之路最早的东方起点:西汉长安城

将汉长安城建成了中国古代第一个建制完整、功能齐备的统一帝国的都城。汉长安城平面近似于方形,受地形与河流的影响,城市四面城墙均有不同程度的曲折。据考古实测,汉长安城东城墙长5916.95米、南墙长7453.03米,西墙长4766.46米,北墙6878.39米,周长25里,面积34.39平方千米。

汉长安城空间布局是遵循中国古代都城的传统模式,《周礼·考工记》:"匠人营国,方九里,旁三门。国中九经九纬,经涂九轨,左宗右社,面朝后市。"但由于历史的演变和受地理环境的限制,方九里与城周六十余里显然是历史的发展与人口众多之故。至于九经九纬乃受地形及城内先筑宫殿的原因而不得不有所变通。其他布局大多合于《周礼·考工记》所载。长乐宫、未央宫、桂宫、北宫、明光宫位于城之中南部,总面积达14.7平方千米,占全城总面积的42%,突出了城市的政治功能。商业区的东、西市在城区西北部,城市的手工业作坊也集中在西市之内,主要为官办的制陶、冶铸与造币手工业,其产品以服务于皇室和达官显贵为主,宫殿与商业区的布局符合"前朝后市"。贯通横门、未央宫南门和西安门的中轴线,向南通过城南礼制建筑群的社稷和宗庙之间,也显示出"左宗右社"的规划构思。从考古发掘的整体来看,汉长安城布局结构完全保存了下来。

中国古代的宫城平面形制主要为规整的方形或长方形。经过考古勘探,未央宫内主要宫殿的平面均呈长方形,未央宫前殿东西130米,南北70米;椒房殿东西54.7米,南北32米;天禄阁东西55米,南北45米;石渠阁东西115米,南北120米,与史料记载相符。单体宫殿建筑的设计,充分体现了其建筑的时代特征。后代对未央宫木构建筑曾进行过多次修缮,但均已被损毁。未央宫现存的遗迹经过考古勘探和发掘,与文献记载基本相符,可以基本确定未央宫始建时期的形制、后代维修的遗迹,其外形和设计体现了历史的真实性。

据考古勘探直城门是保存最好的城门遗址,3个门道,每个门道各宽8米,这与《三辅决录》记载的"三涂洞开"的城门形制相符。

2.材料和实体

汉长城城墙及其内部建筑多为土木结构,木结构的台殿楼阁早已毁坏,但地上夯土台基和地下建筑基址依然存在,且保存较为完好。对未央宫内各遗迹已实施的保护工程,均按照国际公认的准则与中国文物管理的有关法律法规进行,坚持"最少干预"和及时"日常维护"的原则,保证了未央宫内各建筑遗迹材料和实体的真实性。

3.位置和环境

据《水经注·渭水》记载:"高祖在关东,令萧何成未央宫,何斩龙首山而营造,……头于渭,尾达樊川。"渭即指今渭河,樊川则指今潏河上游东岸的东、西、南的三樊村。汉长安城未央宫遗址位于渭水南,潏河以东的区域,整个未央宫遗址建筑基址的位置均未改变。

据《后汉书·班彪传》记载:"天禄、石渠并阁名,在未央宫北。……东为沧池。池在未央宫西。"据考古资料显示,未央宫前殿遗址位于未央宫遗址中央,其北为椒房殿、天禄阁、石渠阁等遗址,沧池位于其西南。在天禄阁遗址处出土了"天禄阁"的文字瓦当,石渠阁遗址处出土了"石渠千秋"的文字瓦当,以及中央官署遗址中出土的刻有文字的骨质弓弭等遗物,均可证明遗址本体的真实性。未央宫遗址的地理位置和环境以及现存建筑遗迹的位置均与历史文献记载相符,充分表明了遗址的真实性。

(二)完整性

1.布局完整

据《西京杂记》记载:"未央宫周回二十里九十五步五尺。"依汉一尺约为今23.1厘米计,折合约8459米。经考古勘探未央宫遗址东西宫墙长2150米,南北宫墙长2250米,周长为8800米,现存的未央宫遗址的规模与历史记载基本相符。

丝绸之路最早的东方起点:西汉长安城

据《西京杂记》记载:未央宫"街道周回十七里",折合约为7100米。经考古发掘,未央宫宫内现有干道3条,未央宫前殿南邻和北邻各有一条东西向干道。前殿东侧有一条连接南北宫门的南北干道,宫内道路全长约7680米,其宫内道路长度与文献记载基本相符。

未央宫遗址的宫墙、道路、宫殿官署建筑等遗迹所体现的布局,仍然保持了历史原貌未加改变,确保了布局的完整性。

2. 单体建筑遗迹基本完整

据《三辅黄图》记载:"前殿东西五十丈,深十五丈,高三十丈",折合今东西115米,进深34.5米,高80.5米。经考古探明,未央宫前殿台基由南往北分为三个大台面,逐层增高。每层台基面上均建有一组高大建筑。其中,北部最高层台基上的建筑应为前殿的中心建筑,其东西约130米,南北70米。现存前殿中心建筑遗迹的面积略大于史料记载的面积,可能是由于测量基点选择的不同而造成的。未央宫前殿台基遗迹现状与文献记载基本相符,保存基本完整。

此外,天禄阁、石渠阁等单体建筑台基也基本保存完整。

3. 历史景观基本保持原貌

公元23年,绿林军攻占长安,未央宫被焚毁。此后至隋代初年,亦偶有修建。如东汉初年,汉光武帝下诏对未央宫进行了修缮;西晋末、前赵、前秦、后秦、西魏和北周都以长安为国都,并先后对汉长安城进行过不同程度的维修。其中比较重要的一次是后赵武帝石虎建武十一年(345),石苞镇守长安时,曾征发16万人维修未央宫。

隋代初年,仍以汉长安城为都城。隋文帝开皇二年(582)于汉长安城东南方向新建大兴城,汉长安城在隋唐时期遂成为禁苑的一部分。唐武宗会昌元年(841),曾对未央宫做过修葺。此后,随着唐王朝的衰亡,政治中心东移,未央宫也沦为废墟。现汉长安城遗址及未央宫遗址均位于城郊区域,遗址区内现状主要是农田,并有少量农村村落。未央宫前

第六章 世界文化遗产——西汉长安城

殿、天禄阁、石渠阁等建筑台基仍高耸于地面之上，周边主要为绿化的植被，遗址的生态环境较好，人为破坏的行为得到了有效控制，遗址的历史景观基本保持了原貌。

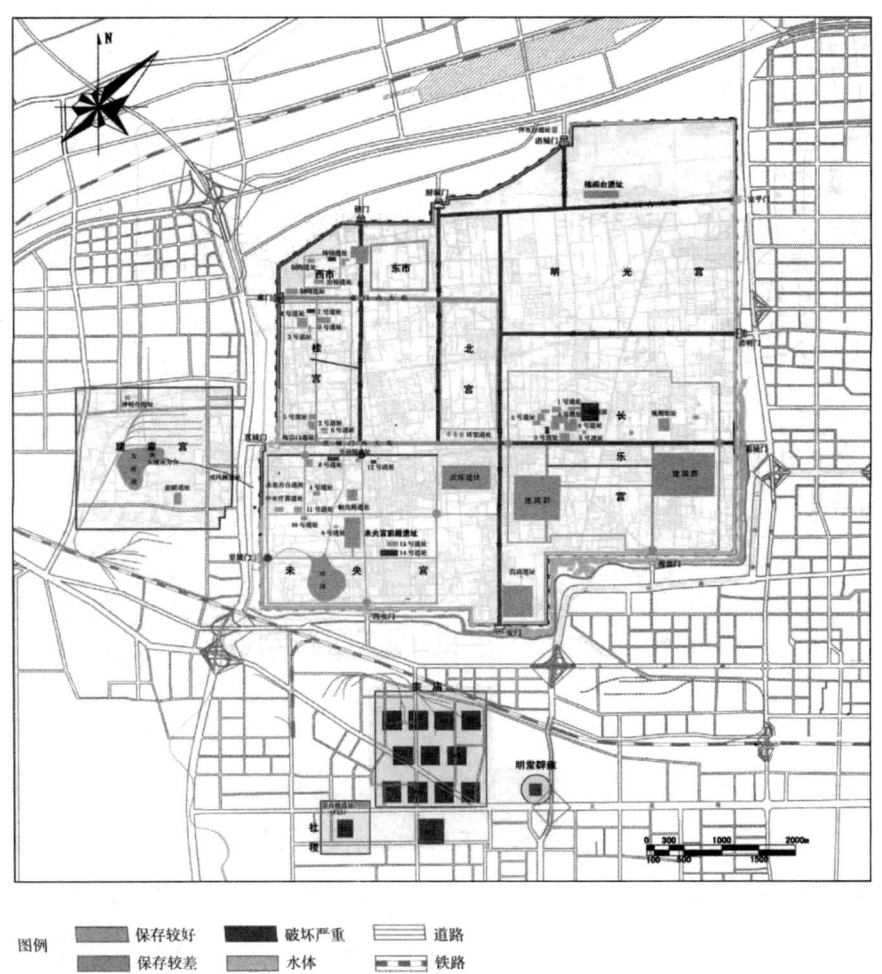

图 6-4 汉长安城遗址保存现状评估图

（图片来源：西安市文物局等编著：《汉长安城遗址保护》彩版图二一，北京：文物出版社，2012 年）

第三节　丝路开拓者归葬故里——张骞墓

张骞墓是中国西汉时期杰出的外交家、丝绸之路开拓者张骞的墓葬，是纪念张骞、凭吊张骞最为重要的遗迹，是丝绸之路开拓的实物见证。张骞作为丝绸之路开拓者已被学术界所公认，在海内外享有极高的声誉。经考古发掘，张骞墓的性质已得到确认，其墓地和地面附属文物保存很好，历史脉络清晰，这对史学界、考古学界深入探索和研究丝绸之路，增强人们对早期汉民族开拓精神的认识，具有重要意义。也正是有了张骞的凿空之功，让西汉长安城成为国际性的大都市。

一、张骞墓发展概况

张骞墓，又名张骞坟，是中国西汉时期杰出的外交家、丝绸之路的开拓者张骞的墓葬。汉武帝元鼎三年（前114）张骞病逝于长安，归葬故里。自汉以来，历代文献均有著录，沿革明确。《史记》《汉书》中均有记载，称"张骞，汉中人也，建元中为郎"；《史记·卫将军骠骑列传》中，将其归葬地也作了记载："……为大行，而卒，冢在汉中。"南宋王象之《舆地纪胜》载："张骞墓在城固县西，有碑，文字磨灭，不可辨。"清乾隆四十一年（1776），陕西巡抚毕沅根据地方志记载并加以考证之后，为张骞墓题碑，书"汉博望侯张公骞墓"。嘉庆《城固县志》载"汉博望侯张骞墓，西五里"，并记"西北八里，田中有二虎，首昂尾低，槌之则臭"。光绪五年（1879），城固县令胡瀛涛应张骞后裔五品军功张楷等57人之请，对张骞墓进行整修，并立碑两通。东侧碑系胡瀛涛所立，题为"汉博望侯墓碑记"，西侧立"张氏后裔碑"。1938年西北联合大学将学校迁到城固，西北

第六章 世界文化遗产——西汉长安城

联大对墓葬墓道进行了初步发掘,出土有"博望造铭"封泥等文物,从考古学上证明了该墓确为张骞之墓,翌年5月,刻立了《增修汉博望侯张公墓道碑记》碑一通。现这些石兽、石碑作为张骞墓的附属文物仍立于墓南,将张骞墓自身的发生、发展历史有效完整地呈现出来,保持了张骞墓历史的完整性。

1949年前有张家祠堂,塑有张骞像。至今,白崖村仍有张骞后裔百余人,传至第68代,世代沿袭清明节扫墓祭祖的习俗。1949年后,张骞墓由城固县人民政府保护管理。1983年,成立张骞墓文物管理所,对张骞墓进行保护、管理。同年12月汉中市农牧局批准征地10亩,对张骞墓进行保护。1988年城固县政府报请陕西省文物局同意,委托省土木建筑学会设计事务所,为张骞墓的保护和张骞墓文物管理所的发展,制订了全面的保护、建设规划。1990年,张骞墓文物管理所更名为张骞纪念馆。

1992年,陕西省人民政府省政发1992号文件正式公布了张骞墓的保护范围和建设控制地带,并划定了保护范围。2001年,城固县人民政府为保护张骞墓再次于墓周围征地20亩。2006年,张骞墓被国务院公布为第六批全国重点文物保护单位。

二、张骞墓现状

张骞墓呈覆斗形,底部南北长19.5米、东西宽16.6米、高4.26米。封土夯筑。考古发掘显示斜坡墓道位于墓室东边,墓道内设有两重封门,均为砖砌,砖为汉代典型青灰色绳纹及几何纹边花纹砖。发掘出土有砖瓦、陶片、五铢钱、兽骨及印有隶书似"博望造铭"四字陶片一块。张骞墓在建筑形式上充分体现了其建造时期的特征。《史记·大宛列传》载:"骞以校尉从大将军击匈奴,知水草处,军得以不乏,乃封骞为博望侯。"

张骞墓出土的印有"博望造铭"四字陶片一块,与文献记载张骞封博望侯相吻合,因此可确定为张骞墓无疑。

张骞墓封土由黄土夯筑,在建造之后的2000多年间,因遭到人为和自然因素的破坏,后人曾进行过多次维修。1938年发掘时封土呈馒头状,底部周长64米、高2.71米,墓周台地为东西20.5米、南北22米的不规则长方形。1986年,对张骞墓进行了覆土保护和四周砌砖加固保护,破坏张骞墓封土的因素基本消除,遗存的真实性得到了保持。

张骞墓现今虽已被公布为全国重点文物保护单位,由张骞纪念馆负责日常的管理维护,但2000多年来张氏后裔的祭祖活动仍然保留,原有的礼制功能一直在延续,使张骞墓的用途与功能的真实性得到了完整地继承和展示。

《史记·卫将军骠骑列传》载:张骞"为大行而卒,冢在汉中"。《南史》卷41《列传第三十一·南丰伯赤斧传》载:"梁州有古墓名曰'尖冢',或云张骞坟,欲有发者,辄闻鼓角与外相拒,椎埋者惧而退。斁谓无此理,求自监督。及开,唯有银镂、铜镜、方尺。"北宋文同在洋州做知府期间来张骞坟吊唁,曾作诗一首。诗云:"中梁山麓汉水滨,路侧有墓高嶙峋。丛祠萧蔚蔽野雾,榜曰博望侯之神。当年宝币走绝域,此时鸡豚邀小民。君不见,武帝甘心事远略,靡坏财力由斯人。"南宋王象之《舆地纪胜》载:"张骞墓碑:墓在城固县西,有碑,文字磨灭,不可辨。"现张骞墓位于汉中市城固县西2.5千米的博望镇饶家营村,与文献记载的张骞墓地理位置完全吻合。张骞墓外围的缓冲区内除传统村落外,均为农田,与陵园内的古柏相映衬,保持了原始的自然风貌。

三、张骞墓价值

张骞墓墓地及地面附属文物保存很好,历史脉络清晰,对于深入探索

第六章 世界文化遗产——西汉长安城

与研究丝绸之路,增强认识传统文化,促进中西文化交流,具有重要意义。

张骞两次出使西域,开拓了闻名世界的"丝绸之路",拉开了中国和中亚、西亚、欧洲国家之间政治、经济、文化全面交流的帷幕。张骞大胆引进"殊方异物",使东西方交往很快发展成大规模的经常性活动,促进了中国人民同中亚、西亚乃至欧洲国家人民的频繁的经济文化交流,促进了中原与西域的经济繁荣和文明发展,密切了中原与西域各民族的友好往来。

张骞墓与张骞开通丝绸之路的伟大历史事件相关联,它所映射出的丝绸之路开拓者张骞的不畏艰险、勇于开拓的精神,在中国历史上产生了深远的影响。张骞故里白崖村,位于城固县城西南角,距墓地3千米。张骞墓所在地博望镇,即取自张骞所封"博望侯"之名。当地人以居张骞故里为荣,均以张骞墓作为缅怀、祭祀张骞的重要场所,并在墓地附近建祠庙开展各种民俗活动。1949年前有张家祠堂,塑有张骞像,并有30余亩水田作为祭产,每年清明节前后,张氏族长组织家族子弟祭扫张骞墓。

张骞墓是纪念张骞、凭吊张骞最为重要的场所,是丝绸之路开拓的实物见证,本身具有极高的历史价值,最为重要的是它为研究张骞在中国历史上的伟大功绩提供了珍贵的实物资料。丝绸之路在中西交流史上具有极为重要的地位,张骞作为丝绸之路的开拓者已被学术界所公认,并在海内外享有极高的声誉。经考古发掘,张骞墓的性质已得到确认,其墓地和地面附属文物保存很好,历史脉络清晰,这对史学界、考古学界深入探索和研究丝绸之路,增强人们对早期汉民族开拓精神的认识,具有重要意义。

苏联汉学家毕丘林说:"丝绸之路的开辟在中国史的重要性,绝不亚于美洲之发现在欧洲史的重要。"在打开世界性交通联系的意义上说,张骞打通了中国通向西方的陆路交通线,使中国和中亚、西亚一带以及欧洲和非洲某些地区发生了直接或间接联系。

第四节 汉武帝茂陵遗址及汉代帝陵石刻艺术

茂陵是西汉第五代皇帝——武帝刘彻的陵墓,是汉代帝王陵墓中规模最大、修造时间最长、陪葬品最丰富的一座帝王陵寝,被誉为"东方金字塔"。在事死如生的汉代,帝陵的形制完全仿照汉长安城形制修筑而成,茂陵形制和陪葬墓的存在直接反映了西汉前期帝王陵寝的格局和制度,是汉代社会历史活动的缩影。茂陵修筑之时恰值丝绸之路开通之时,丝绸之路的开通丰富了茂陵的随葬品,是中西文化融合的实物证据。它在研究秦汉墓葬制度、古代丝绸之路繁荣发展以及西汉社会、政治、经济、文化、礼制制度等方面具有突出的历史文物价值。

一、茂陵遗址价值

(一)茂陵营筑与遗址现状

茂陵修建于公元前139年,是汉代帝王陵墓中规模最大、修造时间最长、陪葬品最丰富的一座帝陵,在研究秦汉墓葬制度及古代丝绸之路繁荣发展等方面具有突出的历史文化价值,是研究西汉社会、政治、经济、文化制度及其发展水平极为重要的历史文物载体。

茂陵占地25平方千米,主要遗存包括陵园、陪葬墓、外藏坑、建筑遗址、陵邑五大部分。陵园分为内、外城。汉武帝陵居陵园中央,呈覆斗形,封土底边东长236米、西边长228米、南边长224米、北边长226米;顶面中部下凹,东边长36米、南边长41米、西边长36米、北边长40米;顶高

第六章 世界文化遗产——西汉长安城

46.5米。陵区内有陪葬墓20余座,主要分布于茂陵东部司马道南北两侧及陵邑的东西两边。陵东有卫青、霍去病、金日䃅、霍光等的墓葬,西北有宠妃李夫人墓。在茂陵西部的陈王东坡和西坡、陈王村还发现了许多封土基本被平的陪葬墓。汉武帝陵园以内,封土以外分布有外藏坑150座。茂陵陵园外有244座外藏坑。茂陵邑位于茂陵陵园以东司马道北侧,西距茂陵陵园东墙370.0米,距现茂陵博物馆东墙19.8米。

1. 地理位置与环境

茂陵地处关中腹地,渭河北岸的高原台地上,咸阳塬的最西部。地势西北高,东南低,黄土层深厚。陵区东面与今咸阳市秦都区接界,与昭帝平陵陵区相邻。南邻成国渠遗址。陵位于陕西省兴平市南位镇策村南550米,东南距咸阳市区15千米,西距兴平市12千米,地理坐标东经108°34′,北纬34°20′,海拔高度470.5—531米。

茂陵陵区属暖温带半湿润半干旱气候区,具有大陆性季风气候的一般特点,雨热同期,四季分明。陵区植被以松、柏等常青树为主,周围兼有落叶灌木树种,如杨、槐、柳、桐等。花草以草本为主,兼有木本植物。茂陵封土及李夫人墓、卫青墓、霍去病墓、金日䃅墓等重要陪葬墓封土上的松柏,防止了陵墓封土的水土流失。陵区范围内及周边地区以种植农作物为主,兼及水果林木。陵区内有策村、道常等村落,人口稀少。

2. 历史沿革

茂陵所在地区,古属雍州。秦属犬丘、废丘。汉高祖三年(前204),改废丘为槐里县。汉武帝时期,在槐里县之茂乡修建寿陵,称茂陵。建元二年(前139)置茂陵邑。公元前87年,武帝病逝,葬茂陵。宣帝本始元年(前73)改邑为县。东汉建武元年(25)属右扶风辖地。西晋泰始三年(267),撤销茂陵县,归始平郡辖。前秦永兴元年(357)将始平县治所西迁至茂陵故城。隋开皇三年(583)属京兆郡。唐景龙四年(710),始平县改为金城县,茂陵属金城县所辖。唐至德二年(757),更金城县为兴平县。清乾隆四十一年(1776),陕西巡抚毕沅、兴平县知事顾声雷曾为保护茂陵而立碑一通。民国时期(1933—1934)西京筹备委员会负责人张继为保护古迹、文物,于茂陵霍去病墓北建立茂陵小学,且在校内附设"茂陵办事处"。

1956年,国家设立茂陵文管所,对茂陵遗址区进行保护。

1962年3月,陕西省文物管理委员会对茂陵陵园进行了一次较为详细的调查。12月,又对茂陵陵园进行了钻探并扩大范围调查。1980年和1988年两次全国性文物普查,均对茂陵及其陪葬墓进行了全面调查、登记。1981年5月,兴平县西吴乡豆马村村民在茂陵陵区一号陪葬墓南平整土地时偶尔发现鎏金铜马。后经发掘清理,出土各类珍贵文物236件,并在周围进行了大面积的钻探和勘察工作。1990年7—12月,陕西省考古所对位于茂陵博物馆南侧一大型无名汉墓进行了发掘清理。2003年,咸阳市文物考古研究所对茂陵陵区进行了全面的钻探调查,确定了茂陵邑的方位及范围。

(二)茂陵遗址价值认识

1.茂陵修筑之时恰值丝绸之路开通之时,丝绸之路的开通真实地反映了西汉王朝与丝绸之路沿线民族和国家之间的关系。

茂陵是汉武帝刘彻(前156至前87年)的陵墓。汉武帝刘彻是中国历史上一位雄才大略的封建帝王,在位54年,先后两次派遣使臣出使西域(前138年,前119年),开辟了驰名中外的"丝绸之路",加强了汉王朝对西域的统治,极大地促进了中原与西域、中亚的经济文化交流。军事上,以卫青、霍去病等为将,主动出击匈奴,保障了丝绸之路的畅通。

第六章 世界文化遗产——西汉长安城

2.茂陵是西汉前期汉武帝刘彻的陵寝,其墓区(含陪葬墓)出土的大量文物遗存是丝绸之路开通的实物见证。

茂陵是西汉帝陵中规模最大的一座,其丰富的陵园遗存,是丝绸之路上文化遗产的重要组成部分。茂陵出土的鎏金铜马、鎏金银竹节熏炉、错金银铜犀尊、四神纹玉雕铺首等国宝级文物,反映出外来文化的影响。出土的"希腊文铅币"则是丝路交流的直接证据。陪葬墓霍去病墓遗存的马踏匈奴等17件大型石刻,是中国现存最早的成组石刻珍品,也是丝绸之路带来的中西文化融合的实物证据。

图6-5 鎏金铜马(茂陵一号陪葬墓出土)

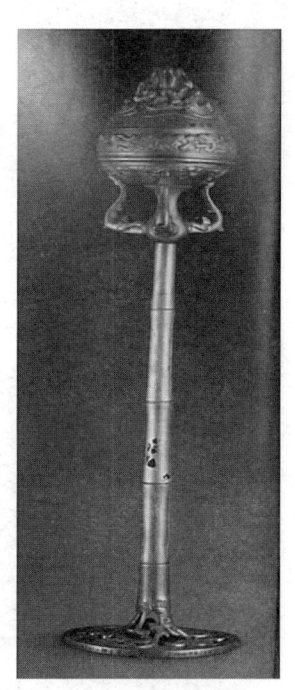
图6-6 鎏金银竹节熏炉

丝绸之路最早的东方起点:西汉长安城

图6-7 错金银铜犀尊　　　　图6-8 绿釉骑马俑

图6-9 希腊文铅饼(反正面)

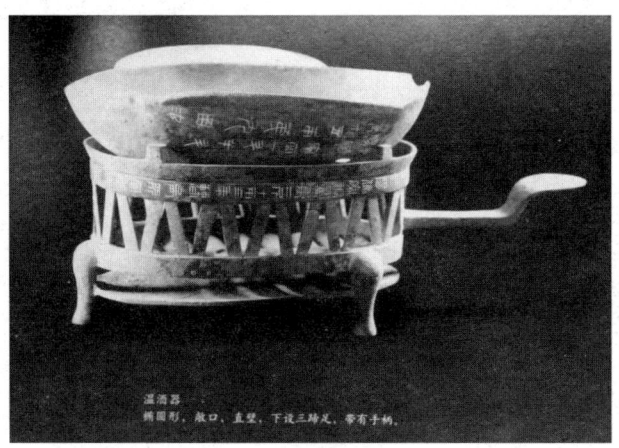

图6-10 温酒器

(图6-5~6-10,源自陕西省文物局、西安文物保护修复中心:《陕西帝陵档案》,西安:三秦出版社,2010年,第88~93页)

3. 茂陵形制和陪葬墓的存在直接反映了西汉前期帝王陵寝的格局和制度,是汉代社会历史活动的缩影。

茂陵的修建模仿了汉长安城的未央宫,体现了中国古代"事死如生"的思想。陵园地上、地下遗存非常丰富,既有完整的陪葬墓群,又有陵阙、白鹤馆、集仙台等大量建筑基址,对研究西汉帝陵布局,帝王葬仪制度具有重要价值。茂陵遗址是中国古代陵墓建设的典型代表,中国封建丧葬制度的重要组成部分,见证了已经消失的中国古代皇帝埋葬的礼制文化。

茂陵是汉代帝王陵墓中规模最大、修造时间最长、陪葬品最丰富的一座帝陵,被誉为"东方金字塔"。茂陵遗址反映了当时社会的最高丧葬礼仪,汉代丧葬"事死如生",帝陵也可以说是西汉封建统治阶级社会历史活动的缩影。

茂陵陵区内有陪葬墓20余座,主要分布于茂陵东部司马道南北两侧及陵邑的东西两边。陵东有卫青、霍去病、金日磾、霍光等的墓葬,西北有宠妃李夫人墓。其中的卫青墓、霍去病墓是保存完好的山形墓冢,是武帝特别为纪念两位名将所修建的墓冢。卫青墓封土象征"庐山",霍去病墓象征"祁连山",突出地表现了他们对于稳定河西走廊局势,保障西域交通顺畅所做出的贡献。匈奴休屠王王子金日磾的墓葬是丝绸之路沿线民族文化融合的直接见证。

茂陵陪葬墓霍去病墓上散置的大批石刻,是中国迄今为止发现的时代最早、保存最完整的大型圆雕工艺品,也是汉代石雕艺术的杰出代表,具有极高的历史价值、艺术价值和研究价值,其与陕西城固县张骞墓的石虎,汉昆明池的石人以及建章宫太液池的石鱼是陕西境内发现的同时代的圆雕艺术,雕刻风格简朴,整体效果完整。

武帝茂陵及其陪葬墓卫青墓、霍去病墓、金日磾墓都是直接与丝绸之路开通的历史相关,都是这一时期政治、军事历史事件的见证,且具有唯一性。

丝绸之路最早的东方起点:西汉长安城

图6-11 象征祁连山的霍去病墓(20世纪40年代图)

(图片来源:王子云著:《从长安到雅典——中外美术考古游记》(上册),长沙:岳麓书社,2005年,第24页)

(三)茂陵遗址的真实性和完整性

1.真实性

自公元前139年开始修建至今日,历经漫长的2155年的时间,茂陵和它的陪葬墓依然巍峨耸立,原有的建筑、城垣、阙门等尚有遗迹存在,其整体布局、封土形式、墓前石刻,以及出土的文物、碑刻等历史文物记载了丰富的历史信息,是历史文化的真实读本。以《奈良真实性文件》为标准衡量,茂陵的真实性得到了完整的保存,主要表现在以下方面:

茂陵的陵园分为内城和外城,内外城四周都有城门,其中内城东、西、北三面门的遗址,至今依然可见。茂陵位于陵园正中,呈覆斗形,高46.5米。陵园东南为茂陵邑,规模宏大,为西汉"五陵"之冠,原有建筑群现已湮灭不见,但基址仍存,并出土大量建筑遗存的西汉瓦当、空心砖、陶水管道等。比对史籍史料记载,茂陵遗址的外形和陵园布局基本保持了历史原貌,能够令人信服地确定遗址的真实性。

茂陵陵园的建筑材料基本为夯土,属于土遗址类。土遗址的保护有不同于其他文物的特点,不可能像可移动文物那样予以特殊照顾与处理。因此茂陵部分遗迹遭到自然和人为的破坏,但由于陵园占地规模宏大、陵

第六章 世界文化遗产——西汉长安城

体巨大、出土实体文物数量众多,加之现代对土遗址的保护遵循"尊重历史,保持现状"的原则,茂陵的真实性和完整性得到了较好的保持。

在中国历史上,由于浓厚的封建迷信思想,以及奉行"事死如生"的礼制,几乎历代封建帝王都十分重视修建陵园。茂陵作为汉武帝刘彻的下葬地,是厚葬的典型,造陵工期长达53年之久。茂陵陵园的建设,充分体现了中国古代帝王奢侈的丧葬礼仪、古代人们的迷信思想,以及古代劳动人民在建筑技术方面的聪明才智,这些也是中国传统文化的重要组成部分。茂陵陵园格局保存较为完整,功能布局清晰,对西汉历史的研究特别是汉代墓葬制度方面的研究,以及对西汉社会政治、经济文化发展状况的综合研究,具有极为重要的历史价值。

西汉王朝是中国历史上一个非常重要的时代,真正建立了一个多民族统一和疆域辽阔的强大国家,创建了许多承前启后的历史文明,如"汉族""汉字""汉语""汉文",将汉文化定型为中华民族的主体文化,开辟了世界历史上著名的丝绸之路,对世界文化的交流做出重要的贡献。茂陵作为古代中国最伟大的政治家之一刘彻的陵园,已成为世界文化遗产耀眼的组成部分。

目前,茂陵作为文物古迹保护单位和国家AAAA级旅游景区,全面展示了陵园的格局与变迁、文化与影响、特点与地位,其用途与功能的真实性得到了完整地继承与展示。

茂陵位处兴平市东北塬上,其北面远依九嵕山,南面遥屏终南山,东西为横亘百里的五陵塬。《汉书·武帝纪》记载,建元二年(前139)"初置茂陵邑"。《元和郡县志》卷2下《兴平县》:"汉茂陵在县东北十七里,武帝陵也,在槐里之茂乡,因以为名。"比对史料的记载,历代有关茂陵的记载与茂陵地理位置完全吻合。此外,当前陵园南部有东西向的陇海铁路和西宝高速公路穿越,交通区位良好,为历史文化遗产的保护和利用提供了良好的发展环境。

2. 完整性

自古至今茂陵所在的位置未曾改变,展现其突出普遍价值的整体格局、陵园基本规模、封土形制、陵邑遗迹、出土文物以及题记碑刻等相关要素基本保存完好。同时,其周边环境风貌基本保持了其最初的风水格局,展现出封建时代帝陵选址所要求的独特环境特色。茂陵所包含的历史信息和环境风貌能够充分完整地表达其遗产价值,并成为丝绸之路上体现文化传播和交流的重要组成部分。

二、帝陵石刻艺术

中国古代石刻是我国艺术史上璀璨的瑰宝,也是雕刻艺术中的重要组成部分,是工匠用雕刻的技法在石质材料上创造出生动多样的艺术品。石刻种类繁多,从其题材和功能上来看,大致分为陵墓石刻、宗教石刻、其他石刻。

从现今所发现的遗址来看,我国最早、最完整的大型陵墓石刻,应属陕西省兴平市武帝茂陵东边的霍去病墓石刻群。现存有14件石刻雕像,包括马、牛、虎等动物雕像和3个刻有文字的石头,其中两块带有"左司空"字样和1块刻有"平原乐陵宿伯牙霍巨益"的文字,共计17件。

另外一处现存西汉大型陵墓石刻,即为陕西省城固县饶家营的张骞墓前的一对石虎,大约是在西汉元鼎三年(前114)所造。这对石虎因严重风化,发掘出土的时候仅有残躯了,但是其雄健姿态仍清晰可见。[49]

(一)霍去病墓石刻群

霍去病墓,位于茂陵东约1千米处,是汉武帝为了表彰英年早逝的骠骑将军、冠军侯霍去病而建造的,是武帝茂陵最重要的陪葬墓之一。《史记》卷111《卫将军骠骑列传第五十一》载:"骠骑将军自四年军后三年,元狩六年而卒。天子悼之,发属国玄甲军,陈自长安至茂陵,为冢象祁连山。"霍去病英年早逝,汉武帝为表示对其哀怜之意,特意用天然石块将墓冢垒成祁连山形,象征霍去病生前驰骋鏖战的疆场,这些足以看出武帝对

第六章 世界文化遗产——西汉长安城

他的荣宠。墓前共摆放了17件石雕,有石人、石马、马踏匈奴、怪兽吃羊、卧牛、人与熊等,题材多样,雕刻手法简练,造型雄健遒劲,古拙粗狂,是我国迄今发现时代最早、保存最完整的大型石雕,也是汉代石雕艺术的杰出代表,在我国美术史上占有重要地位。

马踏匈奴:此件石像高190厘米,长168厘米,是霍墓石刻群中的主题雕刻,也是有代表性的纪念碑式的杰作。在内容上,表现的是将匈奴奴隶主踏在马下,生动地刻画了失败者的狼狈相和战马稳重仰首屹立的姿态,简单地塑造了一人一马,使得人与马有了鲜明地对比,概括了霍去病抗击匈奴的功绩,更让这座石刻的内容显得丰富而含蓄。在造型上,石马与真马大小相近,且工匠巧妙地把人仰卧于马腹下,恰好填满了马腿间的空隙,使得整个雕像更加稳固。在石刻表现技法上,是运用圆雕、浮雕以及线刻的综合方式,使作品显得朴实、浑厚,题材处理得相当大胆而且巧妙,有丰富的表现力和高度的概括性。这件作品成功地将现实主义与浪漫主义相结合,思想性和艺术性较强,不愧是我国古代纪念雕刻中的佳作。[50]

图6-12 马踏匈奴

(图片来源于:http://www.maoling.com 茂陵博物馆官网)

丝绸之路最早的东方起点：西汉长安城

卧马，高114厘米，长260厘米，宽73厘米。从形态上看，马头稍左偏，右前腿稍曲，看似是卧地休息之状。但依着马的习性，是不会长卧不起的，所以这里显示的是一种由卧而起，由静而动的趋势，将强烈的艺术效果表现得恰到好处。在雕塑技法上，作了大量的加工，在马的臀部保留了原石的断面，精心刻画马的头部和前腿，为的正是表达出马的一触即发的动态变化。运用圆雕的技法，不仅在整体上有了很好的完整性，还在腿部、面部做了细节处理。

跃马，高150厘米，长240厘米，宽85厘米。从造型上看，跃马的后腿与后身跪在地上，前腿跃起，马的头部偏斜和口鼻颤动，工匠从马的神态和习性，形象地将马腾跃的瞬间，刻画地十分细微。在雕刻技法上，很好地利用了原石块的部分相似处，在马的四肢上并未雕空，而是采用了浮雕的形式塑造出了立体感，同样也将圆雕、线刻的手法融合得很得体。[51] 这些都是汉代工匠创作的才华表现，也给后世留下了难得的范例。

卧牛，长260厘米，宽160厘米，高(卧地)115厘米。石牛体壮，头较大，角前为圆形，背上刻有鞍鞯，跪在地上，口作反刍状，犹似耕作已毕。牛体态笨重，但性格温驯，工匠运用熟练的雕刻技法，将牛那副忠厚老实的特征，表现得相当神气。

卧象，长189厘米，宽103厘米，高58厘米。象鼻搭在左前腿上，身躯匍匐在地，表情可爱且平和，细节刻画得很自然。在头部轮廓，采用圆雕手法简练雕凿而成，整体上平滑，栩栩如生。

伏虎，长201厘米，宽84厘米。工匠利用天然岩石刻画出虎的机警凶猛，虎全身刻有条纹，象征着丰满的皮毛，尾巴粗壮而有力，卷曲在背上，更增添了其咄咄逼人的威猛气势。在雕刻技法上，工匠仅仅用了几条单纯的阴刻线就将虎全身的斑纹和嘴边的髭毛表达出来了。

野猪，高56厘米，长163厘米，宽63厘米。这件石刻体量较小，刻画线条简单却十分形象，头部处理成三棱形，直截了当地刻画出野猪的长嘴，三角形的眼睛和紧贴于地面的状态无不透露出野生动物特有的精明和机警。野猪的身体因循了原石材的棱面,不甚平滑的表面似能表现出其坚硬的鬃毛与粗糙的皮质,身长腿短却不失粗壮有力,是一件刀法凌厉的作品。[52]

石蛙,长285厘米,宽215厘米,高55厘米。这块石刻是于1957年发现的,给人的感觉好像是一块磐石。整块石刻呈不规则的圆形,上面光滑平整,仅在磨出的一角雕凿出一对圆圆的眼睛、八字形鼻子、小口和耳朵。磐石的底色似乎是蛙的天然保护色。

石蟾,长155厘米,宽107厘米,高70厘米。石块颜色呈深绿色,体形似蛙而口中有齿,头部线条简单,鼻孔异常富有深度感,口裂自然,嘴下两条线纹尤能表现皮肤的质感,前肢不易识认出,右后腿残破,仅见左后腿着地,尾部向上贴于背部。整体外型简单而明快。

石鱼为一对,这两块石块均是扁方的条状,以简单的线刻技法,在一端刻画出鱼头。其中一个长110.2厘米,宽44.5厘米,高70厘米,嘴长而稍向上弯曲。另一个长110厘米,宽41厘米,高70厘米,背部平坦,疑似建筑构件。

石人,高222厘米,宽120厘米,厚94厘米。石人的头比真人的大,头部后仰,面部表情奇特,嘴大露齿,后掌置胸前,口中似乎在说着什么。这件石刻主要以线刻雕凿,造型古朴,似有深意。

人与熊,高265厘米,宽172厘米,厚98厘米。这是一件具有浪漫主义色彩的石刻,一组复合性的组合。石人头大、口阔,身材粗壮,牙齿外露,头稍前俯,两肩耸起,右腿屈膝,左腿跪地,腰间系带,胸前两手抱一小熊欲食。小熊也不示弱,张口与人对咬。这块石刻的表面起伏平缓,线条凝练简洁,随着石块原有形状的巧妙雕刻使得人与熊的轮廓清晰立体,同时搏斗场面栩栩如生。

怪兽吃羊,长260厘米,宽210厘米,厚120厘米。这是一块由不规则的石块,采用浮雕和阴刻线手法刻画而成的。石雕表现的是一头有角的怪兽,口中正在吞食着一只羊。这件作品表现出了超夸张和强化艺术形象的手法,渲染出一种艺术感染力。这可以说是我国早期石雕中特殊作品,反映了西汉石刻遒劲而质朴的风格。

另有带文字石刻三块,一个上面写有"平原乐陵宿伯牙霍巨孟",长273厘米,宽116厘米,厚62厘米。另外两块刻有"左司空"字样,形状呈三角形样。

经过地质学家的鉴定,这批石刻从岩石学上可以分为四种类型。跃马、伏虎、石蛙、怪兽吃羊属于花岗伟晶岩;卧马、卧象、人和熊、石人、"平原乐陵宿伯牙霍巨孟"刻石属于片麻状花岗岩;马踏匈奴、石鱼、卧牛、野猪、"左司空"刻石为中粒二长花岗岩;石蟾是唯一的一种辉石岩,为暗绿色超基性岩。[53]西汉作为我国古代雕塑艺术发展初期,霍墓石刻开创了似墓似山的墓丘封土新形式。[54]这群石刻中,都是运用圆雕、浮雕和线刻的技法,因一整块石头雕刻而成,所以西汉石刻在表现出那份"野性"的同时,也体现了高大伟岸的整体效果。

(二)石刻艺术风格及其成因的探讨

霍墓石刻艺术风格一直以来都是艺术史学和雕塑史学研究的热点,从前人的研究中,可归纳为如下几点:

1. 巧妙运用石块的自然形态和材质,利用"因石造形"的表现手法。

工匠们根据天然岩石的形状,在手法上采用"循石造型,因材施教"的技巧,就整块石料的天然形态进行设计,以石拟形,就势而凿。[55]例如,"马踏匈奴""跃马""卧马"等覆下未凿空,利用浮雕技法显示出动物的肢体,这些保留了石块原貌的轮廓。还有石鱼、石蛙、石蟾等,这些作品利用了简单的线刻手法,突出动物的关键部分,在造型上仍保持了原石的形状。所有这些石刻群的造型朴实敦厚,线条流畅,写实而又夸张,在整体艺术效果上显示出雄浑沉厚的力量。

2. 合理利用多种雕刻塑造手法。

在这批石刻技法上,工匠们熟练地将人与动物的造型用圆雕手法为主,以浮雕和线刻手法为辅,将雕像的个性和生命力都表达了出来。例如

"马踏匈奴"就将这三种技法,结合地相当完美,让这件作品在这群石刻中有着重要地位。卧马在突显完整性的基础上,在马关节处用了线刻的手法,达到了一种独特的艺术效果。其他的作品,也都是依据不同动物的特征和习性,合理巧妙地利用这三种手法,将汉刻的精髓表现得很好。

除了上述所提到的雕刻技巧,同时还有夸张和对比手法的运用。如人与熊,描写了一出惊心动魄的场景,刀法上的随性和简练,部分的夸张,将人决意战胜怪物猛兽的意志表现得有声有色。在这一群石刻中,我们可以将其简单地分成两类,一类就是温驯、恬静的卧象、卧牛、蛙等,另一类是凶恶残暴的石虎、怪兽食羊等。再者,有人与熊,马踏匈奴中的马与人,在形体上大小就有明显的差异。

3.采用象征的手法,注重写意。

霍去病墓在整体上是依"祁连山"形而筑,墓前的石刻及竖石都是为了象征这一主题而成的。"为冢象祁连山"像其生平席卷天下、并吞八荒的精神,不像其形,意在为将军建造一座丰碑,弘扬其精神,供历代瞻仰,同时更象征着西汉帝国对匈奴的征服。[56]马踏匈奴不仅具有纪功性,用一人一马刻画了当时霍去病在战场的实况,而且将当时汉民族祈愿的时代愿望也倾注于其中,渴望民族安定,生活安逸。人与熊的搏斗,虽说是刻画出一件残暴而凶险的事,这也正好表现了祁连山的危机四伏。

对于这群石刻艺术风格的成因,东西方学者都有着不同观点。西方学者认为这批石刻群是来源于西方文化,主要依据动物的个体特征,通过与西方动物的对比而得出的结论。日本水野清一认为汉代石刻的雕塑风格是传承了先秦玉石雕刻的特征,同时也受到了陶塑工艺的影响。王子云否认了西方学者的这种惯论,从社会时代的大背景下分析,认为这群石刻是西汉强盛国力的体现。顾铁符从选材和雕刻技法上指出这些都是继承了传统中国的特有风格。[57]另外还有一批学者认为,霍墓石刻除了在继承中原文化的同时,也包含了草原匈奴文化的内容。阎文儒认为这是吸取匈奴文化,还将西南少数民族的文化融合进去了。[58]林梅村提出了这是依据匈奴人的习俗而置。[59]林通雁认为这群石刻风格是模仿长安城园林里的石雕,一部分组合型雕像是借鉴草原艺术而成的,如马踏匈奴、人与熊、怪兽食羊。[60]

(三)霍去病墓石刻艺术价值认识

霍去病墓上散置的大批石刻,是中国迄今为止发现的时代最早、保存最完整的大型圆雕工艺品,也是汉代石雕艺术的杰出代表,具有极高的历史价值、艺术价值和研究价值。1995年,国家文物局派出专家组对霍去病墓纪念碑式的巨石群雕进行鉴定和审评,这17件石刻中,鉴定为国宝的有12件,分别是:马踏匈奴、卧马、跃马、石人、人与熊、怪兽吃羊、野猪、伏虎、卧牛、卧象、蛙、蟾。其余石鱼两件、石刻题记两件,鉴定为国家一级文物。

1. 霍去病墓石刻的历史价值

霍墓石刻真实地反映了霍去病伟大的历史功绩,补充文献记载的史实。霍去病是西汉武帝的青年大将,从18岁就开始为了平定汉朝边境而一直与匈奴人作战,曾六出祁连山,有效地保卫了边境的安全。可是他却未能完成"匈奴未灭,无以为家"的伟大夙愿,英年早逝。霍去病墓象征"祁连山",突出表现了他对稳定河西走廊局势,保障西域交通顺畅所做出的贡献。史籍中关于陵墓石刻记载的最早年代,可以上溯到春秋楚王墓石刻,唐封演也提到秦汉帝王陵前都均有石像存在,但现今都无实物验证。[61]最早也只见于司马贞《史记索引》引姚氏案中的零星记载,到唐颜师古注《汉书·霍去病传》时提到冢前有石人马之说。[62]20世纪霍墓石刻群的发现,正好为这一史实提供了有力的佐证。

霍墓石刻体现了西汉奖励军功、崇尚厚葬的风俗习尚。在《史记》《汉书》中记载了大批军功侯,他们的来源主要是有两个部分,一部分是跟随高祖战场厮杀的开国将领,另一部分则是汉武帝时期开疆拓土的一批军功贵族。作为汉武帝茂陵的主要陪葬者霍去病墓前石刻群的存在给西汉的这一历史提供了实物证据。同时,如此众多的大型石刻群的存在不仅传达了汉武帝对霍去病英年早逝的痛惜,也从另一个层面反映了当时社会崇尚厚葬的风俗特征。

2. 霍去病墓石刻的艺术价值

霍去病墓上散置的石刻与陕西城固县张骞墓的石虎,汉昆明池的石人以及建章宫太液池的石鱼是陕西境内发现的同时代的圆雕艺术,雕刻风格简朴,整体效果完整。

霍去病墓前的17件石刻,题材多样,雕刻手法十分简练。石刻依石拟形,稍加雕凿而成。如石蛙即在一块天然石上,刻画出大体的轮廓。石雕造型雄健遒劲,古拙粗犷,手法简练,已达到形神兼备,气势浑厚的态势,表明此时我国的雕刻艺术已达较高水平。其在景观艺术上,主要是将祁连山形的坟冢与石刻造型相结合,给人以西北大漠的视觉冲击,让其成为在特定时代背景下无法模仿的巨作。在雕塑造型艺术上,通过将人与动物的造型相交融,表达出当时人们生存的处境,有着丰富的象征意义。

3. 霍去病墓石刻的科学价值

文物古迹的科学价值专指科学史和技术史方面的价值,霍去病墓石刻的科学价值主要表现在材料、雕刻手法及造型工艺上。因当时的艺术创造水平的限制,针对不同石刻品的特征,选用花纹抑或是质地不同的花岗岩为石料。工匠充分发挥"因石制宜"的原则,采用浮雕和线刻的技法,逼真且神似地表现出各个作品的形象。这些方法被后世的陵墓石刻所沿袭。

霍墓石刻给予了中国古代雕塑独特的艺术魅力,也是符合中国传统审美意趣的作品。汉代雕刻工匠用他们高超的艺术技法,将汉代石刻推向了高峰。霍墓石刻为后代陵墓石刻提供了很好的典例,起到了示范作用,其在中国雕塑史上也有非比寻常的影响和意义。

丝绸之路最早的东方起点:西汉长安城

注　释:

[1]《汉书》卷99上《王莽传第六十九上》:"十二月,益安汉公官及家吏,置率更令,庙、厩、厨长丞,中庶子,虎贲以下百余人,又置卫士三百人。安汉公庐为摄省,府为摄殿,第为摄宫。"

[2]《汉书》卷99中《王莽传第六十九中》。

[3]《汉书》卷99下《王莽传第六十九下》。

[4]《后汉书》卷11《刘玄刘盆子列传第一》:"初,王莽败,唯未央宫被焚而已,其余官馆一无所毁,宫女数千,备列后庭。自钟鼓帷帐、舆辇器服、太仓、武库、官府、市里不改于旧。更始既至,居长乐宫,升前殿,郎吏以次列庭中"。

[5]《汉书》卷99下《王莽传第六十九下》。

[6]《后汉书》卷80上《文苑列传第七十上》。

[7]《后汉书》卷1《光武帝纪第一》。

[8]《后汉书》卷6《孝顺孝冲孝质帝纪第六》。

[9]《后汉书》卷7《孝桓帝纪第七》。

[10]《后汉书》卷9《孝献帝纪第九》。

[11]《后汉书》卷72《董卓列传第六十二》云:"初,长安遭赤眉之乱,宫室营寺焚灭无余,是时唯有高庙、京兆府舍,遂便时幸焉,后移未央宫"。

[12]《晋书》卷26《志第十六·食货》。

[13]《后汉书》卷72《董卓列传第六十二》。

[14]《晋书》卷5《帝纪第五·孝愍帝》:"永嘉之乱,天下崩离,长安城中户不盈百,墙宇颓毁,高棘成林,朝廷无车马章服,唯桑版署号而已,众唯一旅,公私有车四乘,器械多缺,运馈不继"。

[15]《长安志》卷5云:"晋太极殿。《周地图记》曰:太极殿,晋愍帝之宫,在长安南门,后秦姚兴重建"。

[16]《晋书》卷102《载记第二》:"(赵)染入长安外城,帝奔射雁楼,染烧龙尾及诸军营,杀掠千余人,且退屯逍遥园"。

[17]《晋书》卷103《载记第三·刘曜》。

[18]《晋书》卷106《载记第六·石季龙上》。

[19]《十六国春秋辑补》卷31《前秦录》。

[20]《晋书》卷112《载记第十二·苻健》载,晋穆帝永和十年(354)"(桓)温率众

第六章 世界文化遗产——西汉长安城

四万趋长安。……健遣其子苌率雄、菁等众五万拒温于尧柳城、愁思堆,温转战而前,次于灞上。苌等退营城南,健以羸兵六千固守长安小城,遣精锐三万为游军以拒温。"

[21]《晋书》卷112《载记第十二·苻建》。

[22]《晋书》卷112《载记第十二·苻健》。

[23]《晋书》卷113《载记第十三·苻坚上》。

[24] 史念海、史先智:《南北朝时期长安城中的小城》,《中国历史地理论丛》,1997年第1辑。

[25]《魏书》卷4上《帝纪第四·世祖纪上》。

[26] 乐安王范筑长安小城之后,就是赵青雀据以反魏的长安子城了。赵青雀反魏,是在西魏文帝大统四年,亦即公元538年。当北魏分裂为东西两方面之前,曾经有过孝昌之际的乱离。孝昌为魏孝明帝的年号,525年至528年,前后四年。孝昌之际的乱离不仅恒代而北尽为丘墟,就是崤潼以西,烟火也多断绝。孝昌之末下距魏孝武帝的西奔,也只有五年。由于长安的元气未复,孝武帝抵达之后,也只能以雍州公廨为宫。接着是孝武帝的逝世和文帝的继立,在帝位更迭之时,如何还有暇时,建筑新的宫殿,整饰城郭?这样说来,赵青雀据以反魏的子城,并非新创,而是因袭延和年间乐安王范所筑的长安小城。一般说来,子城就是指城内的小城而言。也还可以说是附城的月城或雍瓦城。赵青雀在所据的子城内受到长安大城民的攻击,可见是有相当大的声势,则所据的子城应该是在长安大城之内的小城,而不是附城的月城或雍瓦城。史念海、史先智:《南北朝时期长安城中的小城》,《中国历史地理论丛》,1997年第1辑。

[27]《北史》卷49《列传第三十七·念贤传》。

[28]《周书》卷38《列传第三十·薛憕传》:"大统四年,宣光、清徽殿初成。"

[29]《北史》卷13《列传第一·后妃上·文帝悼皇后郁久闾氏传》。

[30]《北史》卷5《魏本纪第五》。

[31]《北史》卷10《周本纪下第十》。路寝之名始见于《诗·鲁颂·门必宫》。《毛传》:"路寝,正寝也"。《礼记·玉藻》说祭祀:"君日出而视之,退适路寝以听政"。露寝之前为露门,当时以露门为外朝。《资治通鉴》于陈武帝永定元年(即北周孝闵帝宇文觉元年,公元557年)记载宇文觉即天王位时说:"朝百官于露门外"。胡三省注说:"露门即古之路门。路,大也。宇文建国,率仿古制,故外朝曰路门"。《周书》卷5《帝纪五》,又载"春正月壬戌,朝群臣于露门。"

丝绸之路最早的东方起点:西汉长安城

[32] 史念海、史先智:《南北朝时期长安城中的小城》,《中国历史地理论丛》,1997年第1辑。

[33] 《周书》卷7《宣帝纪》:宣帝大象二年(580年),"行幸同州(治所在今大荔县),增候正,前驱戒道,为三百六十重,自应门至于赤岸泽,数十里间,幡旗相蔽,鼓乐俱作。"

[34] 北周末年,杨坚为左大丞相,出崇阳门前往以正阳宫所改名的丞相府。胡三省指出崇阳门为周宫城之东门。胡三省所说的宫城,实际上也就是皇城。史念海、史先智:《南北朝时期长安城中的小城》,《中国历史地理论丛》,1997年第1辑。

[35] 王仲荦《北周地理志》卷1《关中》说:"肃章门,为皇城西出之门"。并说:"《通鉴》胡三省注以肃章门为后周宫城之西门"。

[36] 《北史》卷7《列传第六十二·皇甫绩传》。

[37] 《周书》卷13《卫王直传》。

[38] 《资治通鉴》卷174《陈纪八》胡注。

[39] 《周书》卷8《静帝纪》。

[40] 《隋书》卷38《列传第三·卢贲传》。

[41] 史念海、史先智:《南北朝时期长安城中的小城》,《中国历史地理论丛》,1997年第1辑。

[42] 笔者曾将隋迁都原因综合为5点:1.宫城制度狭小,不适应新朝代的需要;2.汉城久为帝都,年深日久,水质变咸,难以饮用,不适于百姓居住生活;3.汉长安城北距渭河较近,常有洪水淹城的危险;4.历朝都城"无革命而不徙"者;5.谶纬之说。肖爱玲:《隋唐长安城》,西安:西安出版社,2009年,第38—39页。

[43] 《全唐文》卷206《姚崇》"对太庙屋坏奏":"太庙殿本是苻坚所造,隋文帝创立新都,移宇文庙故殿造此庙,国家又因隋时旧制,岁月滋深,朽蠹而毁。"《全唐文》卷281《陈贞节"驳孙平子请祔孝和皇帝议"》载:"今国家太庙因隋旧制。开皇之际,创建新都,移故太极殿,是苻坚所造,经今将四百年,日月滋深,朽蠹而毁。"

[44] 《长安志》卷9《崇业坊》下"玄都观"载:"隋开皇二年自长安故城徙通道观于此,改名玄都观,东与大兴善寺相比。"

[45] 《长安志》卷10《休祥坊》:"东南隅,万善尼寺。本在故城中,周宣帝大象二年置。开皇二年移于此,尽度周氏皇后嫔御一下千余尼以处之。"

[46] 《两京新记》载:"(嘉会坊)西南隅,褒义寺。本周太保吴武公尉迟纲宅。

第六章 世界文化遗产——西汉长安城

初,纲兄迥置妙象寺于故都城中,移都后,纲舍宅复立于此,改名褒义寺,并故都旧寺之材木。"

[47]骆天骧撰:《类编长安志》,黄永年点校,北京:中华书局,1990年,第79页。

[48]秦建明:《唐长安禁苑》,《中学历史》,2004年第11期。

[49]《中国大百科全书》(美术史),中国大百科全书出版社,1999年,第289页。

[50]刘庆柱、李毓芳:《西汉十一陵》,西安:陕西人民出版社,1987年,第58页;王子云:《中国雕塑艺术史》(上册),长沙:岳麓书社,2005年,第53—54页;参见网址:http://www.maoling.com(茂陵博物馆官网)。

[51]刘庆柱、李毓芳:《西汉十一陵》,西安:陕西人民出版社,1987年,第59页;王子云:《中国雕塑艺术史》(上册),岳麓书社,2005年,第55页;马子云:《西汉霍去病墓石刻记》,《文物》,1964年第1期。

[52]杨璐:《霍去病墓石刻研究》,西北大学2012年硕士学位论文。

[53]刘丹龙、孙平燕:《汉霍去病墓石刻艺术探微》,《文博》,2004年第6期。

[54]杨璐:《霍去病墓石刻研究》,西北大学2012年硕士研究生论文。

[55]黄卫霞:《霍去病墓石刻的艺术风格》,《大众文艺》,2010年第8期。

[56]王海霞:《霍去病墓石雕艺术风格探析》,景德镇陶瓷学院2008年硕士学位论文。

[57]顾铁符:《西安附近所见的西汉石雕艺术》,《文物参考资料》,1955年第11期。

[58]阎文儒:《关中汉唐陵墓石刻题材及其风格》,《考古与文物》,1987年第3期。

[59]林梅村:《古道西风—考古新发现所见中西文化交流》,北京:生活·读书·新知三联书店,2000年,第161页。

[60]林通雁:《西汉霍去病墓石雕群的三个问题》,《美术观察》,2009年第3期。

[61]《封氏闻见记》:"秦汉以来帝王陵前有石麒麟、石辟邪、石马之属,人臣墓前有石羊、石虎、石人、石柱之属,皆所以表饰坟垄如生前之象仪卫耳"。

[62]《史记索引》引姚氏案:"冢在茂陵东北,与卫青冢并。西者是青,东者是去病冢。上有竖石,前有石马相对,又有石人也";《汉书·霍去病传》注曰:"在茂陵旁,冢上有竖石,冢前有石人马者是也"。

第七章 都城历史文化遗产保护相关问题的思考与建议

第一节 大遗址保护中的整体意识

一、十年前的问题

大约在十年前,笔者就曾以汉长安城保护为例提出大遗址保护中应加强整体保护意识,认为当时汉长安城遗址保护中最严重的问题即在于保护中缺乏整体意识[1]。

在中国古都学、城市历史地理学以及考古学界同仁的共同努力下,汉长安城的基本结构与形制已逐渐清晰,然而要具体落实到保护利用的实际工作中,也还存在许多不足之处。当时汉长安城遗址保护最为突出的问题即是缺少整体观念,单纯从遗址中的不同个体考虑保护利用方式,由于整体并非是个体的简单叠加,加之资金等方面的不足,使得整个遗址区显得非常零乱。比如,已经考论清晰的汉长安城内部空间结构形态在保护区根本就看不到;遗址区内的仿古建筑简单粗糙、错位现象比较严重;部分正在进行的重点保护区改造设计方案,由于该区域考古工作没有彻底完成而难以推进;就笔者看到的汉长安城保护规划方案中较多地考虑了经济因素,将汉长安城分割为不同的部分进行保护,割裂了相互之间的

第七章　都城历史文化遗产保护相关问题的思考与建议

联系,忽略了大遗址的历史文化价值和社会价值的体现,也使之显得非常空洞;汉长安城的研究工作尚有待深入,对当时社会生活场景的研究比较薄弱,这样将使大遗址保护仅仅是对遗迹的修复和展示,展现出来的东西是冰冷的,是没有温度的。

并针对上述问题,笔者提出当时汉长安城保护与利用应当做好以下几个方面的工作:

其一,应当加强对西汉时期城市文化的深入研究,它包括物质文化和非物质文化两个部分。将两百年的西汉,甚至四百年的两汉或更长时期(指秦汉时期)的城市文化浓缩于汉长安城内,完整地体现两千年前辉煌帝都景观,丰富城市文化内涵。

其二,杜绝行政管理上急功近利的做法,即在科学探索与研究没有最终结论之前,短期内项目不能匆匆上马,否则所谓的遗产保护只会造成实质上更为严重的破坏,这样的例子不胜枚举。

其三,考古工作应加大工作力度,集中一定数量的考古人员对汉长安城分别采取点上及面上的发掘工作,尤其对西汉长安城内重要宫殿区更应如此,否则当前在遗址内所进行的无论多么科学的新农村改造规划都会成为空中楼阁。

其四,加强国家与地方文物部门的通力协作。据说前些年文物部门对西安市区重要遗址(丰镐遗址、阿房宫遗址、汉长安城遗址、大明宫遗址等)的发掘工作只能由国家文物考古所独立完成,陕西省文物考古研究所以及西安市文物考古所均无权作业,现在可能已有所转变。笔者认为,在建国初期专业考古人员比较少的情况下,出于对文物古迹的保护,这一措施是有其一定道理的,由国家统一组织人力、物力进行发掘确实起到了保护文物的效果,然而半个世纪过去了,经过系统培训(多数是经国家考古研究所,或国家重要考古研究单位),科班出身的考古人员分布于全国各省、市考古单位,他们熟悉地方地理地貌、风土人情,对宣传文物保护有比较便利的方式;同时国家要面对全国范围内的文物古迹,因而在考古发掘进度以及发掘成果的报道方面严重滞后,当前急迫的大遗址保护任务,如果没有经过考古发掘,保护规划工作更是难以落实,所以应当加强国家与地方文物部门的通力协作。

其五,规划部门在制定大遗址保护方案时,应当充分考虑遗址整体,即每处大遗址都是由许多部分组成的,而这些部分历经几千年之后到现在已经分散成为一个个独立的单元,尽管如此,当前大遗址保护方案不应是独立单元的简单组合,而应是各部分有机联系的统一体。完整的汉长安城遗址不仅包括城内未央宫、长乐宫、桂宫以及城西建章宫、城南社庙遗址,还应该包括城墙、城门和城市内外交通网,汉长安城周围的河湖水系等自然环境也应该成为其重要的组成部分。然而现在地面上留下来的仅有未央宫前殿及部分城墙遗址,经过考古发掘的部分还不到汉长安城的十分之一,即便是长乐宫内也没有完全发掘,那么对于叠压在长乐宫之上罗寨村的改造方案就很容易让人产生怀疑,当然不是改造理念本身的问题,而是前期考古工作还没有完成的问题。到目前为止,对汉长安城遗址所做的保护工作已使汉长安城内几处重要宫殿被分割成孤零零的几块,各大宫殿之间,甚至宫殿内部不同部分之间成了各不相干的独立单元,这样对于认识汉长安城的全貌、城市内部空间结构以及宫殿建筑空间的功能划分等人为地形成了障碍。而"十一五"期间国家重要大遗址保护的主要目标就是:"建立有效的世界文化遗产保护管理机制,建立大遗址保护和利用良性互动模式"。由此,实现汉长安城的历史文化价值,就必须在保护过程中把握事物的内在联系,全面体现遗址本身的完整性,这样才能认识大遗址的本来面目,展示其历史文化内涵,实现其社会价值。

二、当前问题

近十年过去了,我们已经看到了汉长安城遗址保护工作所取得的可喜成绩,汉长安城遗址文化内涵的研究和宣传,扩大了汉长安城的影响。主要包括以下方面:其一,考古发掘成果和文献研究成果的集中出版,有

第七章 都城历史文化遗产保护相关问题的思考与建议

利于研究者和兴趣爱好者对遗址本体的认识和研究;其二,汉长安城遗址保护工作通过多种手段、媒体等多种方式的及时宣传,吸引了管理部门、研究群体之外普通百姓的理解和关注;其三,汉长安城遗址列入世界文化遗产名录以及作为"一路一带"经济发展战略重要节点,吸引了世人了解汉长安城历史文化内涵的兴趣;其四,多学科综合研究的加强也是近年来大遗址研究和保护中出现的一个趋势,现代科学技术的应用以及各研究团体之间合作研究成果的涌现,有利于新的研究成果的出现。

然而,通过前文对汉长安城学术研究和考古发掘成果的整理不难发现,早前存在的不足依然存在。尽管关于汉长安城的研究有较多研究成果发表和出版,但多是利用历史文献考证所得而未经考古发掘验证,因而诸多研究仍处于探索阶段。而且随着研究的深入,无论是利用历史文献研究,还是考古发掘研究,对汉长安城未知的历史文化信息越来越多,很多问题都值得重新思考和研究。遗址保护工作也需要更为确凿的研究结论才能付诸实施,所以一些仅经勘探而未经发掘的遗址更急需科学的发掘工作,事实上近年来汉城内并未取得更多考古进展(与汉长安城有关的考古工作主要集中于城北三组七座渭桥遗址发掘方面),可以说十年前的诸多问题依然存在。

2015年西咸新区"新长安大轴线"规划通过评审[2],该轴线长约80公里,以沣河、渭河交汇处为原点,南至秦岭,北至嵯峨山,穿越周丰镐京遗址、能源金融贸易区等历史和当代地标,其中西咸新区内14公里核心区域被赋予建设成为大西安新核心的重任。汉长安城西墙是西咸新区与西安市的分界线,汉长安城与其重要的组成部分建章宫分属两个市区,人为地造成新的政区不统一。所谓的新长安轴线建设也必将对汉长安城考古工作造成新的压力,对此,笔者很是担忧。

研究工作的不足,城市发展的压力和汉长安城遗址本体规模大等问题成为当前汉长安城遗址保护面临的新问题,希望引起更多有识之士的审慎思考。

第二节 关于在西安筹建中国古都博物馆的建议

根据十八届三中全会提出"建设社会主义文化强国,增强国家文化软实力,必须坚持社会主义先进文化前进方向,构建现代公共文化服务体系,提高文化开放水平"的时代要求和国家"一路一带"战略决策,陕西建设"三强一富一美"西部强省和文化大省之目标、西安国际化大都市等工作之需要,笔者依据多年来对汉唐长安城的研究和大遗址保护工作之实践,参考访学期间对美、日著名博物馆及重要都城遗址参观学习之心得,建议在西安筹建中国古都博物馆。

一、建设理由

(一)中国古代都城记录和延续着中华民族的历史文脉,中国古代都城是中国传统文化基因载体,是中国古代文明的标志,是中国历史上最具代表性和典型性的重大历史文化遗产。中国古都博物馆的建设是挖掘和展示中国古代都城文明价值的重要途径之一。

(二)中国古代都城数量多、分布广、规模大、结构复杂,很难被一般百姓所理解和认识,致使当前大遗址及文化遗产保护工作很难被广大人民接受。而博物馆作为社会文化事业的重要组成部分,具有能为公众提供知识、接受教育和欣赏等功能。建设中国古都博物馆是培育公民历史文化敏感性、促进社会主义和谐社会和精神文明建设、弘扬爱国主义精神、增强民族自豪感和凝聚力的重要措施之一。

(三)陕西省山川壮美、物产丰富、人文荟萃,孕育了周秦汉唐等十三朝繁华帝都,是许多重大历史事件发生的场所和重要人物活动的舞台,对整个中国乃至世界历史的发展和文化的传承都发挥过极为重要的影响。中国古都博物馆建设将成为陕西建设西部强省和文化大省战略目标的突破点,构建社会主义核心价值体系的物质载体。

第七章 都城历史文化遗产保护相关问题的思考与建议

（四）西安是中国历史上建都时间最长的世界著名都城，是丝绸之路最早的东方起点。西安历来有十朝古都（武伯纶）、十三朝古都（牛致功）、十六朝古都（朱士光）、十七朝古都（史念海）之说，拥有千年以上的都城史。中国古都博物馆的建设应成为促进陕西省文化遗产保护工作以及西安国际性文化都市建设的重要举措之一。

（五）西安"博物馆之都"建设和城市景观构图的需要。2010年4月，西安市提出了建设成为"博物馆之都"的口号，中国古都博物馆既顺应了西安市城市发展之需要，又能融入西安文化都市建设的主流。同时，从现代西安市城市景观构图来看，以位于西部昆明池风景区的中国古都博物馆与位于东部浐灞生态区的长安塔相对应，将使西安城市建设成为具有中国传统文化特色的城市空间形态，必将成为西安市未来遗产的一部分。

（六）众所周知，美国历史短暂，但是美国从国家层面的博物馆到私家博物馆，其展览内容丰富，场馆设计独特，已经成为西方社会教育、学习、科研的基地和场所，也是国际社会文化交流的重要窗口。而中国大多数博物馆仍然停留在亮宝阶段，尚不能担负起宣传中国传统文化及其核心价值的桥梁作用。另外，受中国古代都城制度影响的日本古代都城京都，奈良地区的古都遗址保护已形成其独特的发展模式，尽管同样是土遗址样态，日本已形成了考古发掘、研究、展示与保护一体化保护特色。因此，建设中国古都博物馆不仅是探索中国土遗址保护方式的有效途径之一，也是增强国家文化软实力的重要途径之一。

（七）中国古都学会是在已故的陕西师范大学史念海先生倡导下组织成立的学术研究团体（挂靠单位是陕西师范大学），之后在继任会长朱士光先生以及现任会长、前副校长萧正洪教授的组织领导下形成了一支庞大成熟而稳定学术团队，学术研究成果和研究力量完全能够满足和胜任建设中国古都博物馆的学术研究及相关技术的需要。

丝绸之路最早的东方起点：西汉长安城

二、建设目标和预期效益

（一）在学术性、系统性、科学性原则指导下新建的中国古都博物馆，将依据文化遗产保护基本原则——原真性、完整性要求，高标准规划设计，借鉴国际博物馆建设科技，重点展示中国历代都城分布、都城空间形态、风俗文化、城市规划思想等发展演变规律，展示反映中国古代政治、经济、文化及其区域重心转移发展轨迹的物质文化遗产和非物质文化遗产内容，全面反映中华民族文明进程，系统梳理中华民族精神家园的历史演进进程，使之成为国家对外宣传中国传统文化的重要窗口之一，成为中外文化交流的新平台。

（二）中国古都博物馆将集中、系统展示中国古代都城基本信息、研究与考古发掘成果（中国古都学会已经规划筹建中国古都研究信息资源中心），因而必将成为国内外大专院校、科研院所以及历史文化爱好者学习和从事学术研究的科研教育基地；也将成为西安、陕西，乃至全国提高和培育中华民族历史文化敏感性的爱国主义教育基地。

（三）中国古都博物馆应于西安古都遗址区之外选址筹建，主要是因为现代西安城市建设完全占压了隋唐长安城，西汉长安城是国内唯一的一处保存较为完好的古代都城遗址，秦都咸阳、西周丰镐都城遗址考古发掘工作还有待进一步深入，跳出上述遗址区，且在与之紧密相关的地方筹建都城博物馆，以便于参观者就近实地考察，加深对都城遗址文化的理解和认识，使都城博物馆成为名副其实的中国传统文化的传播基地。如果西咸新区新长安轴线建设势在必行的话，不妨考虑把中国古都博物馆建在最南端。

总而言之，中国古都博物馆建设所带来的社会价值和经济效益是不言而喻的，如果将地址选择在西安之外的任何一个省区的城市，对陕西省、西安市的城市及其经济、文化建设来说都将是一个非常重大的损失！

第七章　都城历史文化遗产保护相关问题的思考与建议

三、场馆规划初步设想

（一）中国古都博物馆包括三个部分：古都研究和信息中心、古都遗址保护中心、古都博物馆。

（二）中国古都博物馆展示对象和内容：以中国八大古都为主体的古代都城。以直观反映中国古代都城空间位置转移、都城空间形态演变、都城规划思想的继承与创新、都城社会生活方式和风俗文化变化等的物质和非物质文化为载体，揭示中国古代政治、经济、文化发展脉络；利用博物馆最为先进的技术手段保存、记录和再现古都研究、都城考古信息以及古都动态效果等，全面反映中华民族文明历史进程。

（三）中国古都博物馆外观形态为以古都西安作为主入口，以历史发展为线索，由西向东，依次布设洛阳、郑州、开封、安阳，由南向北依次安排杭州、南京、北京各馆；同时，考虑地理位置及现代城市发展，分别在南京和北京馆设置出入口；主要都城之外的其他都城结合时间、空间位置进行布设。中国古都博物馆详细规划需要依据古都特性和文化特性等具体内容、借鉴世界著名博物馆经验等诸多因素进行详细规划，相信形式一定能够满足内容的需要。

四、"关于在西安筹建中国古都博物馆建议"的后续思考

2015年3月17日，西安市文物局博物馆处林治刚同志来笔者办公室，沟通"在西安筹建中国古都博物馆的建议"事宜，由此我得知自己于2011年10月完成、2012年8月在中国古都学会大理会议上宣读、后经多次完善修改的建议终于被采纳了，非常高兴和激动。高兴的是坚持多年的事情终于有了结果，激动的是我终于实践了历史地理学前辈们所倡导的有用于世的治学原则。当然在高兴和激动的同时，更多的是感谢，感谢甘书记对历史文化的敏感认识和尊重，感谢甘书记对青年学者不成熟意见的聆听和指导，当然更感谢他的精心筹划才使得这一建议才有了被采

纳的可能。

而在高兴、激动和感激之余,更多的是要思考作为建议提出者(单位)在所建议的项目中能够和应当承担义务和责任。

中国古代都城博物馆的建设是一项非常复杂的系统工程,这不单指场馆的选址、设计和建设,更重要的是场馆展示的内容,它完全受限于中国古代都城的研究现状和考古发掘进展。中国古代都城数量庞大、分布范围广、历史悠久、内涵丰富,然在当前中国古代都城研究、都城遗址保护以及社会对遗产保护的认知上仍然存在如下问题:

其一,中国古代都城基础理论研究滞后。中国古代都城研究是城市历史地理学研究的重要内容之一,城市历史地理学创建于20世纪五六十年代,至上世纪末逐渐发展成为一门较为成熟的学科。其间中国古都学会在史念海先生倡导下于1983年建立,形成了一支从事中国古代都城研究的学术队伍,对中国古代不同等级、不同类型的都城进行了深入研究,对古都所在城市的文化建设产生了重要影响,由此构建了中国古都学学科。然时至今日,学术界对什么是古都、古都等级判定标准、古代都城体系、已经成为废墟的古代都城应不应当成为古都学的研究对象等问题上尚未能形成统一认识;其次,对古代都城的研究也多限于断代或通史性质的单一都城研究,都城之间的比较研究亦较为稀少,长时段的中国古代都城系统研究更不多见,所以,很难对中国古代都城价值进行科学的评估,这严重影响了中国古都学理论研究发展及其影响。

其二,对中国古都遗产特殊性认识不足。从《威尼斯宪章》《内罗毕建议》《奈良文件》到《实施〈保护世界文化与自然遗产公约〉的操作指南》和《西安宣言》等,反映了世界文化遗产认定的两大基本原则——原真性(即"真实性")和完整性的发展过程。这两大基本原则不仅反映了国际保护文件的发展轨迹,还指导和影响着包括中国在内的世界文化遗产保护工作,在《中华人民共和国文物保护法》、历史文化名城保护及其城市规划中处处可见。比如中国古代都城在后都城时代多演变为土遗

第七章 都城历史文化遗产保护相关问题的思考与建议

址,能够保留下来只有部分遗迹,在原真性和完整性原则指导下就只能对这些点进行保护,隋唐长安城遗址保护就是对其中的9处遗址保护,它们显然难以完整地展现隋唐长安城历史全貌,也难以体现隋唐长安城遗址的真实价值。遗产保护领域由于对中国都城遗产特殊性认识不足,局限于已有的世界遗产保护原则,在对中国古代都城遗址保护的同时,造成了新的破坏,继而限制了世界遗产保护内容和原则的创新与发展。

其三,中国古代都城遗址保护管理行政化较为严重,社会参与不够。由于中国古代都城遗址体量大,内容丰富、结构复杂,文物价值高,保护工作往往由政府出面组织,因而使得保护工作脱离社会,不能够得到社会的普遍理解和支持,由此形成了遗产保护贵族化趋向,社会参与严重缺失,遗产保护效果非常不理想,保护工作亦相对较为艰难。

鉴于上述问题的存在以及配合未来中国古代都城博物馆建设的需要,建议尽快由陕西师范大学,或中国古都学会筹建中国古代都城信息与研究中心(这也是中国古都博物馆规划和建设的内容之一),在该中心积极组织和协调下,联络国内外有志于中国古代都城研究的专家和学者,有计划地展开多层面、多角度的研究,为中国古都博物馆的建设提供知识储备和智力资源,并参与到博物馆的规划和建设中去。

第三节 从古都文明到现当代城市的遗产保护

西安三千余年的建城史包括了周秦汉唐等诸多强盛王朝的都城,东汉、曹魏、后赵、赫连夏、武周、后唐和民国时期的陪都,明清时期的西北重镇,悠久的历史和丰富的文物古迹,使之成为国务院公布的第一批历史文化名城。然西安在历史文化名城保护历程中因对历史文化遗产价值、保护原则和方法等认识上的误区,造成了古都文化遗产的丢失。本文结合西安历史文化遗产构成提出在文化遗产保护基本原则之上,对古都类历史文化名城保护应注重其历时性特征。

丝绸之路最早的东方起点：西汉长安城

一、古都名城的历时性保护原则

城市是具有生命力的文化载体,在其生命历程的不同阶段,不同时期的文化,包括自然的和人文的,也包括物质和相应的非物质文化,不论其强弱都给城市本身留下了深深的印记,成为城市成长的历史记忆,展现了城市发展过程中的历时性特征。有些记忆具有突出的科学、历史、艺术等价值,与国家、社会、民族的发展,或者与科学技术、文化、文明等的发展息息相关,有些记忆则是痛苦的,或残缺不全的,甚至带有耻辱性的等,这些记忆是城市发展过程的真实反应。而有些"记忆"不像之前两种记忆的价值那么突出,无论是在当时,还是之后的某个阶段均不能完全被认识和理解,它只是城市在某时间点(或时间段)、某空间(或整个城市中)存在的一个瞬间记忆,但这一瞬间记忆对这一空间的这一时间点(段)来讲是唯一的,如此时抹去将不复存在,它是否需要被保护呢?这就是本文所强调的历时性保护内容的一个方面。

刘克成先生在接受《设计家》访谈时曾说:"在我所负责的唐大明宫国家遗址公园项目中,我曾经提出,除了帝王将相的历史遗迹,是否可以保存一部分自20世纪30年代遗留至今的棚户区。20世纪30年代,由于花园口决堤,河南难民顺着陇海铁路逃难到西安,在大明宫遗址安营扎寨。这片1000多年前世界最华丽的宫殿,如今是城市里最破旧的居住区。如果使两种遗产并置存在,可以更加彰显遗产的价值,体现历史沧桑巨变的魅力,凸显大明宫国家遗址公园的先进性和示范性。"[3]刘先生很明确地表达了在遗产保护中"不同时期的历史痕迹并存"的观点。尽管在保护下来的大明宫遗址中,刘先生所呼吁保护的棚户区居民并没有保存下来,但是在大明宫博物馆内,留下了棚户区居民的生活照片和他们的生活设施,如当地居民20世纪七八十年代的取水设施,而这些往往更加吸引参观者的注意,拉近了参观者与古都遗址保护的距离,遗产保护观念进入百姓生活。这种将遗产当前生存状态保存下来的做法是探索世界文

第七章　都城历史文化遗产保护相关问题的思考与建议

化遗产保护原则和方法的实践,它是成功的案例。这一保护原则和原则的提出者应与文物古迹一起载入世界文化遗产保护进程之中,历时性保护原则应成为世界文化遗产保护的基本原则之一。

这一认识在世界文化遗产保护领域并非鲜见。如印尼遗产保护专家 Laretna T. Adishakti 就认为遗产是一种观念,在保护其固有价值和将其作为一种现代社区或商业活动资源之间衔接了一条纽带。它必然同时包含一些现代价值观念和从过去继承下来的思想。由此认为遗产的连续性变得比以往任何时候都要重要。遗产不仅仅关乎过往,本世纪每个人都有责任去维持并传承给下一代,同时,还是一种创造、发展和思考未来遗产及将遗产作为一种创造性产业进行管理的权力[4]。遗产的连续性正是遗产历时性的直接表达。

强调遗产保护的历时性原则并不单单是为了保护遗址发展的过程,首先是为了减少因人类认识上的片面性而造成的遗产价值的破坏。刘克成先生说:"历史事实证明,由于认识上的错误,我们经常去'精'留'伪'。这样的错误对文化遗产所造成的损害,比自然造成的损害还要大得多。我以为只有自信的民族和自信的城市,才可以正视自己所有的历史,更好地走向未来。"[5]其次,保护遗产不是圈起来就完事的,还要考虑利用,如何利用就需要规划,如果把规划遗产保护和创造遗产结合起来,其保护的意义则更为深远。简单地说,就是 50 年后,100 年后,甚至上千年后,我们这一代人的作品就成了遗产的一部分,是我们这个时代的印记。任何遗产都处于不断变化与发展的当代社会之中,真正的保护不是要重现已逝去的旧时风貌,而是要保留现存的美好环境,并指出未来可能的发展方向。历史文化遗产历时性保护原则不仅要求保护者应具有科学、动态的观点对待遗产,还要用"遗产"的视野去对待当下。

1994 年的《奈良真实性文件》指出对传统建筑的保护应建立在对"遗产性质、文化语境、时间演进"的考察之上,包含"形式与设计、材料与物质、用途与功能、传统与技术、地点与背景、精神与情感以及其他内在或外在因素"[6],这一要求隐含了保护传统建筑历时性文化特征的内容。而在 2014 年召开的纪念《奈良真实性文件》20 周年研讨会上,更加强调了传统建筑作为根植于某一特定社会生境的文化遗产,历时性保护与传承实践密切相关,更是文化重要性的基础,"真实性因文化而异,且与遗产的位置、实践以及承载文化价值的载体相关;是一个演进着的文化传统的有意义阐释;并且(或者)能够引起社会个体间的群体认知上的情感共鸣"[7]。

由此,对古都西安历史文化遗产的保护不仅要强调其真实性和完整性,还要关照其历时性特征,即保护历史文化名城西安不单是要保护周秦汉唐盛世的自然人文景观,还要保护包括宋元明清、民国,甚至当代西安城市的发展印记。只有本着这一原则,才能整体再现古往今来西安城市发展的沧海桑田,突出不同历史时期城市的地位、城市结构形态的变化,延续城市未来发展脉络。

二、古都西安文化构成

西安是世界著名古都,我国最重要的历史文化名城之一。它不仅是周秦汉唐的都城所在地,也是抗战时期的陪都;不仅是中国古代社会前半期的政治、经济、文化中心,还是古代社会后半期的西北军事重镇。西安是中国历史的重要舞台之一,为现代西安历史文化名城奠定了丰厚的文化基因,拥有包括西周丰镐、汉长安城、唐长安城等著名大遗址在内的 41 处全国重点文物保护单位,65 处省级文物保护单位,176 处市县级文物保护单位,登记在册文物点 2944 处,且有 6 处遗址被列入"世界遗产名录"。此外,西安还拥有丰富的河湖水系、台塬、秦岭山脉等独特的历史地形地貌及国家级风景名胜保护区等。

西安文物遗产时间跨度久远,从距今 60 万年的蓝田遗址到 20 世纪 30 年代抗战时西安事变旧址;文物古迹规格高,有西周都城丰镐遗址、秦阿房宫遗址、汉长安城遗址、隋大兴唐长安城遗址等盛世王朝之都以及西

第七章 都城历史文化遗产保护相关问题的思考与建议

北重镇时期的清西安城墙遗址;文化遗产内容丰富,不仅有聚落和城市遗址,还有秦阿房宫、唐大明宫和华清宫等大型宫殿遗址,秦东陵、秦始皇陵、汉杜陵和明秦王墓等古墓葬遗址,鸠摩罗什舍利塔、大小雁塔、香积寺善导塔、水陆庵、重阳宫祖庵碑林、西安清真寺、大秦寺塔等古建筑及历史纪念建筑物,西安碑林石刻遗址,西安事变旧址、八路军西安办事处等革命遗址及革命纪念建筑物;文物等级健全,不仅有国家重点文物保护单位,省市文保单位数量也很惊人。此外,伴随着"丝绸之路:长安—天山廊道的路网"申遗成功,西安汉长安城未央宫遗址、唐长安城大明宫遗址、大雁塔、小雁塔、兴教寺塔作为丝绸之路上的重要遗迹进入世界文化遗产名录,加上秦始皇陵和兵马俑,西安共有6处世界文化遗产。不同类型、等级的文化、文物古迹、遗址是历史文化名城西安构成的基本内容,不同时期文化之间既相互继承又有所发展,且各具特色,构成了古都西安历史文化遗产的不同层面。

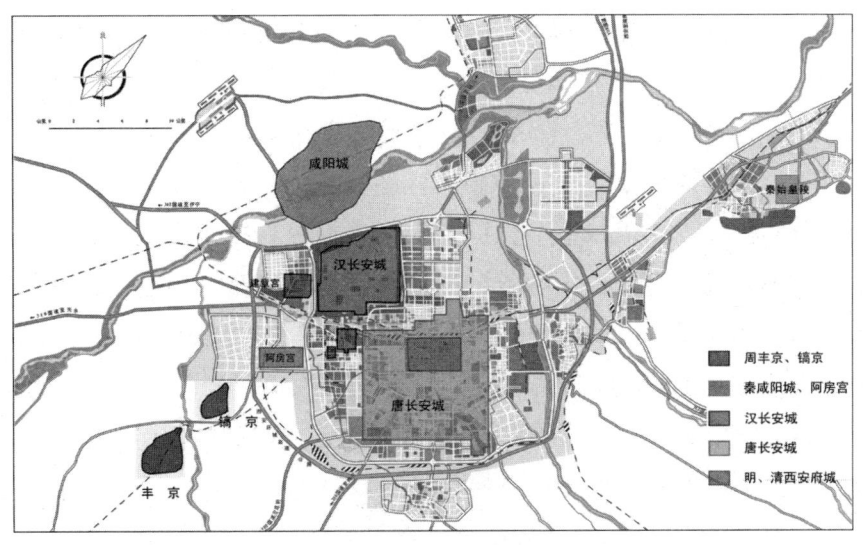

图7-1 周秦汉唐都城位置图(和红星图)

丝绸之路最早的东方起点：西汉长安城

三、新中国成立以来西安城市建设

1949年5月20日，解放军相继攻入北、西、东、南四个城门会师钟楼，5月25日西安市人民政府成立。1950年1月10日，陕西省人民政府成立，陕甘宁边区政府宣告结束，西安为西北首府。到目前为止，国务院先后批准了西安市四次城市规划，[8]西安城市建设取得了一定的成绩，如在交通、工厂、学校、商业、绿地、文化体育设施等城市建设中体现了保留老城格局，利用旧城，参考唐城，将工业区放在旧城东西两侧，旧城作为行政中心，南郊作为文教中心，铁路北作为仓库区和发展备用区；保留棋盘式格局，以南北大街作为全市的中轴线的总体布局思想等等。新中国成立以来的60余年间，西安城市实现了由明清城墙城市的衰败到当前繁华都市的蜕变，从街道的拓宽改造（主次要大街均有改变）、城市绿地（环城公园）、新式居民社区建设（尤其是老城内）、各种商业景观（从沿街店铺到百货大楼）、五星级酒店和体现西安地域文化的新唐风建筑等，完整地再现了现代西安都市建设发展的历程，留下了西安与中国社会共同发展的时代烙印。

在西安人的记忆里，有一批非常重要的建筑根深蒂固，它们记载了现代西安城市建设发展史，是西安市城区拓展、经济发展、文化进步的指向标，同时也是西安市民文化、生活习惯、娱乐等最直接的反映。如五六十年代相继建成东郊军工[9]与棉纺织业[10]、西郊电工业[11]、南郊文教区[12]高等院校陆续建成，形成了西安市功能分区的大格局，至今仍非常清晰。其他一些公共设施，如解放电影院、和平电影院（是当时全省第一座宽银幕电影院，现为市级文保单位）以及第一个公私合营的电影院——阿房宫电影院成为观影的主要场地；人民剧院、西安易俗社、西北人民话剧院、西北人民体育场（今陕西人民体育场）、新华书店钟楼店（西安唯一和西北最大的书店，2008年3月28日整体搬迁至端履门十字西南角）等相继建成开业，丰富了西安市民的业余文化生活。一些公园绿地向市民开放，如

第七章　都城历史文化遗产保护相关问题的思考与建议

南郊的植物园、新风公园[13]，东郊的兴庆公园[14]、西郊的劳动公园等，成为附近居民活动、交流的公共空间。老城内一些大型商场也陆续建成营业，如城隍庙建华商场、解放市场(今开元商城，在开元寺旧址上建成)、中山大街百货商店(后改名华侨商店，2011年被拆除，是当时全市第一家大型百货商店)、解放百货大楼、新安市场、民生百货商店、西安人民大厦(当时全市最大的高级宾馆)、东亚饭店、解放饭店以及位于北大街东侧的西安报话大楼，均在此时建成投入使用[15]，反映了西安市商业活动中心的聚集。上世纪70年代建成开放的西安市动物园、兴庆公园中阿倍仲麻吕纪念碑、秦始皇兵马俑博物馆；80年代建成投入使用的西安宾馆(涉外宾馆)、钟楼饭店、大雁塔东侧兴建的"三唐"建筑[16]、阿房宫凯悦大酒店、喜来登大酒店(西安首家开设的五星级大酒店)，提高了西安国际旅游地位；1986年4月新建成的陕西省人民政府办公大楼(位于新城广场北侧，是当时西北最大的建筑物)与其西南的西安市青少年宫、东南的陕西省科技大楼共同组成了代表省会西安的政治、经济、文化中心地位的城市空间。1987年电视塔竣工，是当时西北地区最高的建筑(高254米)，成为西安的一座新地标。90年代，新建的陕西历史博物馆[17]、西安易俗大剧院、"晨钟暮鼓"重新敲响、西安城墙点亮工程、北院门文化旅游一条街[18]、书院门仿古街道等文化、旅游设施相继投入使用，一方面丰富西安市民的文化生活，另一方面也活跃了本地文化旅游市场。至20世纪末长安(大唐)芙蓉园、大雁塔南广场、西部大学城也都陆续开工建设。

在西安半个世纪的城市建设中，相对于东部沿海城市来讲是较为缓慢的。20世纪90年代中期之前的各种建设都离不开老城区，有些在老城区周边地区，但为西安城市发展留下了时代的历史烙印。但从西安历史文化名城保护的角度来看，西安城市建设也走了一些弯路，表现在不同时期的规划文本对古都西安不同阶段、性质的文物、古迹保护认识上，以及对不同时期文化遗产内涵认识不足等方面，受主观认识的影响对本地文化遗产造成了重大影响。

丝绸之路最早的东方起点:西汉长安城

首先是新中国成立后的前30年,以西安市第一轮总体规划的编制为标志,重点对北郊汉长安城和唐大明宫遗址进行了保护,规划将此区域全划为文物保护用地,为西安历史文化名城保护奠定了良好的基础。不足之处是忽视了对其他区域的文物遗址的保护。其次是1980—2000年间,以西安市被列入国家第一批历史文化名城名单、环城工程开工和国务院批准的西安市第二轮、第三轮总体规划为标志,用保存、保护、复原、改建与新建密切结合思想来保护历史文化名城,结果是在《西安市周丰镐京、秦阿房宫、汉长安城和唐大明宫遗址保护管理条例》、《西安市控制市区建筑高度的规定》等建设法规之下错误地理解了历史文化名城的保护方法,通过改建和新建将老城区许多著名建筑、历史街区拆除和破坏。2000年以来,以2002年国际合作唐大明宫含元殿遗址保护工程实施,2003年秦始皇陵列入"世界遗产名录",2005年国际古迹遗址理事会第15届大会通过《西安宣言》以及第四轮总体规划的编制为标志,提出了"新旧分治"、注重保护明城严整格局;发掘唐皇城文化内涵,显示唐城宏大规模,突出城、宫、苑、市形象,保护周、秦、汉、唐重大遗址,恢复南山、八水自然环境。但在明清老城内倡导复兴唐皇城计划,改造后的西大街沿街地面上标出唐皇城某官署衙门的名城,建造了一批唐风商业建筑,造成了西安老城区明清以来形成的商业文化特色的衰退,引起大批学者、市民的不满。《西安市第四次城市规划(2008年—2020年)》中将隋唐长安城划为大西安的主城区,使得城市遗址外部环境威胁加剧、遗址内部环境的持续恶化、农民生活和保护之间矛盾突出,由此遗址保护形势更为严峻。与此同时,当前城市建设中对现当代城市记忆的破坏也不容小觑,应引起广泛的关注。

四、历时性保护原则的现代城市建设应用

每一座城市都经历了起源、发展和演变的更新过程,也留下了相应的文化景观和遗存。历史剖面既是时间上的纵深,也是空间上的点、线、面

第七章　都城历史文化遗产保护相关问题的思考与建议

组合。周秦汉唐都城文化、明清西北重镇生活、民国时期的陪都设想,甚至新中国成立后点点滴滴的城市建设反映了西安城市发展的重要内容,经过几千年的文化累积沉淀造就了现代西安城市特色,丰富了城市发展的内涵,改善了居住地民众的生活环境,更是大众生活的重要区域。

古都遗产的生命力还体现在后代对它的保护和使用中,如,隋唐长安城把汉长安城划入禁苑之中等,不仅对古都遗址进行了保护,新城市也有了更大发展。相对而言,西汉长安城利用秦渭南宫殿旧址、宋元明清对隋唐长安皇城的改造和使用,以及现代西安市主城区在隋唐和明清城市基础上的建设,无形中都会对古城遗址、遗迹、文化造成破坏。因此,在坚持文化遗产真实性和完整性基本原则的同时,注重对文化遗产历时性的客观认识,是实施文化遗产整体性保护的基础和前提。

城市更新是亘古不变的,新旧交替之间塑造城市独特的味道,让人清晰地读出其绵延不绝的生命迹象,这就是城市遗产。这份遗产既有有形的物质景观,当然也有无形的非物质文化,二者相辅相成,有形与无形之中形成了这座城市和城市中的人。城市间有了不同,城市中的人也就有了地域标签。城市与城中的人气味相投,互相影响。城市自身发展与城市中的人对城市的改造也需息息相通,否则二者就会起冲突,城市和人都会畸形发展。

有鉴于此,我们在上文分析西安历史文化遗产构成的历时性原则的基础上,提出用遗产的观念对待城市规划和建设。如此,遗产蕴含着多重含义。首先,遗产是一种物,或者文化,这是遗产的最基本含义;其次,遗产是一种观念,在保护其固有价值和将其作为一种现代社区或商业活动资源之间衔接了一条纽带。它必然同时包含一些现代价值观念和从过去继承下来的思想。再次,遗产是一种责任,每个人不仅有责任将遗产传递给下一代,还应当有为下一代创造遗产的义务,也就是发展和思考未来遗产的责任。最后,遗产还是一种权力,将遗产作为一种创造性产业进行管理的权力。建议城市建设的参与者都能用遗产的心态对待城市,审慎地

丝绸之路最早的东方起点:西汉长安城

对待一座建筑物、一个小品,甚至一棵行道树。唯有如此,在"一带一路"经济发展和丝绸之路起点——汉唐长安城及西安历史文化名城保护过程中才能不再沿袭过去先破坏再重建的错误保护模式。

注　释:

[1]肖爱玲:《大遗址保护中的整体意识——以汉长安城保护为例》,《中国古都研究》(第23辑),三秦出版社,2008年,第337—351页。

[2]《2015十件大事 读懂西咸新区这一年》之"'新长安大轴线'规划公布,城市规划理念取得重大突破"。参见网址:http://news.sina.com.cn/o/2016-02-03/doc-ifxnzanm4072198.shtml

[3]赵夏榕:《在全球秩序的建立中确立文化身份——访西安建筑科技大学建筑学院院长 刘克成》,《设计家》,2009年第6期,第26—33页。

[4][印尼]Laretna A. Adishakti:《城市空间遗产与城市可持续发展方式和手段》,周广西译,《中国名城》,2009年第1期,第24—40页。

[5]赵夏榕:《在全球秩序的建立中确立文化身份——访西安建筑科技大学建筑学院院长刘克成》,《设计家》,2009年第6期,第26—33页。

[6]引自联合国教科文组织世界遗产中心等主编:《国际文化遗产保护文件选编》,北京:文物出版社,2007年10月,第142页。

[7]徐桐:《奈良+20:关于遗产实践、文化价值和真实性概念的回顾性文件》,《世界建筑》,2014年第12期,第108—109页。

[8]国务院先后批准的四次城市总规:1954年10月《西安市城市总体规划(1953—1972年)》、1983年11月《西安市城市总体规划1980—2000年》、1999年5月《西安市城市总体规划(1995—2010年)》、2008年5月6日《西安市城市总体规划(2008—2020年)》。

[9]1956年建成投产的西北光学仪器厂(今西光集团)、西安机器制造厂(今昆仑集团);1957年建成投产的黄河机械厂(今黄河集团)、华山机械厂(今华山公司)、西安机械制造厂(今远东公司);1958年建成投产的秦川机械厂(今秦川集团)、东方机械厂(今东方集团)、庆华电器制造厂(今庆华集团)。

[10]1953年,国家批准在西安东郊浐河、灞河与狄寨塬之间筹建棉纺基地,先后

第七章　都城历史文化遗产保护相关问题的思考与建议

建起国棉三、四、五、六厂、西北第一印染厂等,逐步形成以轻纺工业为主的工业基地,因此得名"纺织城"。

［11］1959年建成投产的西安绝缘材料厂;1960年建成投产的西安开关整流器厂、西安高压电瓷厂(现均隶属于西电集团)。

［12］1950年5月,西北大学医学院从西北大学划出,成立西北医学院(1956年变更为西安医科大学,2000年与西安交通大学、陕西财经学院合并,成为新的西安交通大学医学院);1952年10月,中国人民解放军第四军医大学在西安成立,并组建第一附属医院(今西京医院);1956年8月上海交通大学迁至西安,1957年10月,在合并重组之后,建成西北工业大学、西安交通大学;1958年8月,西安石油学院(今西安石油大学)、矿业学院(今西安科技大学)、公路学院(今长安大学)、化工学院(今属西安理工大学)、政法学院(今西北政法大学)、第二医学院以及西安师范专科学校(今属西安文理学院)同时成立。

［13］以大兴善寺寺庙建筑群东西两侧空地,采取自然式布局改建而成。

［14］1958年7月,兴庆公园在唐代兴庆宫遗址上建成并向游人开放,90年代末之前,它一直是西安市区最大的公园绿地。

［15］1965年12月,西安报话大楼建成,其总高62.5米,被称为北京报话大楼的"姊妹楼"。自此开始,每逢整点,"东方红,太阳升"的旋律与之后敲响的钟声就会响彻西安的大街小巷,渐渐融入市民的日常生活之中。

［16］即西安唐华宾馆、唐歌舞厅和唐艺术博物馆,是当时西安唯一的仿唐风格的庭院式高档旅游服务设施。

［17］1991年5月,张锦秋先生设计的陕西历史博物馆正式对外开放,形成一组"中央殿堂,四隅崇楼"的仿唐风建筑风格(新唐风),馆藏文物37万余件,为中国第一座拥有现代化设施的大型国家级博物馆。

［18］1993年9月,街道以青石铺路,街北口建花岗石牌坊、西羊市口修过街楼,街两旁均为仿明清建筑,餐饮器物均由回民经营,具有浓郁清真寺特色。

参考文献

[1] 司马迁.史记[M].北京:中华书局,1982.

[2] 班固.汉书[M].北京:中华书局,1962.

[3] 范晔.后汉书[M].北京:中华书局,1965.

[4] 房玄龄.晋书[M].北京:中华书局,1974.

[5] 令狐德棻.周书[M].北京:中华书局,1971.

[6] 李延寿.北史[M].北京:中华书局,1974.

[7] 刘昫.旧唐书[M].北京:中华书局,1975.

[8] 孙星衍等辑.汉官六种·汉旧仪[M].周天游,点校.北京:中华书局,1990.

[9] 陈直.三辅黄图校证[M].西安:陕西人民出版社,1980.

[10] 何清谷.三辅黄图校释[M].北京:中华书局,2005.

[11] 何清谷.三辅黄图校注[M].西安:三秦出版社,2006.

[12] 赵岐,等.三辅决录·三辅故事·三辅旧事[M].张澍,辑,陈晓捷,注.西安:三秦出版社,2006.

[13] 葛洪.西京杂记[M].周天游,校注.西安:三秦出版社,2006.

[14] 刘庆柱.三秦记·关中记[M].西安:三秦出版社,2006.

[15] 马先醒.再论汉官位置[M]//许倬云,等.中国历史论文集.台北:台湾商务印书馆,1986.

[16] 刘敦桢.刘敦桢文集[M].北京:中国建筑工业出版社,1982.

[17] 马正林.渭河水运和关中漕渠[J].陕西师大学报(哲学社会科学版),1983(4):92-102.

[18]刘庆柱,李毓芳.西汉十一陵[M].西安:陕西人民出版社,1987.

[19]白音查干.汉长城考察与研究[J].内蒙古师大学报(哲学社会科学版),1987(1):95-103.

[20]中国社会科学院考古研究所.汉杜陵陵园遗址[M].北京:科学出版社,1993.

[21]刘庆柱,李毓芳,刘振东,杨灵山.汉长安城窑址发掘报告[J].考古学报,1994(1):99-129.

[22]李毓芳,刘振东,张连喜.1992年汉长安城冶铸遗址发掘简报[J].考古,1995(9).792-798+807.

[23]史念海.西安历史地图集[M].西安:西安地图出版社,1996.

[24]史念海,史先智.论十六国和南北朝时期长安城中的小城、子城和皇城[J].中国历史地理论丛,1997(1):5-17.

[25]史念海.汉唐长安城与生态环境[J].中国历史地理论丛,1998(1):5-22+251.

[26]史念海.汉唐长安与黄土高原——中日历史地理合作研究论文集第一辑[J].中国历史地理论丛增刊,1998.

[27]王社教.汉长安城八街九陌[J].文博,1999(1):25-28.

[28]史念海.汉唐长安与关中平原——中日历史地理合作研究论文集第二辑[J].中国历史地理论丛增刊,1999.

[29]林梅村.古道西风——考古新发现中西文化交流[M].北京:生活·读书·新知三联书店,2000.

[30]刘庆柱.古代帝陵与都城的考古学研究[M].北京:科学出版社,2000.

[31]刘庆柱,李毓芳.汉长安城[M].北京:文物出版社,2003.

[32]姜波.汉唐都城礼制建筑研究[M].北京:文物出版社,2003.

[33]朱士光,吴宏岐.西安的历史变迁与发展[M].西安:西安出版社,2003.

[34]中国社会科学院考古研究所.汉长安城武库[M].北京:文物出版社,2005.

[35]焦南峰.西汉帝陵考古发掘研究的历史及收获[J].西部考古,2006(1):

[36]林梅村.丝绸之路考古十五讲[M].北京:北京大学出版社,2006.

[37]中国社会科学院考古研究所,西安市文物保护考古所.汉长安城遗址研究[M].北京:科学出版社,2006.

[38]刘振东.西安市十六国至北朝时期长安城宫城遗址的钻探与试掘[J].考古,2008(9):25-36.

[39]徐卫民.西汉未央宫[M].西安:陕西人民出版社,2008.

[40]李令福.古都西安城市布局及其地理基础[M].北京:人民出版社,2009.

[41]王社教.汉长安城[M].西安:西安出版社,2009.

[42]张建锋,刘振东,徐龙国.西安汉长安城直城门遗址2008年发掘简报[J].考古,2009(5):49-60+107-111+113.

[43]焦南峰.宗庙道、游道、衣冠道——西汉帝陵道路再探[J].文物,2010(1):73-77+96.

[44]赵静.陕西帝陵档案[M].三秦出版社,2010.

[45]宋杰.西汉长安的丞相府[J].中国史研究,2010(3):37-73.

[46]刘瑞.汉长安城的朝向、轴线与南郊礼制建筑[M].北京:中国社会科学出版社,2011.

[47]徐龙国,刘振东,张建锋.西安市汉长安城长乐宫六号建筑遗址

[J].考古,2011(6):11-25+109+98-103.

[48]西安市文物局,等.汉长安城遗址保护[M].北京:文物出版社,2012.

[49]徐卫民.秦汉都城研究[M].西安:三秦出版社,2012.

[50]王自力,辛龙,王志宏.汉长安城沇水古桥遗址发掘报告[J].考古学报,2012(3):369-400+405-420.

[51]刘瑞,李毓芳,王志友,等.西安市汉长安城北渭桥遗址[J].考古,2014(7).

[52]侯旭东.西汉御史大夫寺位置的变迁:兼论御史大夫的执掌[J].中华文史论丛,2015(1).

后　记

　　中国古代都城是中华民族文化的缩影，不同时代的都城代表了那个时代文明的最高成就，是中国历史文化传统基因的载体。中国古都学是研究我国历史上所有都城的形成、发展、萧条以至破坏的演变过程，通过研究都城演变过程，探索其发展规律。作为科学的古都学，它涉及政治、经济、社会、军事、历史、地理、考古、交通、建筑等学科的研究内容。古都空间包括基于自然的实体空间和基于人文的社会、文化和精神空间，其范围并不唯一确定，其与周边地区的空间界线是相对的，并处于经常性的变动之中。古都的空间特征决定了古都学研究方法的一个重要特点，即重视环境的系统性和空间关系的关联性，既不能将都城同其所处环境隔绝开来，也不能以相对狭小的实体空间范围作为古都研究的藩篱。

　　西汉是我国历史上最为强盛的朝代之一，长安作为这个王朝的首都是当时全国政治、经济、文化的管理中心，在世界城市建设史上产生了巨大的影响。西汉长安城空间发展变化所反映的社会形态，宫城与亚宫城的政治作用，城门建制、礼制建筑、市场闾里、手工业作坊、帝王陵邑等空间要素的发展变化所反映的社会功能、都市经济与社会管理机制等都体现了那个时代的历史特征。西汉长安城选址科学，建设布局完整、功能齐备，其营建过程反映了我国古代都城建设规划思想和理论的实践与创新，具有极高的科学性和艺术性，是世界建筑史上的杰出范例。西汉长安城与西汉时期中国古代民族之间的交流、融合，以及汉民族、汉文化的形成历史直接关联。它反映出当时的社会生活、思想意识、文化艺术、经济水平等，对了解、认识中国古代文明有着重要意义。

后 记

自张骞通西域后,西汉长安城又成为"丝绸之路"的起点和著名的国际都会,与西方的罗马并称为当时世界上最宏大、最繁荣的历史名城。它见证了自西汉建立至隋统一全国之间,中国与丝绸之路沿线国家和民族的经济、文化交流史。"丝绸之路经济带"和"21世纪海上丝绸之路"的战略构想,是中国贡献给沿途国家文明的先进外交思想,业已赢得了各国人民的欢迎与支持。中国将通过"一带一路"建设开展更大范围、更高水平、更深层次的区域合作,共同打造开放、包容、均衡、普惠的区域合作架构;将中国的命运与发展同"世界/全球"各国的命运与发展融合在一起,形成"命运共同体",即"中国为世界/全球,世界/全球为中国"。迈向命运共同体,必须坚持合作共赢、共同发展。通过营造合作共赢的友善国际环境来实现发展,体现出中国理想主义"只予不取,多予少取,公平予取"的共赢哲学。文明交流互鉴,关键是要通过交流达到对不同文明的反思。"丝绸之路"作为一条曾经横贯欧亚大陆的贸易交通线,可以看作东西方文明之间最早架起的一座桥梁,这座桥梁最早的东方起点恰恰就是西汉长安城。

本研究主要从定都长安及京畿之地区位优势维护,都城管理、礼制、经济、文化、交通等空间的营造与演化方面,动态地反映和揭示西汉200年间都城长安的空间生产过程及其内在机制;从世界文化遗产未央宫遗址、张骞墓遗址、茂陵及其陪葬墓石刻艺术的价值认识及对西汉长安城相关遗址的考察和分析,认为应当在整体性原则下对都城遗址进行保护;鉴于中国古代都城空间范围大、遗址性质特殊以及长安在中国古代都城发展史上的地位等,建议在西安建设中国古都博物馆;继而从西安历史文化名城构成的历时性特征分析认为在当前城市建设中应始终保持"遗产"的理念,唯有如此,古都西安的文脉才能得以延续和保存,才能使传统文化发扬光大。本研究在前辈学者学术研究的基础上,力图突破传统都城研究中城墙之阈限,在世界文化遗产真实性、完整性、历时性原则指导下,

丝绸之路最早的东方起点：西汉长安城

从较为宏观的研究视野，借助历史文献与考古发掘材料，结合实地考察，对西汉长安城作全景式论述，希望对西汉长安城的整体性保护工作尽绵薄之力。

西汉长安城的研究是一个较为成熟的课题，本研究不同于以往研究成果的地方表现在三个方面：一、研究结论的创新，如对长乐宫、未央宫建筑起始时间的分析、西汉中期礼制建筑空间转移的解析等，均有与前辈学者不同的认识；二、研究内容上，借鉴了历史学和考古学两方面的研究成果，结合世界文化遗产保护的最新成果，探索当前中国古都遗产保护的相关问题；三、研究目的上走出纯学术研究的范式，积极践行历史地理学"有用于世"的治学宗旨，针对中国古代都城遗址保护，以及历史文化名城的城市建设与保护问题提出了具体意见和建议。

本研究作为基础研究项目成果，既可以作为大专院校从事秦汉史、中国古都学、城市历史地理学、城市规划、文化遗产旅游等专业研究与爱好者的学习资料，亦可为当前从事大遗址（都城遗址）、历史文化名城、文化遗产等保护规划设计院所、行政管理部门提供基础文献参考。然限于本人研究能力和精力的不足，一些问题仅仅点到为止，不当之处在所难免，希望得到专家学者的谅解，更欢迎大家的批评指正。

最后，应特别感谢给予出版资助的陕西师范大学和不吝赐教的师长和朋友，感谢理解和支持我工作的学生及我的家人，更要感谢陕西师范大学出版社刘定先生，他为本书的出版付出了艰辛细致的努力，在此对于各位帮助致以深切谢忱！

肖爱玲

2016 年 9 月 18 日于文科科研楼 421 室